O ÚLTIMO DUELO

O ÚLTIMO DUELO

UMA HISTÓRIA REAL *de* CRIME, ESCÂNDALO *e* JULGAMENTO POR COMBATE *na* FRANÇA MEDIEVAL

ERIC JAGER

Tradução de
Rodrigo Peixoto

intrínseca

Copyright © 2004 by Eric Jager
Todos os direitos reservados.
Tradução publicada mediante acordo com a Crown, um selo da Random House, que faz parte da Penguin Random House LLC.

TÍTULO ORIGINAL
The Last Duel: A True Story of Crime, Scandal, and Trial by Combat in Medieval France

REVISÃO
Eduardo Carneiro

PROJETO GRÁFICO E DIAGRAMAÇÃO
Ligia Barreto | Ilustrarte Design

ADAPTAÇÃO DE CAPA
Julio Moreira | Equatorium Design

ILUSTRAÇÃO DOS MAPAS
John Burgoyne

CIP-BRASIL. CATALOGAÇÃO NA PUBLICAÇÃO
SINDICATO NACIONAL DOS EDITORES DE LIVROS, RJ

J23u

    Jager, Eric, 1957-
    O último duelo: Uma história real de crime, escândalo e julgamento por combate na França medieval / Eric Jager ; tradução Rodrigo Peixoto. - 1. ed. - Rio de Janeiro : Intrínseca, 2021.
    320 p. ; 21 cm.

    Tradução de: The last duel
    ISBN 978-65-5560-344-6

    1. História da França. I. Peixoto, Rodrigo. II. Título.

21-73074   CDD: 813
         CDU: 82-3(73)

Meri Gleice Rodrigues de Souza - Bibliotecária - CRB-7/6439

[2021]
Todos os direitos desta edição reservados à
EDITORA INTRÍNSECA LTDA.
Rua Marquês de São Vicente, 99, 3º andar
22451-041 — Gávea
Rio de Janeiro — RJ
Tel./Fax: (21) 3206-7400
www.intrinseca.com.br

Para Peg,
sine qua non

*As elaboradas regras do combate
judiciário não deixam nada
para o acaso — exceto, claro,
o próprio resultado.*

MARTIN MONESTIER,
Duels: les combats singuliers

༺༻

*Este duelo foi o último decretado
pelo Parlamento de Paris.*

J. A. BUCHON, EDITOR DAS *Chronicles*
DE JEAN FROISSART

༺༻

*Ninguém realmente sabia
a verdade sobre o assunto.*

JEAN LE COQ, ADVOGADO PARISIENSE,
FIM DO SÉCULO XIV

༺༻

SUMÁRIO

Nota do autor 11
Prólogo 13

PARTE UM 15

1. CARROUGES 17
2. O FEUDO 42
3. BATALHA E CERCO 64
4. O CRIME DOS CRIMES 79
5. O DESAFIO 109
6. O INQUÉRITO 146

PARTE DOIS 175

7. O JULGAMENTO DE DEUS 177
8. JURAMENTOS E ÚLTIMAS PALAVRAS 195
9. COMBATE MORTAL 223
10. CONVENTO E CRUZADA 249

Epílogo 267
Apêndice: As consequências da briga 271
Agradecimentos 279
Notas 285
Lista de fontes 301
Índice 309

NOTA DO AUTOR

A ideia para este livro surgiu há dez anos, enquanto eu lia um relato medieval sobre a lendária disputa entre Jean de Carrouges e Jacques Le Gris. Fascinado pela história, comecei a reunir informações sobre o caso. Em certo momento, viajei à Normandia e a Paris para explorar manuscritos e conhecer os cenários do drama ocorrido havia mais de seiscentos anos. Este livro conta uma história verdadeira com base em fontes legítimas: crônicas, registros legais e outros documentos remanescentes. Todos os personagens, locais, datas e muitos outros detalhes — incluindo o que as pessoas da época disseram e fizeram, suas declarações muitas vezes contraditórias na corte, as somas pagas e recebidas, e mesmo as condições climáticas — são reais e baseados em tais fontes. Quando estas se contradizem, apresento o relato mais provável dos fatos. Quando o registro histórico é insuficiente, uso a imaginação para preencher alguns hiatos, sempre tentando ouvir as vozes do passado.

PRÓLOGO

Em uma manhã fria, poucos dias após o Natal de 1386, centenas de pessoas enchiam o grande espaço aberto atrás de um monastério em Paris para assistir a dois cavaleiros duelarem até a morte. O campo de batalha retangular era cercado por um muro alto de madeira, e guardas armados com lanças rodeavam o local. Carlos VI, rei da França, então com dezoito anos, sentou-se com sua corte em palanques coloridos montados de um lado, enquanto a multidão de espectadores se aglomerava em todos os outros lados do campo.

Os dois combatentes, vestindo armaduras completas, com espadas e adagas em seus cinturões, estavam sentados em cadeiras semelhantes a tronos, cada qual em um extremo oposto do campo, encarando-se através dos pesados portões a sua frente. Criados seguravam ruidosos cavalos de guerra prontos para o combate em cada um dos portões, enquanto padres rapidamente retiravam do campo o altar e o crucifixo em que os dois inimigos tinham acabado de fazer seus juramentos.

Após o sinal do marechal, os cavaleiros montariam em seus cavalos, empunhariam suas lanças e entrariam no campo. Os guardas trancariam os portões, aprisionando os homens nessa área intransponível. Ali, eles lutariam sem trégua nem qualquer chance de escapar, até que um matasse o outro, provando suas acusações e revelando o veredito de Deus sobre o assunto.

A multidão excitada observava não apenas os dois ferozes guerreiros e o jovem rei em meio a sua esplêndida corte, mas também a bela jovem sentada sozinha em um palanque preto coberto com vista para o campo vestida dos pés à cabeça em luto — e também cercada de guardas.

Sentindo os olhos do povo sobre si e buscando forças para o suplício que estava por vir, ela olhou para o campo plano e liso onde seu destino logo seria escrito em sangue.

Se o seu defensor ganhasse o duelo judiciário e matasse o oponente, ela seria libertada. Mas, se fosse vencido, ela pagaria com a vida por ter feito um falso juramento.

Era dia de festa em homenagem ao santo martirizado Tomás Becket. A multidão estava em clima de feriado, e a jovem sabia que muitos ansiavam ver não apenas um homem massacrado em um combate mortal, mas também uma mulher condenada à morte.

Quando os sinos de Paris deram a hora, o magistrado do rei entrou no campo e levantou uma das mãos, pedindo silêncio. O julgamento por combate estava prestes a começar.

PARTE UM

1

CARROUGES

No século XIV, cavaleiros e peregrinos levavam vários meses na viagem de Paris ou Roma à Terra Santa, e um ano ou mais era necessário para que frades e negociantes cruzassem toda a Europa em direção à China, seguindo a Rota da Seda. A Ásia, a África e as Américas (ainda não descobertas) não tinham sido colonizadas pelos europeus. A própria Europa quase fora conquistada por cavaleiros muçulmanos, que saíram da Arábia, no século VII, navegando a partir da África para tomar a Sicília e a Espanha e cruzando espadas com os cristãos em lugares muito mais ao norte, como Tours, na França, antes de serem expulsos. No século XIV, completavam-se mais de seiscentos anos de combate entre cristãos e exércitos muçulmanos, em repetidas cruzadas contra os infiéis.

Quando não estavam unidos contra seu inimigo comum, os cristãos muitas vezes guerreavam entre si. Os reis e as rainhas da Europa, que formavam uma extensa rede de matrimônios consanguíneos entre irmãos, irmãs e primos, continuamente brigavam e lutavam uns contra os outros por tronos e territórios. As guerras frequentes entre os monarcas feudais europeus reduziram cidades e campos a ruínas, mataram e disseminaram a fome entre seus povos e deixaram seus governantes com grandes dívidas, que eles pagaram aumentando os impostos, desvalorizando a moeda ou simplesmente roubando a riqueza de vítimas convenientes, como os judeus.

No centro da Europa estava o Reino da França, um vasto território que exigia 22 dias para ser cruzado de norte a sul e dezesseis dias de leste a oeste. A França, berço do feudalismo, sofreu por quase dez séculos. Descoberta entre as ruínas da Gália romana no século V, foi a fortaleza de Carlos Magno contra a Espanha islâmica no século IX e era a mais rica e poderosa nação no início do século XIV. Mas em poucas décadas a sorte virou as costas para a França, que passou a lutar desesperadamente por sua sobrevivência.

SOLDADOS PILHAM UMA CASA

Soldados ingleses pilharam muitas partes da França durante a Guerra dos Cem Anos. Chronique du Religieux de Saint-Denys. MS. Royal 20 C VII., fol. 41v. Com permissão da British Library.

Em 1339, os ingleses cruzaram o canal da Mancha e invadiram a França, começando o longo e ruinoso conflito que ficaria conhecido como Guerra dos Cem Anos. Após massacrar a cavalaria francesa em Crécy, em 1346, os ingleses conquistaram Calais. Uma década mais tarde, em Poitiers, em meio a outro grande massacre de cavaleiros franceses, os ingleses sequestraram o rei Jean, levaram-no a Londres e só o libertaram depois de receberem vastos territórios, manterem muitos nobres como reféns e promessas de um resgate colossal de 3 milhões de *écus* de ouro.

Assombrada com a perda de seu rei e com o que custaria trazê-lo de volta, iniciou-se na França uma guerra civil. Nobres rebelados traíram o rei Jean e se uniram aos invasores ingleses; camponeses enraivecidos com os novos impostos se juntaram para matar seus senhores; e os voláteis cidadãos de Paris se dividiram em facções feudais, matando uns aos outros nas ruas. Secas crônicas e colheitas ruins se somaram à miséria do povo. E a Grande Praga que assolou um terço da Europa nos anos 1348-1349, deixando corpos espalhados a céu aberto pelos campos e empilhados nas ruas, continuou reaparecendo a cada década para outra temporada trágica.

Enquanto a morte pairava sobre a região, retratada nas pinturas de artistas da época como um esqueleto envolto em mortalha brandindo uma foice, e bandeiras negras de advertência pairavam em campanários para identificar vilarejos tomados pela praga, Deus parecia ter abandonado a França. O Grande Cisma que sacudiu a Europa em 1378 dividiu a cristandade em duas facções rivais: uma delas liderada pelo papa de Roma e a outra, pelo papa de Avignon. Enquanto os clérigos ingleses pregavam uma nova "cruzada" e vendiam indulgências para financiar a matança de franceses "hereges", o papa romano abençoou a guerra cruel e mercenária dos ingleses à França. Os exércitos de conquistadores ingleses foram seguidos na França por criminosos e foras da lei de toda a Europa, bandos de homens selvagens conhecidos como *routiers*, ou "a escória de Deus", que marchavam pelo interior da França saqueando cidades e vilarejos e extorquindo a população aterrorizada. Entre a violência e a anarquia, a França foi arrebatada pela imperiosa necessidade de se fortificar. Homens temerosos por seus vilarejos construíram muros de barro e escavaram valas para defesa. Fazendeiros desesperados cercaram suas casas e celeiros com torres de pedra e fossos cheios de água. Cidades e monastérios providenciaram muros mais altos e resistentes. Igrejas foram fortificadas a ponto de parecerem castelos.

O espírito das cruzadas e a sede de sangue advindos do Grande Cisma desencadearam inúmeras atrocidades. Nem mesmo conventos eram respeitados. Em julho de 1380, tropas inglesas organizaram um ataque brutal na Bretanha durante o qual "aterrorizaram um convento, estuprando e torturando as freiras, e levaram consigo algumas das vítimas para usá-las como diversão durante o resto da investida".

No outono de 1380, o rei Carlos V morreu, deixando o reino para seu filho de onze anos de idade, Carlos VI. A França tinha então apenas dois terços do tamanho da França moderna, e não era uma nação unificada, mas, sim, uma esgarçada colcha de retalhos formada por reinos separados. A maior parte do território era governada pelos quatro invejosos tios do jovem rei, apontados como regentes durante sua minoridade; o restante estava ocupado por tropas inimigas. A Borgonha pertencia a Filipe, o Corajoso, o mais poderoso tio do rei, fundador da dinastia que logo rivalizaria com a própria França. Anjou pertencia a outro tio, o duque Luís; a Provença era um território separado, ainda não integrava a França; e partes da Guyenne estavam nas mãos dos ingleses. A Bretanha era praticamente um ducado independente, enquanto a Normandia também estava cheia de ingleses, que a usavam para lançar incursões ao restante da França, recrutando muitos habitantes renegados para sua causa. O estratégico porto de Calais, havia tempos um baluarte inglês com homens e armas, apontava como uma adaga para o coração da França: Paris.

Cercado de rivais e inimigos, o rei menino em teoria governava mais de 10 milhões de pessoas. Seus súditos pertenciam a três principais *estates*, ou classes sociais: guerreiros, padres e trabalhadores — ou "os que lutam, os que rezam e os que trabalham". A maioria era de trabalhadores, alguns dos quais viviam em cidades onde mantinham lojas, mas a maior parcela deles era composta de *villeins*, camponeses empregados da lavoura de seus senhores locais, os *seigneurs*. Em troca de proteção em tempos de guerra e de um pedaço de terra para uso próprio, aravam os campos de seus senhores e colhiam, cortavam lenha para suas lareiras e recebiam partes da produção e víveres. Ligados à terra desde o nascimento, falavam dialetos locais, viviam segundo os costumes provinciais e não tinham quase nenhum sentimento de identidade nacional.

Assim como o camponês servia ao seu senhor, este, por sua vez, servia ao chefe supremo. O pequeno senhor poderia ser um cavaleiro com um feudo ou dois; o grande senhor era um conde ou duque com muitos feudos — terras mantidas em troca de serviços. Um vassalo — qualquer homem que jurava servir a outro — atava seu destino ao do senhor pelo ato de homenagem e pelo juramento de fidelidade.[1] O vassalo se ajoelhava, de mãos dadas às de seu senhor, e dizia: "Senhor, eu agora sou seu servo." Depois se levantava, recebia um beijo nos lábios e jurava servir ao senhor por toda a vida. Tais rituais fortaleciam os laços que uniam as esferas sociais.

O laço de toda a vida entre senhor e vassalo estava baseado, sobretudo, na terra. Era um decreto feudal: "Nenhum senhor sem terra; nenhuma terra sem senhor." A terra gerava tanto o sustento do servo, por meio de colheitas, quanto o lucro do senhor, na forma de aluguéis rentáveis, fossem pagos em moeda, fossem em espécie, além de ser um motivo para a tributação e a coleta de imposto feita por cavaleiros e homens armados. A terra era então a principal fonte de riqueza, poder e prestígio da nobreza feudal — e o bem mais duradouro que um homem poderia passar adiante, com o nome da família, a seus herdeiros. Valiosa e alvo de cobiça, a terra também era o motivo de muitas discussões e disputas fatais.

---

[1] O termo "homenagem" vem do francês "*homme*", que significa "homem", e "fidelidade" vem de "*fealte*", que quer dizer "fé".

A FRANÇA EM 1380

O rei Carlos VI, coroado aos onze anos de idade, em 1380, herdou uma frouxa colcha de retalhos de territórios feudais, muitos governados por parentes poderosos ou invadidos por tropas inimigas.

Em nenhum lugar os homens brigaram por terras com mais violência do que na Normandia, uma encruzilhada de guerras sangrentas desde a Antiguidade. Ali, os celtas lutaram contra os romanos; os romanos, contra os francos; e os francos, contra os vikings; tudo isso antes de ingleses e franceses se enfrentarem no mesmo local durante a Guerra dos Cem Anos. Os vikings — ou homens do norte, *normanni* — se estabeleceram aos poucos nessa área, tomando para si terras e esposas dos francos e transformando-se em normandos de língua francesa. Os duques da Normandia, linhagem fundada em 911, tornaram-se vassalos dos reis da França.

Em 1066, o duque William da Normandia cruzou o canal com um exército de cavaleiros, lutou e venceu o rei Haroldo na batalha de Hastings, coroando a si mesmo rei da Inglaterra e entrando para a história com o nome de Guilherme, o Conquistador. Como rei da Inglaterra, o duque tornou-se rival do rei da França. Por um século e meio, a Normandia, com suas cidades prósperas e ricos monastérios, permaneceu sob posse da Coroa inglesa.

No início dos anos 1200, o rei da França reconquistou grande parte da Normandia das mãos do rei da Inglaterra em uma dura campanha. Mas os reis ingleses, tendo sangue normando, ainda sonhavam com a região. E muitas das grandes famílias normandas — normandos antes de se tornarem franceses — mantiveram um olhar oportunista em relação à Inglaterra, sempre farejando ventos de mudança no ar.

Quando a Guerra dos Cem Anos teve início e os ingleses começaram a recuperar a Normandia, muitos nobres normandos traíram o rei da França e se aliaram aos invasores ingleses.

Entre os leais normandos que juraram fidelidade ao jovem rei Carlos em 1380, estava uma antiga família de nobres, os Carrouges. Sir Jean de Carrouges III, na época com cerca de sessenta anos, atingira a maioridade às vésperas da Guerra dos Cem Anos e lutara em muitas campanhas contra os ingleses. O cavaleiro era vassalo do conde de Perche, que o designara capitão de Bellême, um importante e cobiçado castelo. Era também visconde de Bellême, oficial local do rei — equivalente a um delegado. Em 1364, ajudou a reunir dinheiro para o resgate do rei Jean. O respeitado cavaleiro estava casado com Nicole de Buchard, senhora bem-nascida com quem tinha, pelo que hoje se sabe, ao menos três filhos. O lar ancestral da família era a fortificada cidade no topo de uma colina chamada Carrouges, a mais ou menos 24 quilômetros de Alençon.

Reza a lenda que a linhagem dos Carrouges se originou com sangue e violência. Conta-se que um ancestral chamado conde Ralph se apaixonou por uma feiticeira e manteve encontros com ela próximo a uma fonte, em uma senda na floresta, até que certa noite sua ciumenta esposa, portando uma adaga, surpreendeu os dois. No dia seguinte, o conde foi encontrado com a garganta cortada. A condessa ficou fora de suspeita, mesmo tendo aparecido misteriosamente uma marca vermelha em seu rosto. Logo após, pariu um filho chamado Karle, e a mesma marca apareceu no rosto do menino quando ele fez sete anos, o que lhe valeu a alcunha de Karle le Rouge. Por sete gerações, todas as crianças da família nasceram com essa marca, até que a raiva da feiticeira foi aplacada. O nome Karle le Rouge em certo momento foi corrompido, transformando-se em Carrouges, e a história segue em frente. A cor vermelha também aparece nos brasões da família: um campo carmesim semeado de flores-de-lis prateadas.

O passado violento da família pode ser folclore, mas o sangue dos Carrouges remonta a uma linhagem de ferozes guerreiros. Um dos primeiros senhores de Carrouges, Sir Robert de Villers, lutou no governo do rei Filipe II, no início dos anos 1200, para reanexar a Normandia à França. Em 1287, um de seus descendentes, Richard de Carrouges, serviu como substituto em um duelo judiciário, jurando lutar no lugar de um dos combatentes caso ele não aparecesse na batalha.

O filho mais velho de Jean III, Jean IV, era um guerreiro nato. Seu semblante combativo podia ser visto em uma das paredes da abadia de Saint-Étienne, em Caen, onde um mural o mostrava de pé, vestido com armadura completa, ao lado de seu sobrecarregado cavalo de guerra, espada e lança em riste. Mas sua imagem desapareceu, e com ela as feições duras e determinadas de um guerreiro descendente dos ferozes "homens do norte". Criado em cima de uma sela, o jovem Jean provavelmente recebeu pouca educação, já que os documentos remanescentes mostram apenas seu selo, mas não sua assinatura. Em 1380, ganhou o título de escudeiro.[2] Mais do que a imagem de um "jovem

---

[2] Havia três principais títulos de nobreza: barão (*pair*), cavaleiro (*chevalier*) e escudeiro (*escuier*). Os condes de Perche pertenciam ao primeiro grupo; Jean III, ao segundo; e seu filho, Jean IV, ao terceiro.

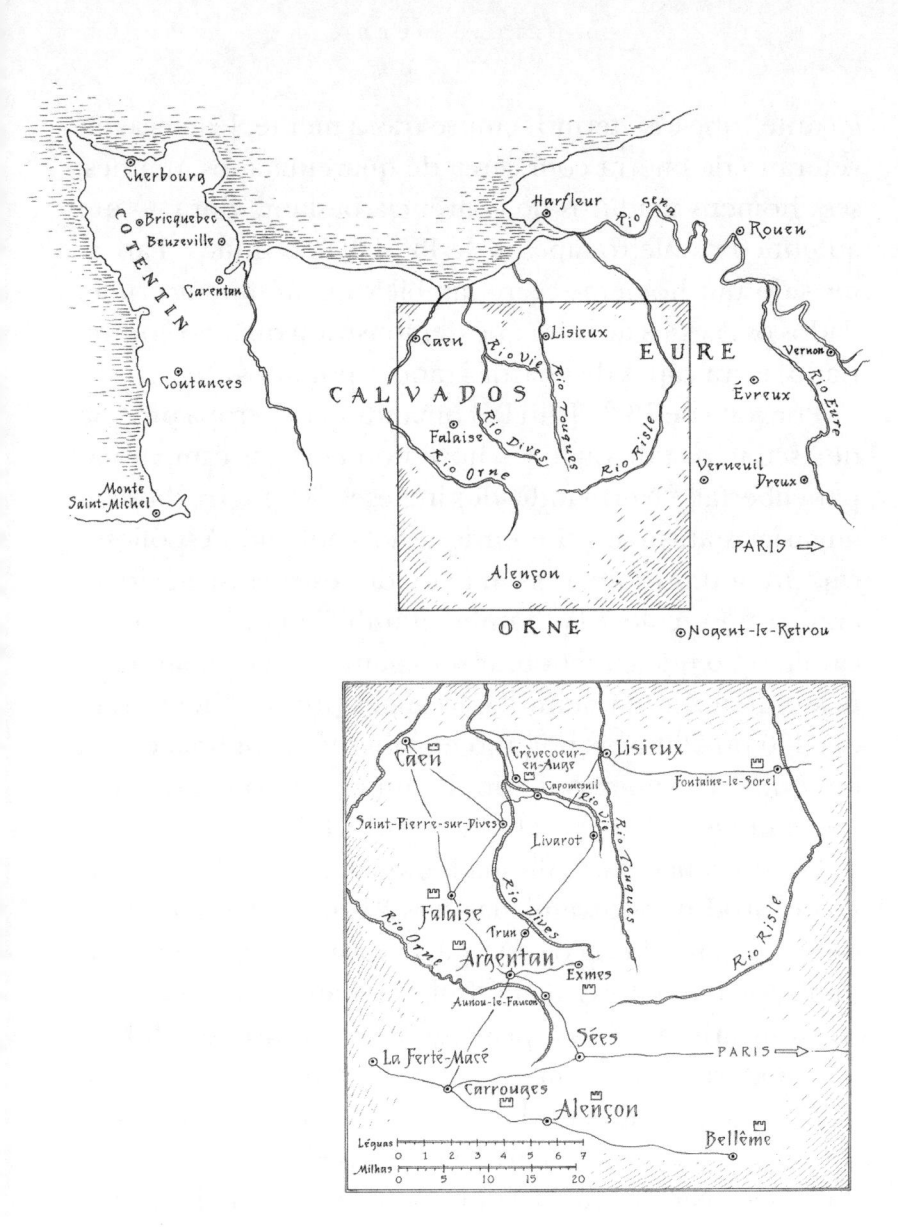

A NORMANDIA EM 1380

A família Carrouges, de vassalos dos condes de Perche e Alençon, possuía terras em partes da Normandia hoje conhecidas como Calvados e Orne. As estradas mostradas aqui são rotas medievais.

galante" que esse termo sempre traz à mente, Jean era um veterano de guerra com cerca de quarenta anos, um desses "homens maduros de aparência bastante dura — um autêntico cavaleiro, apesar de lhe faltar o título". Parece ter sido um homem severo, ambicioso, até mesmo rude, dados os acessos de raiva que demonstrava quando contrariado, e era capaz de guardar rancor por anos.

Por volta de 1380, Jean IV comandou uma tropa própria de escudeiros, de quatro a nove homens, nas campanhas para libertar a Normandia dos ingleses. Na guerra, buscou angariar status para si e enriquecer roubando espólios e capturando prisioneiros em troca de resgates, negócio lucrativo no século XIV. Também ambicionava o título de cavaleiro, o que faria dobrar seus ganhos na campanha. A posse de terras da família Carrouges provavelmente rendia 400 ou 500 *livres* por ano em aluguéis, em uma época em que o pagamento diário de um cavaleiro estava em 1 *livre* e um escudeiro recebia a metade disso.

Jean recebeu parte de sua herança, incluindo algumas terras produtivas arrendadas, aos 21 anos. Após a morte de seu pai, receberia o restante, exceto pequenos legados deixados a seus dois irmãos: Robert, mais jovem, e Jeanne. Ao contrário dos filhos primogênitos dos nobres, Robert não poderia esperar mais que uma pequena herança, e por isso ingressou na vida religiosa. Jeanne casou-se com um cavaleiro, levando parte das terras do pai como dote. Sua mãe, Nicole, ficou com algumas propriedades em seu nome e as manteria caso seu marido morresse antes dela. Mas o restante seria de Jean, que tinha de garantir a sobrevivência do nome da família Carrouges e passar os bens para seu herdeiro.

O principal legado de Jean era o castelo e as terras de Carrouges. A cidade no topo da colina comandava uma larga faixa de campos produtivos que seguiam para nordeste, em direção a Argentan. Um primeiro castelo foi construído em Carrouges no ano de 1032, por Robert I, duque da Normandia, pai de Guilherme, o Conquistador, e fora o cenário de vários cercos. Localizado em uma grande encruzilhada e no caminho de peregrinação ao monte Saint-Michel, Carrouges era também um próspero centro de feiras regionais anuais.

Por volta de 1380, a família Carrouges trocara o castelo na cidade — que fora atacado e queimado pelos ingleses — por outro forte próximo. Construíram este mais tarde, em algum momento após 1367, sob ordens do rei Carlos V, para fortalecer a Normandia contra os ingleses — outro sinal da lealdade familiar perante a Coroa. O imponente *donjon* (ou fortaleza) ainda sobrevive no elegante castelo de Carrouges, embora grande parte da construção date de épocas posteriores.

A velha fortaleza tem mais de quinze metros, com paredes de granito de três metros de grossura na base. Ainda mantém muitas de suas defesas originais — incluindo uma base em declive para evitar ataques, *meurtrières* (ou fendas) nas paredes para disparar flechas e canaletas no parapeito para lançar projéteis ou líquido fervente em quem estivesse cercando a propriedade embaixo. Os andares superiores dessa *logis-tour*, ou fortaleza residencial, incluíam uma cozinha, salas de estar, quartos para os criados e uma latrina que poderia ser descarregada por uma das paredes. Além disso, contava com suprimento de água para o caso de um ataque ou cerco. Outras construções dos dois lados estavam reservadas para criados adicionais e guardas. A fortaleza, na verdade, era constituída de duas torres quadradas contíguas e seu interior, composto por um inteligente arranjo de portas e ranhuras que permitiam aos defensores fugir de um quarto grande para outro menor, lançando dardos e flechas no espaço recém-evacuado. A arquitetura militar oferece um silencioso — mas poderoso — testemunho sobre as calamitosas condições que as nobrezas feudais tinham de enfrentar quando exércitos inimigos atacavam a Normandia e bandos de ladrões pilhavam o interior.

Além do castelo e das terras de Carrouges, Jean também esperava herdar de seu pai o papel de comandante em Bellême e talvez sua prestigiosa designação de visconde. Bellême, fortaleza fundada no século XI no topo de uma colina a 64 quilômetros de Carrouges, esteve sob posse inglesa até 1229, quando foi retomada pelos franceses durante um brutal cerco no inverno. A Coroa francesa ofereceu Bellême como prêmio aos condes de Perche, que poderiam conceder a capitania desse forte estratégico a quem lhes parecesse mais indicado.

Enquanto Jean esperava o restante de sua herança, aumentou sua riqueza e posição com um casamento estratégico. Sua noiva, Jeanne de Tilly, era filha do rico lorde de Chambois, cuja grande fortaleza quadrada tinha muros de quase quatro metros de espessura e trinta de altura. A união com Jeanne proporcionou dinheiro e algumas terras do pai dela, enriquecendo Jean e melhorando as relações dele com a nobreza normanda. Bem antes de Jean receber toda a sua herança, Jeanne deu à luz um herdeiro — um filho nascido provavelmente no fim da década de 1370.

CARROUGES

A família Carrouges construiu este enorme donjon, *ou fortaleza, para proteger suas terras das tropas inglesas. Com quinze metros de altura e muros de três metros de espessura na base, contava com um parapeito com cavidades para disparar projéteis. Archives Photographiques, Coleção M.A.P.(c) CMN, Paris.*

Jean IV e seu pai serviram lealmente a seu senhor, o conde Robert de Perche, que herdou seus domínios em 1367. O conde, quarto filho de Carlos de Valois, era membro da família real francesa e primo de muitos reis. Manteve sua corte em Nogent-le-Retrou, cidade fortificada a mais ou menos dezesseis quilômetros a sudeste de Bellême e antiga capital de Perche. Quando Robert virou conde de Perche com cerca de vinte anos, os Carrouges, pai e filho, ajoelharam-se na corte diante de seu senhor muitos anos mais jovem para prestar reverências, disseram "Senhor, eu agora sou seu servo", e depois receberam um beijo nos lábios e juraram fidelidade. Por toda a década seguinte serviram a seu senhor na corte, aumentando seus ganhos anuais, ajudando a fazer cumprir seus decretos e respondendo aos chamados militares para lutar contra os ingleses.

Em 1377, no entanto, o conde Robert morreu inesperadamente, com cerca de trinta anos, sem deixar herdeiros. Seguindo a lei feudal, o controle de suas terras e dos castelos em Perche foi revertido ao seu chefe supremo, o rei Carlos V. Também seguindo o costume, o rei ofereceu Perche ao irmão mais velho de Robert, o conde Pierre de Alençon. Praticamente da noite para o dia, Jean e seu pai estavam atrelados a um novo senhor, a quem deveriam prestar reverências e jurar fidelidade, deixando grande parte da sua vida e do destino de ambos sob seu controle.

O conde Pierre de Alençon era um dos nobres mais ricos e poderosos da França. Terceiro filho de Carlos de Valois, era também primo de muitos reis. Em 1363, ainda com pouco mais de vinte anos, fora enviado à Inglaterra como refém junto com outros jovens nobres franceses para assegurar o pagamento de resgate pelo rei Jean. Pierre permanecera na Inglaterra por mais um ano, voltando à França em 1364, após a morte do rei.

Como terceiro filho, Pierre originalmente tinha pouca chance de suceder seu pai como conde. Mas, logo após voltar da Inglaterra, uma mudança súbita proporcionou-lhe grande fortuna e status quando seus dois irmãos mais velhos entraram para a Igreja, ambos ascendendo rapidamente à posição de arcebispos, conquistando muito poder, mas tendo de renunciar às terras e aos títulos. Em 1367, ainda com menos de trinta anos, Pierre transformou-se em conde de Alençon, senhor de grandes domínios. Em 1371, duplicou suas posses ao casar-se com Marie Chamaillart, viscondessa que lhe ofereceu mais cinco feudos. Com o passar do tempo, o conde Pierre adquiriu outras terras, ficando muito rico com os ganhos anuais. Quando seu irmão Robert morreu, em 1377, recebeu todas as propriedades de Perche, incluídas a fortaleza de Bellême e a de Exmes.

Mas a grande riqueza de Pierre não aplacou sua gana por terras, e ele comprou ainda mais territórios. Sua aquisição mais importante foi Argentan, cidade fortificada no topo de uma colina, cerca de quarenta quilômetros ao norte de Alençon. Bela e com localização estratégica, Argentan fora a residência favorita do rei Henrique II quando os ingleses ainda dominavam a Normandia. O conde Pierre desejava muito obter essa propriedade. Em 1372, comprou a cidade, o castelo e as terras nas redondezas por 6 mil *livres* de ouro.

Pierre imediatamente reconstruiu o velho palácio de Argentan e ali fixou residência, trazendo toda a sua corte de Alençon. O palácio, uma imponente estrutura de quatro andares com janelas românicas e três torres quadradas com tetos angulosos, existe até hoje. No segundo andar, há um grande salão onde ele reunia a corte, sentado em uma cadeira ornamentada posta entre paredes decoradas com rica tapeçaria. Ali emitia comandos, presidia tribunais de justiça e recebia visitantes. Por volta do meio-dia, mesas postas sobre cavaletes eram armadas no salão e o conde comia ali com seus cavaleiros, escudeiros, clérigos e convidados. Dizem que, no mesmo local, também se entretinha com suas amantes, entre as quais estava Jeanne de Maugastel, esposa de um de seus vassalos, com quem teve um filho bastardo. O conde também cumpria os deveres conjugais com a esposa, Marie, com quem teve oito filhos nos primeiros catorze anos de casamento.

Isso não significa que o conde Pierre passasse todo o tempo aumentando seus domínios, aproveitando suas muitas posses maravilhosas e produzindo herdeiros e ocasionais bastardos. Primo do rei e com sangue de príncipe, o conde era um dos vassalos mais confiáveis do rei da França na Normandia, homem a quem jurou prover serviço militar regular com um exército de cavaleiros, escudeiros e outros soldados de seus vastos domínios. Lutou em muitas campanhas reais, foi seriamente ferido em um cerco e por um tempo serviu como lugar-tenente do rei na Baixa Normandia — toda a província a oeste do Sena.

Jean IV e seu pai, como vassalos recém-jurados do conde Pierre, fizeram visitas periódicas a Argentan para atender o novo senhor, tomar parte nos procedimentos da corte senhorial e responder a chamados militares em tempos de guerra. Quando não estava fora, em negócios da corte ou em campanhas, Jean III passava a maior parte do tempo em Bellême, onde, como capitão da fortaleza, tinha de manter as defesas e velar por seus suprimentos e guarnição, que contava com uma dúzia de soldados. Por essa razão, o cavaleiro fez da cidade sua principal residência, vivendo ali com a esposa, Nicole.

O escudeiro, que morou com a esposa, Jeanne, e o filho ainda jovem na propriedade familiar de Carrouges, com o próprio grupo de soldados, passou mais tempo que o pai na corte em Argentan. Carrouges estava muito mais próxima de Argentan que Bellême — pouco menos de vinte quilômetros, comparado com os mais de sessenta quilômetros, ou uma ou duas horas a cavalo, contra um dia inteiro de viagem. Além do mais, Jean ocupava o cargo de tesoureiro do conde Pierre, posto para o qual fora designado logo após ter entrado para o serviço do conde, em 1377.

Um tesoureiro normalmente atendia ao seu senhor em particular, gozando de grande intimidade e confiança. Mas, com o passar do tempo, esse cargo se transformou em mais um título, pouco prático. Ainda assim, como tesoureiro da corte, um escudeiro podia ser convocado de repente para servir ao senhor em uma campanha especial ou para estar presente em uma ocasião importante. Por servir ao seu senhor como tesoureiro, Jean recebia um pequeno bônus a cada ano, além da distinção de pertencer, pelo menos oficialmente, ao círculo íntimo de conselheiros e cortesãos do conde Pierre.

O escudeiro Jacques Le Gris também foi tesoureiro na corte do conde Pierre em Argentan na mesma época que Jean. Le Gris tinha mais ou menos a mesma idade de Carrouges, e os dois eram velhos amigos, desde os tempos em que estavam a serviço do conde de Perche. Com a morte do conde Robert, em 1377, suas terras e vassalos também foram transferidos para o conde Pierre. Por isso, os dois escudeiros chegaram juntos a Argentan, como novos vassalos do conde Pierre, ansiosos por provarem seus méritos servindo lealmente ao novo senhor.

Ainda que Le Gris fizesse parte da nobreza, sua família era de origem humilde, e a linhagem de seu nome não era tão distinta e antiga quanto a de Carrouges. O registro mais antigo de seu nome data de 1325, quando Guillaume Le Gris, pai de Jacques, foi mencionado em um alvará. Apesar disso, essa família de astutos e ambiciosos alpinistas sociais conseguiu enriquecer com terras e outros bens durante a segunda metade daquele século, adquirindo muitos feudos valiosos na Normandia e subindo incessantemente nos ranques da nobreza. As cores dos brasões das famílias Le Gris e Carrouges eram as mesmas, mas invertidas, representando os nomes das famílias: um campo vermelho (*rouge*, em francês) com flores-de-lis acinzentadas para os Carrouges e um campo cinza (*gris*, em francês) com listras vermelhas para os Le Gris.

Jacques Le Gris era um homem grande e poderoso, reconhecido pela força física e obstinação. Escudeiro e soldado, era capitão de Exmes, uma fortaleza de extrema importância, desde 1370. Le Gris, ao contrário de seu amigo escudeiro, recebeu educação formal, sendo ordenado clérigo em um patamar inferior na hierarquia religiosa.

Sabia ler e estava qualificado para ajudar nas missas, ainda que não tenha feito os votos de celibato. Ao contrário, Le Gris era casado e tinha vários filhos. Segundo os boatos da época, era considerado um galanteador — algo comum entre escudeiros e clérigos — e teria participado de muitos festejos do conde Pierre com suas amantes.

A amizade de Jacques Le Gris e Jean de Carrouges datava de muitos anos, e a relação de confiança entre os dois era muito forte no momento em que começaram a servir ao conde Pierre. Quando a esposa de Jean, Jeanne, deu à luz seu filho, ele chamou Jacques para ser o padrinho, o que era uma grande honra na Idade Média, especialmente entre a nobreza, que considerava o padrinho quase um parente. Na cerimônia, levada a cabo o mais rápido possível após o nascimento para salvaguardar a vulnerável alma da criança, Jacques tomou o menino nos braços diante da pia batismal. Quando o padre mergulhou o menino na água consagrada, Le Gris jurou guardá-lo do diabo e protegê-lo por sete anos "da água, do fogo, de patas de cavalos e de dentes de cães de caça".

Jacques Le Gris prosperou durante o tempo com o conde Robert, mas sua sorte fora multiplicada ao servir ao conde Pierre. Como seu velho amigo Carrouges, Le Gris foi nomeado tesoureiro do conde logo após ingressar em sua corte. Mas o rico escudeiro logo se tornou tão útil, inclusive emprestando, em certo momento, quase 3 mil francos ao conde Pierre, que seu senhor retribuiria com um agrado especial.

Em 1378, apenas um ano após os dois escudeiros ingressarem em sua corte, o conde Pierre deu a Le Gris um presente muito pródigo: Aunou-le-Faucon, uma grande e valiosa propriedade que adquirira havia pouco tempo. O presente era uma compensação a Le Gris por sua lealdade ao conde, o que incluía o recente e surpreendente empréstimo. Como o presente foi logo depois do empréstimo, é possível que o dinheiro de Le Gris tenha permitido ao conde Pierre comprar Aunou-le-Faucon — ou seja, que Le Gris, na verdade, tenha ajudado o conde Pierre a financiar o negócio.

Um presente tão generoso inevitavelmente espalhou ciúme e inveja entre os outros cortesãos de Argentan, todos em busca do favoritismo do conde. Jean de Carrouges deve ter sentido especial desprazer em relação aos privilégios concedidos a seu velho amigo e companheiro de corte. A família de Jean era muito mais antiga e distinta que a de Jacques, mas a estrela de Le Gris estava claramente mais brilhante e subia muito mais rápido na corte do conde Pierre. Os dois homens eram tesoureiros, mas apenas Le Gris era capitão de um forte, o de Exmes. Como protegido do conde Pierre, Le Gris também frequentava a corte em Paris. E, como novo favorito do conde, tornava-se ainda mais rico em curto espaço de tempo. Apesar da antiga e afável amizade entre os dois escudeiros, o sucesso de Le Gris e sua prosperidade despertaram em Jean de Carrouges um rancor, e a relação entre os dois começou a esfriar.

Em algum momento no fim dos anos 1370, não muito após os dois jurarem lealdade ao conde Pierre e se unirem à corte em Argentan, Jean de Carrouges sofreu uma perda calamitosa: sua esposa, Jeanne, ficou doente e morreu. Esse terrível acontecimento foi seguido de outra catástrofe: o filho do casal — afilhado de Jacques Le Gris — também morreu. De uma só tacada, Jean ficou sem a esposa e sem o único herdeiro.

A causa das dolorosas duas mortes pode ter sido uma das numerosas doenças que assolavam a Europa medieval e sua população, devastando-a em intervalos regulares — pragas, tifo, cólera, varíola e disenteria, entre outras —, e para as quais não havia cura. É possível que Jeanne tenha morrido em decorrência do parto, caso frequente de óbitos entre as mulheres do período medieval, que davam à luz em condições nada higiênicas e sem qualquer recurso médico caso surgisse alguma complicação — o que acontecia com frequência. Muitas mulheres simplesmente morreram de infecção depois do parto.

Logo após perder a família, Jean de Carrouges deixou sua casa para arriscar a vida em uma batalha. Em 1379, Carlos V, debilitado, decidiu expulsar os ingleses da Normandia antes de deixar o reino para seu filho, ainda com dez anos de idade, e reuniu um exército sob o comando do senhor Jean de Vienne, renomado almirante francês. Jean de Carrouges juntou-se à campanha real no outono de 1379, servindo às ordens do almirante Vienne na Baixa Normandia com uma tropa de escudeiros financiada por ele próprio. Assim como Jean, cada homem tinha de equipar-se com armadura, armas, criados e cavalos, recebendo um pagamento diário de meia *livre*.

A campanha durou ao menos cinco meses e levou Carrouges por toda a península de Cotentin, que os ingleses estavam pilhando a partir da sua praça-forte em Cherbourg. Várias *montres* (lista de chamada de soldados para revista) do fim de outubro de 1379 ao início de maio de

1380 mostram Jean e seus homens movendo-se por Cotentin em forma de Z — de Beuzeville, no norte, ao sul, para Carentan, depois em direção noroeste, para Bricquebec, próximo a Cherbourg, e finalmente para o sul, rumo a Coutances, mais ou menos no meio do caminho entre Cherbourg e o monte Saint-Michel. O comando de Carrouges cresceu de quatro escudeiros, em outubro, para nove, em janeiro, voltando a cair para quatro, em março, provavelmente por conta de baixas.

Mesmo com o perigo inevitável, Jean de Carrouges provavelmente agradeceu a oportunidade de ir à guerra. A campanha de Cotentin levou o viúvo para longe de sua vida solitária em Carrouges e lançou-o em uma familiar excitação guerreira e aventureira junto a seus camaradas de combate, escudeiros que ele conhecia muito bem.

Mas, ao arriscar a vida repetidas vezes lutando contra os ingleses, inclusive perdendo alguns de seus homens nas batalhas, Carrouges sabia que seu nome e sua linhagem familiar poderiam ser extintos. Se fosse morto, seu nome desapareceria e suas propriedades passariam para outras mãos. Se sobrevivesse, teria de casar-se outra vez — e casar-se bem — assim que possível. Seu irmão era padre e não deixaria herdeiros legítimos; sua irmã perdera o nome da família ao casar-se. Cabia a Jean garantir a sobrevivência do legado Carrouges.

Enquanto Jean viajava por Cotentin, e entre as batalhas parava em cidades e castelos como Beuzeville, Carentan e Coutances, mantinha os olhos abertos em busca de uma jovem nobre que pudesse ser sua eleita. Como convidado ocasional no grande salão de um senhor local ou capitão de forte, o escudeiro tinha chances de encontrar jovens mulheres da nobreza normanda a uma mesa e analisá-las como potenciais esposas. Por trás dos sorrisos e galanteios estava o sério negócio dos matrimônios feudais, que não tinha muito a ver com amor ou romance, mas com terra, dinheiro, poder, alianças familiares e geração de herdeiros. A noiva ideal para um escudeiro seria uma nobre decente e rica, com um dote que o enriqueceria e aumentaria suas propriedades. Precisava ser jovem e fértil, para lhe dar filhos saudáveis, embora não houvesse forma de garantir isso com uma virgem. Também tinha de ser virtuosa e casta, para garantir herdeiros legítimos. E não havia problema algum se, além de tudo isso, fosse bonita.

2

O FEUDO

Em 1380, ano em que a França coroou um novo rei, Jean de Carrouges concluiu com êxito sua busca por uma nova esposa. Não muito tempo após voltar da campanha de Cotentin, o viúvo escudeiro casou-se com uma herdeira chamada Marguerite. Filha única de uma tradicional família normanda, Marguerite nunca se casara e é provável que estivesse no fim da adolescência quando ficou noiva. Jovem, nobre, rica e também muito bonita, parecia a noiva ideal para um nobre ávido por manter o nome e as propriedades de sua família. Como única herdeira de seu pai, Marguerite aportaria um rico dote e eventualmente poderia herdar mais terras e riqueza.

Segundo todos os relatos, Marguerite era uma linda jovem. Um cronista a descreve como "jovem, bonita, boa, sensível e modesta" — o último termo implica que, mesmo com toda a sua beleza, não era coquete ou namoradeira. Outro relato a descreve como "uma mulher muito bonita e corajosa". Apenas um depoimento, escrito por um monge muito desconfiado das mulheres em geral, não elogia a beleza ou o caráter de Marguerite. O próprio Jean de Carrouges mais tarde testemunhou na corte dizendo que sua segunda esposa era "jovem e bela", bem como "virtuosa e casta", ainda que sua opinião fosse claramente parcial.

Os retratos de Marguerite e de seu marido — ele em trajes de guerra — figuravam na mesma parede da abadia de Caen, mas as imagens de ambos foram apagadas pelo tempo, e não resta nenhuma descrição física da jovem. No entanto, autores e artistas da época deixaram muitos relatos do que admiravam na beleza feminina. Uma mulher ideal do norte da França deveria ter cabelos claros, a testa reluzente de tão branca, sobrancelhas arqueadas, olhos azul-acinzentados, nariz bem-talhado, uma pequena boca com lábios vermelhos e carnudos, hálito doce e uma covinha no queixo. Também teria pescoço longo, seios brancos como a neve e "corpo bem-feito e esbelto". Essa mulher usaria um longo vestido de linho ou *chainse*, geralmente branco, mas colorido em ocasiões festivas. Grande parte das mulheres nobres usava joias — um broche ou colar, ou talvez um anel de ouro com pedras preciosas.

Como senhora do castelo, ou *châtelaine*, Marguerite deveria gerenciar os afazeres domésticos e ajudar o marido a governar sua propriedade. Mesmo que ainda estivesse no fim da adolescência, tomaria conta do lar durante as frequentes ausências de Jean para visitar a corte ou servir nas guerras, usando na cintura de seu longo vestido esvoaçante um grande molho de chaves que abriam porões, baús e armazéns. Dirigiria os criados em suas tarefas diárias, supervisionaria a educação das crianças e velaria pelo conforto de qualquer convidado, além de presidir a mesa principal nas refeições do grande salão. E, pelo menos de forma privada, também deveria aconselhar o marido sobre os negócios da corte e outros assuntos, já que tinha influência política entre os próprios parentes e amigos nobres.

Marguerite também deveria, de acordo com as regras sociais, portar-se como uma dama. Tinha de ser cortês, devota, caridosa (demonstrando o que ainda é chamado de *noblesse oblige*), discreta e, acima de tudo, leal ao marido. Pela pureza da linhagem sanguínea aristocrática, era crucial que "a esposa recebesse apenas uma semente, a do marido, pois intrusos provenientes do sangue de outro homem poderiam surgir clamando por heranças ancestrais". Mesmo que as relações de nobres libertinos com camponesas em suas propriedades ou com amantes nas cidades fossem comuns, eles insistiam na absoluta castidade das esposas.

Casando-se com uma menina bem-nascida, bonita e virtuosa, Jean de Carrouges tinha convicção de que Marguerite seria uma esposa leal e lhe daria herdeiros legítimos. Marguerite era muitos anos mais jovem que Jean, e ele com certeza já tinha escutado o dito popular que avisava: "Um homem velho raramente tem uma jovem esposa só para si." Ainda assim, velhos nobres muitas vezes se casavam com mulheres muito mais jovens, pois juventude implicava fertilidade, prometendo herdeiros com saúde.

Marguerite tinha apenas um problema, algo que em um primeiro momento deixara Jean um pouco receoso de casar-se com ela. Era filha do infame Robert de Thibouville, cavaleiro normando que, por duas vezes, traiu reis da França. Os dois atos de traição de Robert aconteceram antes do nascimento de Marguerite, no início dos anos 1360, mas deixaram uma nuvem pairando sobre a família, e Marguerite crescera sendo conhecida como a "filha do traidor".

Thibouville é uma linhagem ainda mais antiga que Carrouges, e os nomes de ambas as famílias até hoje designam regiões da Normandia. A família de Marguerite vinha do Eure, região úmida e fértil ao sul da área onde o Sena faz uma curva, próximo a Vernon e Les Andelys, em seu caminho para Rouen e o mar. O castelo de seu pai, Fontaine-le-Sorel, está no lindo vale do rio Risle, próximo ao antigo caminho romano que vem do oeste, de Évreux a Lisieux.

Desse local veio o primeiro Robert de Thibouville, cujo filho serviu sob as ordens de Guilherme, o Conquistador, na batalha de Hastings. Em 1200, Robert de Thibouville II serviu como substituto em um duelo judiciário. Por volta da mesma época, criou-se o brasão da família Thibouville: um campo prateado cortado por uma faixa azul horizontal, flanqueado acima e abaixo por três flores vermelhas — emblema heráldico que se parece com uma flor-de-lis invertida.

O pai de Marguerite, Robert de Thibouville V, quase perdeu o vultoso patrimônio familiar cuidadosamente construído ao longo de três séculos quando se uniu a rebeldes normandos e lutou contra o rei Filipe VI, na década de 1340. Capturado na batalha e posto diante do rei e de seu Parlamento para responder a acusações de traição, Robert escapou da morte e viveu três miseráveis anos na prisão. Mesmo após seu flerte com a morte e a desonra, uma década mais tarde voltou a revogar sua lealdade — dessa vez, ao rei Jean —, lutando ao lado de Carlos, o

Mau, rei de Navarra, pretendente rival ao trono da França. Mais uma vez, porém, Robert enganou o carrasco do rei e foi perdoado, junto com mais de trezentos outros rebeldes normandos, em 1360.

Robert logo se restabeleceu. Por volta de 1370, era capitão militar de Vernon, um forte de extrema importância para a defesa do Sena, a mais ou menos cinquenta quilômetros ao sul de Rouen, com uma grande torre circular de 23 metros de altura. No mesmo ano, Robert casou-se com Marie de Claire, uma indicação de que sua primeira mulher havia morrido, deixando Marguerite órfã de mãe ainda criança, com não mais de oito ou dez anos de idade.

Marguerite nasceu após a prisão de seu pai, mas perder tão cedo a mãe e crescer em uma casa governada pela madrasta deve ter deixado marcas profundas em sua vida. O novo casamento do pai também reduziu sua herança, pois sua madrasta ganhou algumas propriedades dos Thibouville. No entanto, como única filha de Robert, Marguerite ainda teria direito a grande parte, herdando um bom montante de dinheiro e terras.

É provável que Jean de Carrouges tenha conhecido Marguerite por intermédio do primo dela, Guillaume de Thibouville, que foi lorde de Crèvecoeur-en-Auge, um forte importante poucos quilômetros ao norte de Capomesnil, uma das propriedades da família Carrouges. A riqueza de Marguerite deve ter atraído intensamente Jean, talvez ainda mais que sua beleza ou nobreza. Ainda assim, em um primeiro momento ele deve ter hesitado em tornar-se noivo de Marguerite em razão da história conturbada de sua família, pois isso poderia atrapalhar seu relacionamento com o novo senhor, o conde Pierre, para cuja corte entrara apenas três anos antes. Como refém de guerra e primo do rei, Pierre sem dúvida odiava os rebeldes normandos perdoados e deve ter se perguntado por que Jean de Carrouges, seu estimado tesoureiro e vassalo de confiança, se casaria com uma Thibouville, filha de um homem que por duas vezes traíra os reis da França, servindo de forma traiçoeira aos inimigos.

Contudo, entre os nobres enviados junto a Pierre como reféns para a Inglaterra estava um Thibouville, e o próprio conde havia pouco tempo comprara Aunou-le--Faucon — propriedade que ofereceu a Jacques Le Gris — de ninguém menos que o pai de Marguerite. Talvez o desejo de adquirir tão valiosa terra, que fazia limite com seus domínios, tenha superado seus escrúpulos sobre negociar com um velho inimigo. Ou talvez estivesse querendo honrar o espírito do perdão real oferecido a Robert cerca de vinte anos antes, pois fazendo isso abriria caminho para um negócio atraente. Seja como for, não há qualquer evidência de que o conde Pierre tenha se oposto ao casamento de seu vassalo.

O casamento de Jean e Marguerite aconteceu na primavera de 1380. O local foi provavelmente Sainte--Marguerite-de-Carrouges, paróquia a pouco mais de três quilômetros do castelo de Jean, com um nome que honrava a própria noiva. Santa Margarida foi uma bela mulher do século III, cuja lenda diz ter permanecido casta mesmo com as várias tentações e ameaças de um cruel governante e que, quando o diabo apareceu para ela na forma de um dragão, engolindo-a inteira, livrou-se fazendo o sinal da cruz. Também é a santa padroeira das mulheres grávidas, portanto um chamariz para a fertilidade.

A igreja de Sainte-Marguerite tinha forma de cruz latina, com janelas redondas de estilo românico e uma torre quadrada normanda. Nela, Jean e Marguerite estiveram diante do altar, ladeado por grandes velas e perfumado com incensos, com as mãos direitas unidas, sob os olhares de vários parentes e amigos. O padre, segurando um livro de orações aberto, fez o sinal da cruz sobre o casal três vezes enquanto cantava palavras que santificavam sua união: "*Ego conjungo vos in matrimonium, in nomine Patris, et Filii, et Spiritus Sancti. Amen*" [Eu os uno em sagrado matrimônio, em nome do Pai, do Filho e do Espírito Santo. Amém]. A missa foi seguida de uma festa menos sacra no grande salão do castelo do noivo, com menestréis e dança, muitos convidados e bastante vinho, após a qual as empregadas da noiva finalmente prepararam Marguerite para o marido, que a esperava, e o padre abençoou a cama para garantir fertilidade.

A missa nupcial e as festividades foram precedidas por outra cerimônia importante. Tratava-se do casamento civil, que, por tradição, acontecia no pórtico do lado de fora da igreja antes da cerimônia religiosa, no qual os noivos afirmavam publicamente seu consentimento, trocavam alianças e beijos e ofereciam um ao outro terras e riquezas. O ato de doação, ou *dotation*, assegurava a Jean e Marguerite direitos de herança em caso da morte de um dos dois, consolidando o acordo firmado no momento do noivado. Para os nobres de posses, a troca legal de propriedades e riquezas do lado de fora da igreja era mais importante, em todos os sentidos, que a bênção religiosa oferecida no altar.

BANQUETE COM MÚSICOS

Um casamento entre famílias nobres era, em geral, celebrado com um grande banquete. MS. Harley 1527, fol. 36v. Com permissão da British Library.

Mesmo alegre por casar-se com a jovem, bela e rica Marguerite, o estado de espírito de Jean no dia da união deve ter amargado com os termos do contrato de casamento firmado no pórtico da igreja. O dote da noiva, ainda que atraente, não continha certo pedaço de terra que Jean desejava. Era Aunou-le-Faucon, que o pai de Marguerite vendera ao conde Pierre de Alençon em 1377 e o conde oferecera a Jacques Le Gris no ano seguinte. Com a venda, o pai de Marguerite embolsou mais de 8 mil *livres*, e deve ter financiado o dote da filha, mas a perda da terra — e de suas potenciais rendas, além dos direitos de herança — deixou Jean raivoso.

Dois anos antes do casamento, Jean de Carrouges reconhecera que o presente de Aunou-le-Faucon demonstrava a preferência do conde Pierre por Le Gris, estabelecendo-o como novo favorito da corte. Mas naquele momento Jean provavelmente não suspeitou que a boa sorte de Le Gris o prejudicaria. Somente após ter decidido casar-se com Marguerite, levantando a questão de seu dote, percebeu que Aunou-le-Faucon tinha escapado de seus dedos, indo parar nas mãos do rival.

Quando Jean percebeu que poderia conseguir o feudo como parte do dote de sua esposa, entrou em ação. Abriu um processo legal para recuperar a terra, contestando a venda e a transferência de Aunou-le-Faucon, embora Le Gris já fosse seu proprietário havia algum tempo. Por volta de maio de 1380, a luta por esse pedaço de terra cresceu a ponto de chegar aos ouvidos do rei da França.

Na primavera de 1380, Carlos V tinha apenas mais alguns meses de vida e logo deixaria para seu filho menor de idade uma nação desestruturada pela contínua guerra com a Inglaterra, por revoltas populares devido aos impostos cada vez maiores, pelo rombo financeiro gerado em razão do pagamento do resgate do pai e por muitas outras crises em seu governo. O conde Pierre, primo do rei e um dos mais poderosos lugares-tenentes da Normandia, aproveitou o contexto favorável e usufruiu sua boa reputação frente a Carlos V para pôr um fim na disputa por Aunou-le-Faucon. O conde enviou ao monarca uma petição na qual solicitava que o rei referendasse a doação da terra a um de seus vassalos. O preocupado rei, ao receber o pedido do influente e sempre fiel conde Pierre, aceitou prontamente o pedido.

No dia 29 de maio de 1380, no palácio real de Beauté-sur-Marne, nas redondezas de Paris, o rei ofereceu ao conde Pierre uma carta confirmando a doação de Aunou-le-Faucon a Jacques Le Gris. A carta real determinava que a terra era uma compensação ao leal escudeiro por seus muitos serviços ao conde, incluído um empréstimo de 2.920 francos de ouro — soma especificada no documento. As terras eram "um presente irrevogável" que o conde Pierre prometia "guardar e defender" de todo problema — alusão legal ao processo aberto por Jean de Carrouges. O rei assinou a carta, selou-a com cera verde e ordenou que fosse lida em voz alta aos habitantes de Aunou, desfazendo qualquer dúvida sobre quem seria o seu verdadeiro senhor. Essa declaração pública aconteceu no dia 10 de junho, na igreja paroquial de Aunou, perante uma audiência de 39 pessoas. Jean de Carrouges claramente perdera a causa. A carta real afastava-o em definitivo da possibilidade de pôr as mãos no feudo.

Os riscos de casar-se com a filha de um traidor eram pequenos se comparados aos danos que Jean infligiu a si mesmo na batalha por Aunou-le-Faucon. Além de ofender e afastar seu velho amigo e companheiro Jacques Le Gris, falhou ao reclamar o feudo perdido. Ainda opôs-se ao conde Pierre, seu senhor e fonte de patronagem e proteção, e atraiu uma reputação negativa para seu nome na corte real. Depois de apenas três anos de serviço ao conde Pierre, Jean marcara a si mesmo como um homem invejoso e briguento, mesmo para os padrões normandos.

A amizade entre Carrouges e Le Gris enfraquecera devido à rivalidade na corte do conde Pierre, e a briga por Aunou-le-Faucon formou um poderoso obstáculo entre os dois. A ruptura tornou-se ainda mais evidente quando Le Gris, que em outra época aceitara ser padrinho do filho de Jean, sinal de grande confiança e amizade, não compareceu ao casamento do velho amigo nem às comemorações que se seguiram. Le Gris talvez estivesse longe, cuidando de seus negócios, mas parece mais provável que não tenha sido nem convidado. Não apenas faltou à cerimônia; na verdade, demorou um bom tempo para conhecer Marguerite.

Pelos anos seguintes, enquanto o destino de Jean na corte do conde Pierre se tornava progressivamente mais obscuro, a sorte de Jacques Le Gris só aumentava. Em agosto de 1381, o conde Pierre visitou a corte real em Paris, levando consigo Le Gris para integrar um conselho de alto nível, do qual também participava o tio do rei, o duque Luís de Anjou. O objetivo do conselho era discutir o reino de Nápoles, cujo trono seria em pouco tempo reclamado pelo voraz duque à frente de uma cruzada abençoada pelo papa de Avignon. Jean Le Fèvre, bispo de Chartres, esteve presente no conselho e mencionou Le Gris em uma entrada de seu diário datada de 23 de agosto, incluindo o escudeiro de origem humilde entre os ilustres participantes: "Meu senhor, o duque de Anjou; eu, o bispo de Chartres; o lorde de Châteaufromond; o lorde de Bueul; Sir Raymond Bardille; Sir Raymond Bernard; e Jacques Le Gris, escudeiro do conde de Alençon."

O conde Pierre, em vez de participar do conselho, enviou Le Gris para representá-lo, sinal de grande confiança em seu favorito. Le Gris, mesmo sendo um escudeiro de uma família cujo título de nobreza era muito recente, ganhava acesso aos mais altos círculos da corte real como protegido do conde. Por volta dessa mesma época, também foi nomeado escudeiro pessoal do rei — posto de grande honra e que refletia seu valor frente ao conde Pierre, primo do rei.

Quanto a Jean de Carrouges, não foi nem sequer convidado a Paris. Após a contenda por Aunou-le-Faucon, o conde Pierre tinha poucas razões para incluí-lo em sua comitiva durante uma viagem de visita à corte real. Carrouges, descendente de uma família distinta de nobres e herdeiro de grandes propriedades, ficou de fora, vendo seu antigo amigo Le Gris, de nascimento mais modesto, mas com senso político muito mais aguçado, prosperar cada vez mais enquanto sua sorte não parava de afundar.

Em 1382, uma rixa ainda maior nasceu entre Jean de Carrouges e o conde Pierre. Naquele ano, morreu o pai de Jean, transferindo suas terras para o filho e deixando vaga a capitania de Bellême, posto prestigioso que manteve durante os últimos vinte anos de sua vida. Jean esperava herdar o posto do pai, já que as capitanias normalmente passavam de pai para filho. Mas isso não aconteceria. O conde Pierre, que ganhara de Robert, seu irmão falecido, os direitos sobre Bellême, tinha a opção de nomear o novo capitão e ofereceu o importante castelo a outro homem.

Quando Jean soube que fora preterido no desejado posto, ficou furioso. Enquanto o feudo perdido de Aunou-le-Faucon fora originalmente adquirido pelos Thibouville, Bellême pertencia a seu pai, então lhe pareceu uma injustiça muito maior, pois estava perdendo um legado. A decisão do conde Pierre não apenas reduzia o prestígio e poder de Jean, como era também uma repreensão pública. Tal ato informava à corte em Argentan e à nobreza local que o escudeiro era indigno de seguir os passos do pai e tomar conta da famosa e antiga fortaleza e de sua guarnição. Mas o que tornava o insulto ainda mais significativo era o fato de que o próprio Jacques Le Gris havia muito tempo era capitão de outro importante forte, o de Exmes. Por isso, ser privado de Bellême empurrava Jean para um status ainda mais abaixo de Le Gris na corte do conde Pierre.

Jean de Carrouges ficou tão raivoso quanto a Bellême que mais uma vez recorreu da decisão do conde Pierre. A Idade Média foi um tempo de litígios, e os nobres da Normandia se envolviam mais em disputas que a maioria. Portanto, não era incomum que um vassalo se opusesse a uma decisão de seu senhor diante de uma corte superior, como Jean já tinha feito no caso Aunou-le-Faucon. Ainda assim, essa segunda tentativa era muito arriscada para Jean, podendo marcar sua vida e seu destino por muitos anos. Pela segunda vez, Carrouges perdeu o caso. E mais uma vez seu litígio o afastou do conde Pierre, em uma época em que os laços entre senhores e vassalos eram o alicerce da sociedade e o fundamento da carreira de homens nobres. A batalha por Bellême não envolveu diretamente Jacques Le Gris, mas, após a disputa por Aunou-le-Faucon, Le Gris sem dúvida se manteve ao lado de seu senhor e patrono. Por isso, essa segunda contenda só fez piorar as relações entre Carrouges e Le Gris.

Não muito tempo depois da disputa por Bellême, outra briga surgiu entre Jean de Carrouges e o conde Pierre — foi a terceira em apenas três anos, e envolveu Jacques Le Gris, fazendo com que os dois escudeiros se afastassem ainda mais. Essa nova briga ganhou forma quando Jean cometeu outro erro em busca de terras e poder.

Louco para compensar suas perdas recentes, e com algum dinheiro disponível, talvez proveniente do dote de Marguerite, Jean decidiu comprar território. No dia 11 de março de 1383, comprou dois feudos, Cuigny e Plainville, de um cavaleiro chamado Jean de Vauloger. As duas propriedades, uma próxima de Argentan e a outra no norte da região hoje conhecida como Calvados, eram terras agrícolas que prometiam boas colheitas e excelentes rendas. Que Jean as quisesse comprar não era surpresa, ainda que a localização de Cuigny — entre as terras do conde Pierre e as de Jacques Le Gris — fosse um sinal de perigo, o qual ele ignorou.

Logo o negócio azedou. No dia 23 de março de 1383, apenas doze dias após a venda, o conde Pierre declarou sua prioridade sobre aquelas terras e demandou que Carrouges abrisse mão delas, com base na lei que regia que feudos hereditários pertencentes a vassalos não poderiam ser vendidos ou comprados fora do círculo familiar sem a permissão do senhor. Se tais terras ficassem livres — ou seja, se o controlador morresse sem herdeiros —, seriam revertidas ao senhor, que poderia doá-las a outro vassalo. Será que Jean não sabia disso no momento em que comprou as terras? Ou já sabia sobre a prioridade do conde e mesmo assim seguiu com o negócio? Dada a natureza contenciosa do escudeiro, é possível que tenha sido esta última opção. O espírito de luta que fez dele um grande guerreiro e muitas vezes salvou sua vida nos campos de batalha era precisamente sua fraqueza na corte de Argentan, onde tato e diplomacia eram mais valorizados que força bruta ou gritos.

Como resultado do direito prioritário do conde Pierre, Jean de Carrouges teve de abrir mão de Cuigny e Plainville antes de tomar inteira posse dessas terras. O conde Pierre restituiu o dinheiro pago pelas propriedades. Mas esse mau passo custou não apenas a incorporação das terras ao patrimônio de Carrouges e de seus herdeiros e a consequente perda dos ganhos que teria com elas; na verdade, significou também outra vergonha sofrida perante a corte de Argentan.

Ultrajado pelos atos do conde Pierre, mas forçado a aceitar o desejo de seu senhor, Jean de Carrouges dirigiu sua raiva contra o rival. Carrouges ainda se ressentia de Le Gris por transformá-lo em um homem ingrato frente ao conde Pierre, por insinuar-se como novo favorito da corte e aproveitar-se do pródigo apoio que recebia do conde. Le Gris era capitão do forte de Exmes, enquanto Carrouges fora preterido no de Bellême. Le Gris foi a Paris e transformou-se em escudeiro real, enquanto Carrouges fora deixado para trás. E o pior de tudo: Le Gris recebeu o valioso terreno de Aunou-le-Faucon como presente do conde, enquanto Carrouges teve de comprar terras caras tirando dinheiro do próprio bolso, para depois vê-las reclamadas por seu senhor.

Perplexo com sua má sorte e com o êxito do outro escudeiro na corte, Carrouges ficara convencido de que Le Gris arquitetara um plano para prejudicá-lo, levando o conde Pierre a agir contra ele e se beneficiando com suas manobras. Assim, concluiu que a razão de o conde Pierre ter confiscado seus direitos de propriedade três vezes em três anos — primeiro Aunou-le-Faucon, depois Bellême e, por fim, Cuigny e Plainville — foram os conselhos maléficos que Le Gris soprava em seus ouvidos. Para Carrouges, amargurado e cheio de suspeitas, a sucessão de perdas tinha uma explicação: seu velho amigo, em quem antes confiava e de quem era confidente, o traíra sorrateiramente em busca de riquezas. Le Gris subira na corte pisando em Carrouges.

A terceira contenda de Jean com o conde Pierre e sua animosidade frente a Jacques Le Gris destruíram os últimos resquícios de amizade entre os dois escudeiros. Carrouges, ao culpar o velho amigo por seus problemas, "começou a odiar e desprezar Le Gris", inclusive queixando-se a outros sobre seu odiado rival. Talvez tenha mesmo culpado abertamente Le Gris na corte de Argentan, atirando acusações raivosas em sua cara.

O comportamento ressentido de Jean só fez piorar sua reputação como homem invejoso, contencioso e irascível, e ele se afastou da corte. Ainda que oficialmente mantivesse o posto de tesoureiro do conde, transformou-se em *persona non grata*. Durante um ano ou mais, Jean evitou a corte em Argentan, que estava a menos de vinte quilômetros de seu castelo em Carrouges, mas de onde estava então separado por um abismo profundo e severo. Chamado em agosto de 1383 para servir ao conde Pierre em Flandres, Jean deixou a campanha após apenas oito dias no campo de batalha — outra prova do distanciamento em relação a seu senhor.

Provavelmente foi uma fase difícil para Marguerite. Com apenas três anos de casamento, seu nervoso e temperamental marido conseguiu ser afastado da corte, permanecendo no castelo e reclamando da falta de sorte atrás daqueles altos muros de pedra. Não resta dúvida de que ela ouviu muito falatório sobre Jacques Le Gris, que até então não conhecia.

A alienação de Jean na corte e seu afastamento do conde Pierre e de Jacques Le Gris durou um ano ou mais. Até 1384, quando a briga entrou em seu segundo ano, não houve qualquer tipo de reaproximação. O acontecimento que tirou Jean de seu autoexílio da corte do conde Pierre provavelmente ocorreu no segundo semestre de 1384, ou mesmo em data mais próxima ao Natal.

Por toda a Normandia, pomares de macieiras perderam suas folhas e não deram frutos, e muitos campos não foram cultivados, ainda que em alguns deles tenha sido plantado trigo de inverno. O outono trouxe o frio e o clima chuvoso à Normandia, e o inverno veio forte. A chuva transformou-se em gelo e neve, fazendo das rotas caminhos enlameados e soterrando as terras em um longo e gelado inverno, levando as pessoas a buscar abrigo e companhia. As grandes lareiras dos castelos da Normandia ficaram mais altas que homens, na tentativa de conseguir esquentar os aposentos altos fechados por grossos muros de pedra que muitas vezes retinham o frio e a umidade o ano inteiro.[3]

No fim de 1384, enquanto o clima ficava cada vez mais frio, Jean de Carrouges recebeu um convite de um velho amigo, um escudeiro conhecido como Jean Crespin. A esposa de Crespin recentemente dera à luz um filho e, para comemorar o batismo do menino e a recuperação da mulher, Crespin convidou amigos e parentes para uma festa em sua casa. Crespin vivia cerca de dezesseis quilômetros a oeste de Carrouges, próximo a La Ferté-Macé, cidade cercada por uma floresta real da qual ele era o administrador, resguardando a caça e mantendo o suprimento de madeira.

Jean levou Marguerite à festa. Após seu conturbado afastamento da corte de Argentan, essa deve ter sido uma de suas poucas aparições sociais naquele ano. Marguerite, que tinha menos oportunidades que o marido de deixar o castelo de Carrouges e passara o ano anterior ou mais tempo ouvindo as reclamações dele sobre seus problemas, deveria estar mais ansiosa que ele para sair de casa e interagir com a sociedade. Na casa de

---

[3] Crônicas indicam que, do início até a metade da década de 1380, a Normandia passou por vários invernos severos, com frequentes nevascas.

Crespin, poderia ver alguns rostos familiares, bem como conhecer novas pessoas, pois havia apenas quatro anos que deixara o castelo do pai em direção ao norte para viver com o marido.

Além de Jean e Marguerite, entre os convidados estavam "muitos outros nobres e pessoas estimadas". Crespin, com boas conexões na corte real de Paris, também conhecia o conde Pierre. Mas La Ferté-Macé ficava um tanto distante de Argentan, do outro lado de Carrouges, e era pouco provável que Jean encontrasse cortesãos por ali. Talvez apenas por isso tenha aceitado o convite do amigo, pois ainda estava ferido pela série de custosas e embaraçosas lutas com o conde Pierre.

Mas, quando Jean chegou à propriedade de Crespin e entrou no grande salão do castelo, com Marguerite a seu lado, lá estava Jacques Le Gris entre a multidão, tomando vinho e festejando com outros convidados. Marguerite, claro, nunca o tinha visto. E o que sabia sobre ele aprendera basicamente com o marido, que não tinha nada de bom a dizer sobre o inimigo.

Os olhares de Carrouges e Le Gris — antes amigos, depois rivais e, por fim, inimigos — se encontraram no salão. Outros convidados perceberam a troca de olhares e ficaram paralisados, como se tivessem visto um raio e esperassem a tempestade. A rivalidade entre os dois escudeiros fora assunto de muita fofoca, e suas brigas na corte do conde Pierre por terras, títulos e patronagem eram bem conhecidas pela nobreza local.

Mas não houve qualquer explosão de raiva, nenhuma troca de insultos, nenhum desafio ou ameaça. Tampouco qualquer tentativa boba de ignorar a presença um do outro. Ao contrário, os dois começaram a se aproximar, ajudados pela alegria que os rodeava e pelo vinho em abundância. As conversas e risos no salão morreram, todos prestavam atenção neles.

Para a ocasião festiva, os dois homens usavam um terno curto ou um colete com mangas bufantes nas cores das respectivas famílias — vermelho para Carrouges e cinza para Le Gris. Ambos pararam no centro do salão, cara a cara, mas um pouco afastados, analisando cuidadosamente um ao outro.

Jean deu o primeiro passo à frente, com a mão direita estendida. Le Gris também se adiantou, movimentando-se rápido para alguém de seu tamanho, e tomou a mão de Jean com firmeza.

— Carrouges! — disse o senhor vestido de cinza, sorrindo.

— Le Gris! — cumprimentou o escudeiro de vermelho, também sorrindo.

Eles se saudaram e trocaram um aperto de mãos, e assim puseram um ponto final nas brigas, fazendo as pazes. A tensão na sala se dissolveu. Os nobres, que olhavam de todos os lados, gritaram em aprovação e as senhoras aplaudiram, e Crespin aproximou-se para saudar os dois.

É difícil acreditar que fosse um mero encontro casual. Crespin conhecia tanto Carrouges quanto Le Gris, e é possível que tenha agido em nome do conde Pierre para ajudar a reconciliar os dois escudeiros. Carrouges, capaz de guardar rancor por anos, finalmente parece ter reconhecido que manter uma má relação com Le Gris só o prejudicaria mais. E talvez Le Gris, após anos de relacionamento em deterioração com Carrouges, seguidos de seu terrível ressentimento, estivesse tentando resolver as coisas.

Independentemente do que estivesse por trás do encontro, algo ainda mais surpreendente aconteceu depois. Após saudar e abraçar Le Gris, Jean virou-se para Marguerite e disse-lhe que beijasse o escudeiro como sinal de renovação da paz e da amizade entre eles. Marguerite, adornada com joias e trajada com elegância para a festa, usando um vestido longo e esvoaçante, deu um passo à frente para cumprimentar Le Gris e beijou-o nos lábios, como era o costume. Os relatos remanescentes não deixam dúvida sobre o fato de que foi *ela* que *o* beijou.

Em razão dos problemas de seu marido com o escudeiro da mesma corte, Marguerite provavelmente não tinha Le Gris em alta conta. Nos últimos anos, Jean o descrevera como o pior homem possível, e Marguerite também sabia de sua fama de mulherengo. A conduta escandalosa do escudeiro, mesmo que fossem apenas rumores, dificilmente lhe seria um bom cartão de visita para ser amigo de uma jovem mulher casada. Então, é provável que ela tenha sido surpreendida com o pedido de Jean para beijar seu rival odiado, o homem que culpava por vários de seus problemas. Mesmo que a reconciliação tenha sido pré-arranjada e Marguerite estivesse ciente do planejado, o pedido de Jean para que beijasse Le Gris era um pouco exagerado — um gesto impulsivo regado a muito vinho e do qual mais tarde ele poderia se arrepender.

Jacques Le Gris deve ter ficado tão surpreso quanto Marguerite. Mal se reconciliara com Jean, após anos de duros conflitos e estranhamentos, e sua mulher, jovem e bonita, aproximou-se para beijá-lo. Nos anos anteriores, tinha ouvido muito falatório sobre a beleza de Marguerite, pois o casamento de Jean com a jovem herdeira fora assunto para muitas conversas na corte. Mas Le Gris nunca a encontrara antes, nem mesmo a vira, até aquele dia.

A beleza de Marguerite sem dúvida deixou uma forte impressão em Le Gris, assim como em todos que a viram. E se o escudeiro com reputação de sedutor estivesse buscando novas conquistas, poderia ter ficado imediata e fortemente atraído pela linda mulher que tão rápido pousou seus lábios nos dele. É provável que o interesse de Le Gris por Marguerite tenha sido despertado naquele exato momento.

3

BATALHA E CERCO

Na primavera seguinte, ainda sofrendo com o retrocesso de seu status na corte do conde Pierre apesar da recente reconciliação com Jacques Le Gris, Jean de Carrouges decidiu deixar a Normandia por um tempo, para buscar riqueza e avanços no exterior, juntando-se à expedição militar francesa à Escócia. A expedição, lançada em maio de 1385, foi comissionada pelo rei da França. Um exército de cavaleiros franceses e militares embarcaria para Edimburgo, unindo suas forças com os escoceses, e depois marcharia para o sul, abrindo caminho em todas as terras inglesas pelas quais passasse, pilhando cidades e castelos e destruindo fazendas e vilarejos no exato momento em que suas colheitas amadureciam.

Liderando a expedição estava o senhor Jean de Vienne, renomado comandante militar. Apontado como almirante da França em 1373, aos 32 anos, Vienne remodelou toda a frota naval francesa, organizando as defesas nas fronteiras e liderando uma série de célebres batalhas navais contra os ingleses. Ele também ajudou a derrotar Carlos, o Mau, em 1378 e liderou a campanha de Cotentin em 1379, na qual Jean de Carrouges serviu sob suas ordens por vários meses.

O exército do almirante consistia em mais de mil cavaleiros e escudeiros, além do dobro desse número em besteiros e "valetes robustos", homens que carregavam armas, elevando o número total da força de combate francesa a 3 mil. A expedição atraiu nobres de toda a França, e Jean de Carrouges se juntou comandando uma tropa de nove escudeiros.

Carrouges era por natureza "muito inclinado à aventura", e a campanha ofereceu-lhe uma chance de abandonar por um tempo o cenário de seus recentes problemas na corte do conde Pierre em Argentan. Essa prova de coragem em terras estrangeiras também podia valer a ele uma ordem de cavalaria. Acima de tudo, Carrouges esperava obter lucro com a expedição, trazendo de volta à França riquezas roubadas de cidades e castelos ingleses para sanar suas recentes perdas de terras e renda.

Antes de partir, Carrouges teve de pedir a seu senhor que o liberasse do serviço militar regular. O conde Pierre prontamente aceitou tal pedido. Após as muitas brigas com Carrouges nos anos anteriores, o conde estava contente em livrar-se de seu vassalo problemático por um tempo. Talvez desejasse que Carrouges não voltasse, já que ainda não tinha herdeiro e algumas de suas terras, nesse caso, seriam revertidas ao conde Pierre, que poderia oferecê-las a outros membros de sua corte.

Jean também teria de velar pela segurança e pelo conforto de sua esposa durante sua ausência. Tropas inimigas e ladrões ainda rondavam a Normandia, e Marguerite talvez não quisesse permanecer em Carrouges durante a campanha do marido. Ou talvez Jean não confiasse completamente em sua jovem e bela esposa. Homens das guarnições estavam sempre por perto, e Carrouges ficava a poucos quilômetros de outros castelos e cortes, como o do conde Pierre.

Então, antes de partir, Jean levou Marguerite ao castelo do pai dela em Fontaine-le-Sorel, cerca de trinta quilômetros a sudoeste de Rouen. Marguerite crescera por lá, saindo de casa apenas cinco anos antes para casar-se com Jean. Fontaine-le-Sorel talvez tenha sido escolha dela, ainda que sua madrasta comandasse a casa naquele momento. A alternativa era permanecer com a sogra viúva, opção menos atraente.

Seria a mais longa separação de Marguerite e Jean desde o casamento, e sua partida deve tê-la deixado cheia de maus agouros. Talvez imaginasse que Jean estivesse cansado dela após cinco anos de união, ou não gostasse de algo em relação a ela. Ainda não dera a Jean nenhum herdeiro, o que fora uma das principais razões para o casamento.

Mas o próprio Jean desmentiu tudo isso ao dizer que, no momento de sua partida, ambos "se amavam ternamente e viviam de forma casta e pacífica um com o outro". Ele também parecia estar em paz com a família de Marguerite. Quando o casal chegou a Fontaine-le-Sorel, provavelmente em abril, foi recebido pelo primo dela, Robert de Thibouville, um dos nove senhores que o acompanhariam na campanha.

Logo após, Marguerite viu o marido partir para a guerra. Também se despediu de seu primo. Sabia que os dois homens enfrentariam muitos perigos no mar e em campos de batalha estrangeiros, e deve ter se perguntado se voltaria a vê-los.

Para unir-se à expedição, Jean e Robert tiveram de viajar com seus camaradas normandos a Sluys, importante porto francês na costa flamenga, onde o almirante Vienne reunia seu exército e uma frota.

Por volta do fim de abril ou início de maio, o grupo de Jean chegou ao tumultuado porto, no qual estavam atracados quase duzentos *hulks* e *cogs*, as grandes embarcações usadas para navegar as águas do norte. Estivadores carregavam os barcos com armas e munição, incluindo canhões primitivos, junto a muitos outros suprimentos necessários para mais de um ano de campanha no exterior. Muitos homens embarcavam também seus cavalos — para serem usados em batalhas, seguindo caminho por terra e transportando bagagem. Os navios estavam lotados de presentes para os escoceses, incluindo cinquenta conjuntos de armadura e 50 mil francos de ouro guardados em cofres.

Antes de partir, o almirante Vienne pagou um adiantamento a todo o exército por dois meses de serviço. Uma chamada, ou *revue* (revista), de tropas, levada a cabo no dia 8 de maio de 1385, demonstrou que *"Jean de Carrouges, escuier"* estava presente em Sluys com nove escudeiros sob seu comando, e que pagara 320 *livres* — meia *livre* por dia para cada homem.

No dia 20 de maio, o almirante deu ordem para que a frota partisse. O tempo estava bom e os ventos, favoráveis. Navegaram ao longo da costa flamenga para o norte, passando por Zelândia, Holanda e Friesland, depois virando a oeste em direção à Escócia e à foz do rio Forth.

Quando os franceses chegaram a Leith, próximo a Edimburgo, rapidamente se espalhou o boato de que um exército estrangeiro chegara, e os escoceses começaram a reclamar: "Quem, diabo, os trouxe aqui? Quem os enviou? Não podemos lutar contra os ingleses sozinhos? Que voltem para o lugar de onde vieram, pois assim poderemos lutar as nossas batalhas."

O rei Robert da Escócia, para não ser vencido pelo povo, recusou-se a seguir em direção à Inglaterra até receber um grande pagamento. Vencido pelos escoceses e sem outra saída, o almirante Vienne concordou com os pedidos exagerados de Robert. De outra maneira, não teria qualquer ajuda de seus aliados.

O exército de cerca de 5 mil homens, de franceses e escoceses, finalmente partiu de Edimburgo no início de julho. Seguindo para o sul, cruzaram o rio Tweed e depois tomaram o caminho para o leste, queimando fazendas e vilarejos enquanto avançavam em direção ao mar. Em certo momento, pararam em Wark, fortaleza construída sobre um afloramento rochoso acima do Tweed.

O castelo de Wark tinha torres de guarda de quatro andares, com "grandes catacumbas de pedra" ao redor da entrada e "cinco grandes fendas de ataque" — aberturas que permitiam o lançamento ou disparos de projéteis. Wark era guardado por Sir John Lussebourne, que vivia ali com a esposa e filhos. Avisado com antecedência da chegada dos inimigos, John reforçou a guarnição e colocou "grandes bombardeiros" — canhões pesados — nos muros do castelo. Além das bestas e dos canhões que defendiam a construção, o castelo tinha imensos diques em todos os lados para dificultar a aproximação dos invasores, tornando-os alvos mais fáceis para o contra-ataque.

O almirante Vienne enviou um arauto pedindo a John que se rendesse, caso contrário seria atacado. Em resposta, John gritou insultos de cima do muro, advertindo ao almirante que seria melhor retirar-se com suas tropas antes que caísse nas garras dos escoceses infiéis. Após esse preâmbulo, começou a investida.

O CERCO AO CASTELO DE WARK (1385)

Como parte de uma campanha francesa na Grã-Bretanha, Jean de Carrouges ajudou a capturar e destruir castelos ingleses. Froissart, Chroniques. MS. Royal 18 E.I, fol. 345. *Com permissão da British Library.*

Por ser um grupamento cujos planos de ataque consistiam em mover-se rapidamente pelo território inimigo destruindo o que fosse possível, o exército de franceses e escoceses não estava equipado com qualquer artefato pesado de cerco, como o trabuco, que lançava grandes pedras sobre os muros dos castelos ou telhados dos inimigos. Nem estava com seus canhões menores, portáteis, capazes de derrubar os pesados muros de pedra. A sólida fundação do castelo não oferecia espaço para ser minada — cavar túneis sob seus muros não causaria seu desmoronamento. Outra tática seria montar guarda até que os suprimentos de comida do castelo acabassem, obrigando os ingleses à rendição pela fome, mas a pressa em seguir adiante no território inimigo não permitiria esperar tanto tempo.

Então o almirante ordenou uma escalada. Seus homens amarraram longas estacas para construir escadas e se prepararam para subir os muros do castelo, os mais bravos na frente, seguidos de forma confusa por seus companheiros. Fixando suas escadas na base dos muros, os franceses "foram muito corajosos, escalando a muralha e lutando corpo a corpo com a guarnição. O senhor John Lussebourne mostrou-se um bom cavaleiro e poderoso manejador de armas lutando contra os cavaleiros franceses enquanto estes subiam as escadas".

Os invasores tiveram de enfrentar líquidos ferventes, areias escaldantes e cal lançados sobre eles, bem como flechas letais atiradas de muito perto com bestas. Um invasor sem sorte também poderia pisar em falso durante a subida e cair, morrendo preso em sua pesada armadura, ou ver sua escada ser empurrada para trás por defensores com longas estacas no alto dos muros assim que estivesse se aproximando do topo.

Os escoceses se recusaram a participar do cerco, mas as bestas francesas postadas ao redor do castelo gradualmente conseguiram atingir a guarnição inglesa com suas flechas mortais, "prontamente atravessando cada cabeça que surgia no topo do muro". Os invasores franceses "eram tão numerosos, e o ataque tantas vezes renovado, que finalmente o castelo foi tomado, assim como o cavaleiro, sua esposa e seus filhos, que estavam lá. Os franceses que entraram na frente fizeram mais de quarenta prisioneiros. O castelo foi, então, queimado e destruído, pois perceberam que não poderiam mantê-lo nem guardá-lo, uma vez que já haviam adentrado muito o território inglês".

Seguindo a costa em direção ao sul, os invasores marcharam sobre terras pertencentes a Henry Percy, conde de Northumberland, onde destruíram mais vilarejos e fazendas, queimando tudo no caminho. Enquanto o medo e a apreensão cresciam enormemente em todas as partes, Jean de Carrouges e seus companheiros lançaram-se de cabeça na guerra, matando soldados inimigos e civis, confiscando criações, carregando todas as coisas de valor. Um cronista francês relata que seus compatriotas levaram "morte, pilhagem e incêndios" àquela terra, "destruindo tudo pela espada ou pelo fogo, cortando sem piedade a garganta de camponeses e qualquer outra pessoa que encontrassem, sem deixar ninguém viver, não importando a posição, a idade ou o sexo, nem mesmo se eram idosos ou crianças recém-nascidas".

Os nobres ingleses cujas terras foram destruídas rapidamente mobilizaram um contra-ataque. O jovem rei Ricardo II, furioso com o ataque feroz as suas costas, acelerou o passo ao norte de Londres com outro exército, jurando acabar com os invasores franceses e queimar Edimburgo, para assim punir os escoceses.

Os franceses e os escoceses souberam da aproximação dos ingleses por meio de espiões. O almirante Vienne estava tão desejoso de uma boa batalha quanto o rei Ricardo. Mas os escoceses, alarmados pelos relatos sobre o tamanho do exército inglês e preocupados com seus suprimentos, pediram para voltar à Escócia sob alegação de que teriam o apoio do próprio país quando os ingleses chegassem. O almirante Vienne, que não queria perder seus aliados escoceses, aceitou.

Logo que cruzaram o Tweed, os ingleses começaram a retaliação, "dando ordem irrestrita e ininterrupta de matança, rapina e fogo em toda uma frente de dez quilômetros e deixando toda a área rural em ruínas".

Os escoceses, para surpresa dos franceses, deixaram o inimigo devastar suas terras sem lutar, chegando a permitir o livre acesso aos ingleses para salvá-las da destruição. O almirante Vienne, consternado com a traição, enviou uma mensagem aos escoceses, dizendo: "Quem são os seus aliados, aos quais clamaram ajuda, para fazer o quê?" "O que quiserem", responderam os escoceses.

O almirante ordenou que seus homens se armassem, montassem em seus cavalos e esperassem por um sinal. Naquela noite, o exército inglês acampou a poucos quilômetros ao sul de Edimburgo, caindo em um sono exausto e deixando poucas sentinelas a postos. Sob a ordem do almirante, todo o exército francês saiu na escuridão, aproximando-se dos ingleses adormecidos enquanto marchavam em silêncio rumo ao sul.

Na manhã seguinte, quando os ingleses acordaram e se aproximaram de Edimburgo, encontraram as entradas abertas e as ruas desertas, e os habitantes tinham fugido. Enquanto os franceses saíram secretamente à noite, os escoceses dessa localidade fugiram da cidade levando seus bens pessoais e o gado, desaparecendo nas áreas rurais ao redor.

Após vários dias, Ricardo soube que os franceses tinham marchado de volta à Inglaterra para queimar e pilhar suas terras mais uma vez. Raivoso, ordenou a seus homens que queimassem Edimburgo. No dia 11 de agosto, os ingleses reduziram a cidade a cinzas, ainda que os fortes no alto das montanhas tenham sobrevivido às chamas. Depois, Ricardo liderou seu exército em direção à costa, até Aberdeen, destruindo tudo o que encontravam no caminho.

Pouco menos de 250 quilômetros ao sul, os franceses e alguns escoceses ainda aliados destruíam tudo em Cumberland, terras verdes e montanhosas ao norte do Distrito dos Lagos. Jean de Carrouges e seus homens esperavam enriquecer ainda mais com a pilhagem e os prisioneiros que conseguiam em sua segunda incursão à Inglaterra.

Descendo ao longo da costa, os franceses e os escoceses detonaram tudo pelo caminho. Os invasores encontraram pouca oposição — "pois as terras estavam vazias, todos os guerreiros estavam com o rei inglês em sua expedição" —, até que, voltando, chegaram a Carlisle.

Carlisle já fora um forte na fronteira romana e ancoradouro para a Muralha de Adriano, cujos vestígios ainda estavam nos portos em toda a extensão até Newcastle e a outra costa. Sendo agora uma fortaleza pertencente à Inglaterra, a cidade estava severamente fortificada com muros, torres e valas, e bem guarnecida contra qualquer cerco.

No dia 7 de setembro, os franceses e os escoceses atacaram a cidade, montando escadas para subir em seus muros "e exibindo poderosa força em uma complicada tentativa de destruí-la completamente ou tomá-la de uma vez". Mas o ataque vigoroso falhou. Frente a frente com um obstáculo que não poderiam transpor, pilhar ou destruir com facilidade, e temendo um ataque quando já tivessem adentrado demais o território inimigo, os invasores decidiram terminar o cerco infrutífero.

Enquanto os franceses e os escoceses seguiam para o norte, desacelerados por uma nova onda de pilhagem, o desastre os pegou de surpresa. Henry Percy, filho e herdeiro do conde de Northumberland, atacou repentinamente da retaguarda. O jovem Percy — conhecido como *Hotspur* por sua rapidez e impetuosidade quando montado em um cavalo — atacou os invasores à noite, "matando vários deles e fazendo com que muitos outros fugissem", e tomou como prisioneiras "vinte e seis pessoas de valor".

Jean de Carrouges e Robert de Thibouville felizmente não estavam entre os capturados ou mortos. Mas nem todos os seus companheiros tiveram a mesma sorte. Uma *revue* do exército do almirante, feita pouco mais de um mês depois, no dia 28 de outubro, revela que Jean perdera cinco de seus nove camaradas. Alguns podem ter morrido em batalhas anteriores ou por doença. Mas outros foram provavelmente perdidos no feroz ataque surpresa de *Hotspur* ao exército francês em retirada, no que se provou ser a última batalha da campanha.

Quando a temporada de guerra se aproximava do fim, os vários exércitos se retiravam do campo de batalha, mas o almirante Vienne decidiu permanecer em Edimburgo durante o inverno com seu exército em farrapos. Jean de Carrouges estava fora de casa havia mais de seis meses, e tudo indicava que ele e os remanescentes da guerra permaneceriam na Escócia até pelo menos a próxima primavera.

Mas os escoceses não foram tão hospitaleiros quanto antes com os franceses: "O almirante, seus barões, guerreiros e escudeiros passaram muita fome, pois mal podiam comprar provisões com seu dinheiro. Tinham apenas um pouco de vinho, cerveja, cevada, pão e aveia; e seus cavalos morriam de fome ou eram arruinados pela fadiga."

O almirante fez de uma situação ruim algo ainda pior ao dar início a um *affair* ilícito com uma princesa da corte escocesa, e ameaças foram feitas contra sua vida. Muitos nobres franceses se recusavam a permanecer ali até a primavera, dizendo que temiam morrer pela pobreza ou ser assassinados pelos escoceses. De forma relutante, o almirante deu permissão para que se retirassem quando quisessem.

Embora tenham ido lutar contra a Inglaterra, os franceses voltavam para casa nutrindo um imenso ódio à Escócia. "Ganharam passagem para a França e retornaram por Flandres, ou por onde pudessem, famintos e sem armas ou cavalos, esbravejando contra a Escócia e contra a hora em que decidiram lá botar os pés."

Ao retornarem à França, muitos cavaleiros e guerreiros "estavam tão pobres que não sabiam como se reerguer", e alguns "confiscaram os cavalos que encontraram pelos campos", chegando em casa sem seus cavalos de guerra, nas costas de bestas acostumadas a puxar arados ou carroças.

Jean de Carrouges retornou à Normandia no fim de 1385 com os cofres vazios e a saúde em ruínas. Gastou uma fortuna equipando-se para sua aventura no exterior, esperando um grande lucro com as pilhagens — ouro, prata, cavalos e outros bens —, mas deve ter derrubado seu dinheiro em um dos pântanos da Escócia. Como muitos franceses, também voltou para casa doente — com uma febre crônica que o deixou fraco e exausto, com muito suor e tremedeira.

Após perder a saúde, uma grande quantia de dinheiro e cinco companheiros de batalha, bem como os seis meses que passou no exterior em uma expedição infrutífera, voltou com apenas um prêmio verdadeiro para mostrar: um título de cavaleiro. A realização da revista dos remanescentes do exército ocorreu após sua volta à Escócia, no fim de outubro, e na listagem seu nome constava como "Sir Jean de Carrouges, cavaleiro" — o que indicava que ele havia ganhado a distinção em campanha, naquele verão ou outono.

Jean de Carrouges estava perto dos cinquenta anos, e até então o título de cavaleiro não lhe fora concedido na corte do conde Pierre. Sua nova posição faria com que fosse conhecido como cavaleiro, como sem dúvida insistiria em ser chamado na corte de Argentan. Isso também fez dobrar seus ganhos para uma *livre* por dia, mesmo que ainda não tivesse cobrado o que lhe deviam pela campanha, tão grandes eram as dívidas.

Quando desembarcou em Sluys — ou Harfleur, ou algum outro porto francês —, Jean apressou-se para chegar a Fontaine-le-Sorel, onde deixara Marguerite sete meses antes, sob os cuidados do pai dela. Com ele, estava o primo de Marguerite, Robert, que também sobrevivera às agruras da batalha, às doenças e às travessias marítimas.

Quando os dois homens chegaram a Fontaine-le-Sorel, o Natal estava próximo. Marguerite talvez quisesse passar mais algumas semanas no castelo do pai, com o marido recém-retornado e o primo. Os dois homens estavam arrasados pela campanha, Jean estava seriamente doente e as estradas eram perigosas no inverno.

Mas o cavaleiro ficaria apenas para uma breve visita. Partiu após alguns dias, levando Marguerite, para visitar a mãe dele, que também não o via desde sua ida para a Escócia, muitos meses antes.

Nicole de Carrouges, então viúva, vivia em Capomesnil, propriedade da família a pouco menos de sessenta quilômetros de Fontaine-le-Sorel, em Calvados. Nicole havia se mudado para Capomesnil após a morte do marido, três anos antes. Por alguma razão, a viúva não foi morar com o filho e a nora em Carrouges. Talvez não quisesse dividir o castelo com ela. Ou talvez Jean e Marguerite preferissem morar sozinhos.

Ao deixar Fontaine-le-Sorel, o casal seguiu o velho caminho romano em direção oeste para Lisieux. No inverno, quando as estradas geralmente ficavam lamacentas e escorregadias devido ao gelo ou à neve, a viagem levava ao menos dois dias, com pernoites em vilarejos ao longo do caminho ou em castelos de amigos. A má condição das estradas atrasaria até mesmo um homem com um bom cavalo viajando sozinho. E o inverno de 1385-1386, de acordo com um cronista francês, foi "incrivelmente duro e perverso". Marguerite viajou envolvida em uma roupa quente, em um cavalo bem selado, ou talvez sentada mais confortavelmente em uma carruagem fechada. Era acompanhada por duas ou três criadas, enquanto vários servos cuidavam do transporte da bagagem.

Cavalgando à frente da pequena procissão doméstica, o cavaleiro carregava sua espada e mantinha suas outras armas à mão, enquanto seus homens tinham facas e bastões para manter afastados os ladrões e os foras da lei. Também estavam em guarda contra os *routiers*, grupos autônomos ou mercenários que vagavam pelo território entre as intermináveis batalhas da Guerra dos Cem Anos, andando pelo campo em busca de presas e deixando inseguras até mesmo as estradas mais movimentadas. Incumbidos de suas bagagens e em guarda contra ciladas, o casal fez lentamente seu caminho através do gelado interior da Normandia.

4

O CRIME DOS CRIMES

Deixar o castelo do pai e viajar pelas estradas em más condições no meio do inverno para visitar a sogra não deve ter agradado a Marguerite. O castelo solitário de Nicole em Capomesnil não oferecia os mesmos confortos e diversões de Fontaine-le-Sorel. Além do mais, tinha de pensar na saúde do marido. Após meses de campanha e travessias marítimas, além da febre crônica, Jean precisava urgentemente de um descanso, e não de outra viagem no rigor do inverno. Quando o casal e seus acompanhantes entraram nas estradas cheias de neve e buracos em direção a Capomesnil, Marguerite também deve ter sentido maus presságios sobre como Nicole a receberia. Após mais de cinco anos de casamento, ainda não tinha dado nenhum herdeiro a Jean, e sua sogra provavelmente a culparia por isso durante a visita.

Nicole talvez nunca tenha perdoado Jean por casar-se com a filha de um traidor, unindo o nome dos Carrouges ao desonrado nome dos Thibouville. Ela sabia, claro, que o filho fora atraído pela beleza de Marguerite e pela riqueza do pai dela. Dinheiro e terras eram bens sempre desejáveis, e Marguerite herdaria muitas outras propriedades após a morte do pai. Mas a reputação dos nobres não tinha preço, especialmente na Normandia, por muito tempo celeiro de conspirações e rebeliões, onde uma aliança equivocada poderia destruir a sorte de uma família. E não era verdade que, poucos anos após o casamento, quando o marido de Nicole morreu, o conde Pierre negou a capitania de Bellême a seu filho, mesmo tratando-se de um direito? A dama Nicole, com seus quase setenta anos, poderia estar vivendo seus dias na maravilhosa fortaleza antes governada por São Luís, e não no modesto Capomesnil, caso seu filho teimoso não tivesse desagradado ao conde ao casar-se com Marguerite. Em Bellême, todos faziam reverência a ela como esposa do senhor Jean. Mas ninguém a visitava em Capomesnil, exceto mascates e leprosos, e na visão de Nicole a grande culpada por seu exílio era Marguerite, a nova senhora do maior e mais bonito castelo de Carrouges.

Jean e Marguerite provavelmente passaram a noite em Lisieux, onde se encontrava a sé daquela diocese, e logo depois deixaram o antigo caminho romano e desviaram para uma estrada secundária que seguia para sudoeste, em direção à cidade de Saint-Pierre-sur-Dives. A mais ou menos treze quilômetros de Lisieux, praticamente no meio do caminho, cruzaram o rio Vie e o vilarejo de Saint--Julien-le-Faucon. Lá, desviaram para outro caminho mais estreito, que seguia em direção oeste acompanhando a margem sul do rio.

Após alguns poucos quilômetros, chegaram a uma ribanceira com vista para o rio, onde havia dez ou doze casas de palha habitadas sobretudo por lavradores e seus inquilinos que trabalhavam na terra. Esse humilde local era Capomesnil. Próximo ao povoado, porém mais isolado, acima do nível do rio, estava o solitário e antigo castelo em que Nicole vivia.

O castelo não era grande. No térreo, havia um salão principal, uma cozinha e dependências para os criados na parte de trás. No andar superior, ficavam alguns quartos cujo acesso era feito por uma escadaria interna. Também contava com um *donjon*, mas não tinha nenhum muro de proteção ou torres defensivas e estava situado em "campo aberto, longe de qualquer recinto fortificado". O castelo já não existe mais, pois foi demolido logo após a Revolução Francesa, mas era parecido com muitos outros castelos menores ou solares que ainda povoam a Normandia. Naquele local remoto e pouco frequentado, Nicole vivia tranquilamente com alguns poucos criados e recebia raras visitas. O local habitado mais próximo, além do povoado, era o vilarejo de Saint-Crespin, do outro lado do rio e no cume de uma colina a pouco menos de dois quilômetros ao norte.

Marguerite provavelmente esperava que sua temporada em Capomesnil não durasse muito, e que após alguns poucos dias ela e Jean pudessem terminar a viagem, voltando a Carrouges e a seu castelo, do qual estivera longe quase todo o ano. Mas deve ter notado — ou suspeitado — que isso não aconteceria, em razão das preocupações de Jean com dinheiro desde sua volta da Escócia. Se fosse assim, sua temporada em Capomesnil duraria um mês ou mais, e durante aquele tempo veria mais a sogra que o marido.

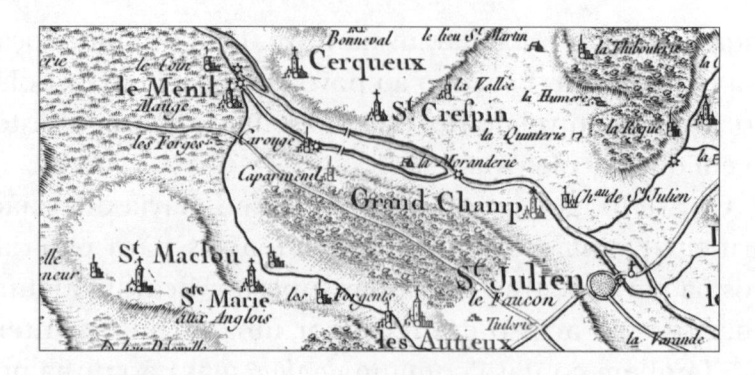

CAPOMESNIL

Jean deixou Marguerite no modesto castelo da mãe dele, situado na margem sul do rio Vie, quando partiu para Paris em janeiro de 1386. Detalhe de Cassini de Thury, Carte de France, nº 61 (c. 1759). Charles Stuart de Rothesay Papers, Departamento de Coleções Especiais, Charles E. Young Research Library, UCLA.

Quase imediatamente após a chegada do casal, Jean preparou-se para outra viagem, mesmo com o mau tempo e a saúde frágil. Com a enorme perda financeira sofrida com a campanha no exterior, sem conseguir se recuperar com pilhagens nem muito menos ter lucros, ele precisava desesperadamente de dinheiro. Seus ganhos mal pagavam os gastos correntes, mesmo quando complementados com as rendas das terras de Marguerite. Seus soldos anteriores ainda não haviam sido pagos, e estavam pendentes as dívidas angariadas com a compra de cavalos e suprimentos para a expedição. Jean, então, decidiu que deveria viajar a Paris e coletar a soma devida junto ao tesoureiro de guerra do rei, Jean de Flament. Também deveria contatar alguns amigos ricos e influentes de Paris, que poderiam ajudá-lo a assegurar o apoio real.

Se Carrouges não tivesse confrontado o conde Pierre tantas vezes, bastaria viajar até Argentan para conseguir o dinheiro de que necessitava. O conde Pierre era pródigo em oferecer presentes a seus favoritos da corte — especialmente a Jacques Le Gris. Mas após tão duras brigas com seu senhor, mesmo reconciliado com o favorito do conde antes de sair para a Escócia, ainda tinha pouca chance de garantir a simpatia ou a ajuda de Pierre. E seu orgulho nunca lhe permitiria pedir auxílio a Le Gris, mesmo com toda a sua riqueza e a recente reconciliação.

Mesmo assim, Carrouges ainda planejava parar em Argentan em seu caminho a Paris. A cidade estava na rota mais direta entre Capomesnil e a capital. Além do mais, tinha de registrar seu retorno da Escócia ao conde Pierre, que o dispensara de seus deveres militares na primavera anterior. Carrouges, quase na bancarrota e com a saúde debilitada, estava praticamente inutilizado para batalhas ou outros deveres oficiais, e a possibilidade de uma campanha de inverno era quase nula. Mas ainda era vassalo do conde Pierre, e um de seus deveres era visitar seu senhor.

Carrouges deve ter ido a Argentan por algo mais que um dever. Talvez quisesse testar a receptividade da corte. Talvez quisesse gabar-se com outros cortesãos falando sobre seu recém-conquistado título de cavalaria, ou surpreender e confundir os que não esperavam que voltasse de sua arriscada aventura no estrangeiro. Sabia que alguns esperavam que morresse. Jean continuava sem herdeiros, e por isso grande parte de suas propriedades poderiam voltar ao conde Pierre, que as distribuiria entre seus outros vassalos.

Carrouges também sabia que em Argentan poderia encontrar-se com Jacques Le Gris, que não se voluntariou para a expedição à Escócia, preferindo permanecer em casa para cuidar dos próprios interesses. No ano anterior, quando os dois homens se reconciliaram na casa de Jean Crespin, teria Le Gris olhado demais para a linda e jovem esposa de Carrouges após seu abraço? Talvez. Mas Marguerite passara grande parte do ano anterior no castelo do pai. E, naquele momento, ainda que muito mais perto de Argentan, estava a salvo sob os olhos vigilantes de Nicole.

Ainda assim, os domínios de Jean não eram o único bem que um cortesão como Le Gris poderia cobiçar. Antes de partir para sua jornada, que poderia deixá-lo fora por várias semanas, Jean chamou uma das criadas de Marguerite e a instruiu para que nunca saísse do lado de sua senhora, noite e dia, até que ele retornasse de Paris. Em tais assuntos, precaução nunca era demais.

Jean de Carrouges partiu para Argentan na primeira semana de janeiro de 1386. Começou a viagem de cerca de quarenta quilômetros — pelo menos meio dia de viagem a cavalo, especialmente com mau tempo — seguindo em direção leste, junto à margem sul do rio Vie, além de Saint-Julien-le-Faucon. Próximo a Livarot, voltou-se para o sul e tomou uma antiga rota romana que levava às terras altas e montanhosas acima do vale do rio Dives e da vasta planície Falaise. Grande parte da terra diante de seus olhos pertencia ao conde Pierre.

Descendo devagar, Carrouges cruzou o Dives próximo a Trun e seguiu rio acima, pela outra margem. Poucos quilômetros adiante, passou pela floresta Grande Gouffern, densa e escura com seus pinheiros antigos. Saindo das árvores, viu as muralhas e torres de Argentan se elevando de um promontório rochoso.

Antiga fortaleza antes comandada por ingleses, Argentan foi o local onde o rei Henrique II recebeu a notícia, logo após o Natal de 1170, de que quatro de seus cavaleiros tinham secretamente cruzado o canal e assassinado Tomás Becket, o arcebispo de Canterbury. Na década de 1380, a cidade foi circundada por um espesso muro de pedra com dezesseis grandes torres redondas.

Carrouges seguiu em direção ao portão bem guardado da cidade, onde foi reconhecido como um dos homens do conde Pierre, sendo-lhe permitida a passagem. Seguiu para o palácio, rumo ao grandioso castelo de quatro andares com três grandes torres que o conde Pierre reconstruiu após comprar a cidade em 1372. Lá, o cansado cavaleiro desmontou, deixando seu cavalo com um homem do estábulo, e foi em frente.

Após ter viajado por tantas horas em estradas castigadas pelo inverno, Jean de Carrouges estava extenuado, e antes de se apresentar na corte se livrou de seus aparatos de montaria e lavou as mãos e o rosto em uma bacia com água oferecida por um dos empregados do palácio. Depois subiu as escadas em direção ao grande salão, onde o conde Pierre jantava com amigos e cortesãos.

A visita de Jean o pegou de surpresa. Até então, algumas notícias da campanha falida na Escócia tinham chegado a Argentan, reportando nomes de nobres mortos na batalha ou vítimas de doenças, além de todos os problemas enfrentados pelos que tinham voltado após perder dinheiro, cavalos e saúde. Sem qualquer notícia de Carrouges até então, o conde Pierre deve ter começado a pensar que seu problemático vassalo estivesse morto e que finalmente se veria livre dele. Alguns dos homens do conde talvez já estivessem dividindo entre si as terras de Jean. Então, quando o agora cavaleiro, com febre e muito fraco, mas ainda vivo e caminhando com os próprios pés, chegou de repente ao grande salão, o conde Pierre e muitos outros ficaram surpresos — e mesmo descontentes — de vê-lo.

O que aconteceu naquele dia quase não se sabe. Mas sabemos que, durante sua estada em Argentan, Jean de Carrouges "encontrou-se com Jacques Le Gris e com alguns homens do conde de Alençon, a quem contou seus planos de visitar Paris". Quando o cavaleiro divulgou suas intenções na corte, também deve ter dito algo sobre sua mulher estar perto, em Capomesnil, com sua mãe. Se tentasse esconder o fato, os cortesãos provavelmente teriam imaginado ou ficado sabendo por outros meios.

O encontro entre Carrouges e Le Gris deve ter começado de forma amigável, uma vez que, pouco mais de um ano antes, os dois homens terminaram publicamente suas disputas e, pelo que foi observado, selaram a paz. Mas Jean de Carrouges, nada político e contencioso, tinha constantes ataques de raiva e inveja. Acabara de passar seis meses fora arriscando a vida pela França, porém retornara com pouquíssimas recompensas a exibir. E, poucos quilômetros além de Argentan, a rota para Paris faria com que passasse pelo feudo perdido de Aunou-le-Faucon, antigo problema que talvez voltasse a corroê-lo.

O PALÁCIO DO CONDE

O conde Pierre de Alençon comandava a corte de Argentan em seu imponente palácio. Lá, em janeiro de 1386, Jean de Carrouges encontrou novamente Jacques Le Gris. Archives Photographiques, Coleção M.A.P.(c) CMN, Paris.

Os últimos problemas do cavaleiro, somados às desgraças anteriores, talvez o tenham levado ao limite, fazendo com que extravasasse no alvo mais próximo — o favorito do conde, que Carrouges havia muito tempo suspeitava ser o responsável por um complô contra ele. No palácio, deve ter parabenizado Le Gris por ter ficado em casa, protegido do perigo, sem arriscar sua preciosa vida com a prática da viril arte da guerra. Jean também deve ter exaltado o fato de ter deixado a França como escudeiro e voltado como cavaleiro, graças às façanhas como guerreiro. Talvez o recém-nomeado cavaleiro tenha dito também que Le Gris poderia melhorar sua posição se deixasse a comodidade e o conforto da corte. Com apenas algumas palavras pouco afáveis na frente de outros cortesãos, Jean de Carrouges poderia facilmente reabrir velhas feridas e reacender a rixa latente.

O que quer que tenha acontecido na corte do conde Pierre naquele dia, o encontro do cavaleiro com o escudeiro aparentemente provocou algo em Jacques Le Gris. Pois, ao saber dos planos de Carrouges de visitar Paris, esperou que este partisse de Argentan e se reuniu com um de seus companheiros mais próximos, um homem chamado Adam Louvel.

Louvel, um escudeiro, alegadamente servia a Le Gris como uma espécie de cafetão, apresentando-o a mulheres suscetíveis. Parece que Louvel conhecia Carrouges muito bem, tendo servido sob suas ordens na campanha de Cotentin de 1379-1380. Ele tinha uma casa em um pequeno povoado em Capomesnil, muito perto do castelo onde Marguerite estava com sua sogra. Logo após a partida do cavaleiro de Argentan para Paris, Adam Louvel marchou em direção oposta, seguindo para Capomesnil, sob ordens de seu mestre, para observar Marguerite e oferecer a ele novas informações sobre a senhora.

Não está claro por que Jacques Le Gris de um momento para outro passou a prestar atenção em Marguerite. Jean de Carrouges mais tarde alegou que o escudeiro simplesmente desejava a bonita e jovem herdeira e que "começou a pensar em uma forma de iludi-la e seduzi-la", como dizem ter feito com muitas outras mulheres. Um cronista diz que, "por meio de uma tentação estranha e perversa, o diabo entrou no corpo de Jacques Le Gris, e seus pensamentos se fixaram na esposa do senhor Jean de Carrouges, que ele sabia estar vivendo quase sozinha com suas criadas".

É possível que Le Gris fosse um dos cortesãos que esperavam ganhar algo caso Carrouges não voltasse da Escócia. Ele estava viúvo naquela época e talvez, após conhecer a bela esposa de Carrouges, tenha começado a cobiçar algo mais que suas terras e seus castelos. O escudeiro, que possuía propriedades de alto valor, algumas delas que poderiam ter formado parte do dote de Marguerite, deveria estar querendo possuir aquela mulher.

Ou talvez não tivesse sido exatamente interesse por Marguerite, mas, sim, um desejo de vingança contra o marido dela, que tenha levado Le Gris a querer uma nova conquista. Ainda que os dois homens tivessem publicamente resolvido suas diferenças, o escudeiro não tinha esquecido — e talvez nunca tenha perdoado — a tentativa do cavaleiro de tomar Aunou-le-Faucon, as lutas com o conde Pierre, que também o afetaram, e toda a suspeita e o ódio que Carrouges espalhara pela corte. Se Carrouges, durante sua última visita a Argentan, realmente jogou algumas palavras duras na cara de Le Gris, este, cansado dos insultos do cavaleiro, talvez tenha decidido responder de forma ainda mais dolorosa.

A longa ausência de Jean e a proximidade de sua esposa podem ter feito nascer a ideia na cabeça do escudeiro. Se pudesse secretamente se deitar na cama da esposa do cavaleiro, seria uma bela vingança, sem mencionar o prazer que a conquista lhe proporcionaria! Originalmente, imaginando que Marguerite estaria suscetível, Le Gris pode ter simplesmente arquitetado seduzir a moça — plano que por si só já era perverso, mas que se transformou em algo ainda pior. Com um motivo claro — vingança contra o cavaleiro seduzindo sua esposa —, tudo o que o escudeiro precisava era de uma oportunidade.

Logo teve a chance. Durante a terceira semana de janeiro, mais ou menos duas semanas após a partida do cavaleiro para Paris, Nicole foi repentinamente chamada a Saint-Pierre-sur-Dives, cidade a quase dez quilômetros de distância. O visconde de Falaise queria ter a viúva diante do oficial de justiça de Caen, Guillaume de Mauvinet, como testemunha em um julgamento. A data marcada foi 18 de janeiro de 1386. A viagem a Saint-Pierre-sur-Dives, tudo o que teria de fazer por lá e o tempo de volta deixariam a senhora Nicole fora de casa por pelo menos metade de um dia.

Quando esse chamado foi feito, Adam Louvel já estava em Capomesnil observando o castelo de sua casa no vilarejo próximo e mantinha seu senhor a par de todas as novidades sobre Marguerite. Ao saber que Nicole deixaria Capomesnil em poucos dias, Louvel imediatamente avisou Jacques Le Gris.

Logo cedo na manhã de quinta-feira, 18 de janeiro, Nicole saiu de Capomesnil. Ainda que estivesse a menos de vinte quilômetros de Saint-Pierre e fosse ficar ausente apenas uma grande parte do dia, ela levou junto seu *entourage*, que incluía quase todos os empregados da casa. A viúva, por razões não muito claras, levou inclusive a criada que o filho instruíra a permanecer ao lado de Marguerite durante todo o tempo de sua ausência. Marguerite teve de encarar o fato de que passaria algumas horas praticamente sozinha no castelo. Ao que parece, apenas uma criada permaneceu lá.

Logo após Nicole ter deixado Capomesnil na manhã de quinta-feira, Marguerite escutou um grito que parecia vir do lado de fora da pesada porta da frente do castelo. Aquecendo-se na lareira acesa de um dos quartos do andar superior, ficou imaginando quem poderia ser.

Os chamados continuaram, e Marguerite colocou uma manta de pele sobre o vestido e desceu para ver quem era. Ao entrar no saguão principal, cuidadosamente deslizou o painel por trás de uma pequena janela que se abria na grossa porta de madeira.

Ficou assustada ao ver o rosto de um homem olhando para ela. Depois o reconheceu. Era Adam Louvel.

Quando Marguerite perguntou o que ele desejava, Adam disse estar ali para lhe pedir um favor.

— O que é? — perguntou ela.

— Está frio aqui fora, minha senhora — disse Adam. — Posso me aquecer aí dentro enquanto falo?

Marguerite conhecia Adam, pois ele tinha uma casa perto e servira a seu marido em campanhas. Mais perturbada do que com medo da visita imprevista, Marguerite concordou. Levantando a barra de ferro que fechava a pesada porta por dentro, deixou passar o visitante. Depois fechou outra vez a porta para manter o ar do inverno do lado de fora, mas sem voltar a colocar a barra.

De pé, já no interior do recinto, Adam deu uma olhada em volta, como se estivesse procurando o fogo. Mas, ao ver que Marguerite não fez qualquer movimento convidando-o a adentrar mais a casa, começou a explicar seu problema.

Tinha ido até ali em razão de um empréstimo importante, disse. Sabia que o pagamento pelos 100 francos de ouro que pedira emprestados a Jean estava muito atrasado, mas se perguntava se o cavaleiro não poderia estender o prazo. Seria a senhora Marguerite tão amável a ponto de pedir ao senhor Jean, em nome de Adam, que fizesse isso?

Marguerite não sabia nada sobre o tal empréstimo nem sobre os detalhes, e estava intrigada que Adam a tivesse procurado para conversar sobre esse assunto, especialmente quando seu marido estava ausente.

Mas, antes que ela pudesse encontrar uma resposta, Adam mudou repentinamente o rumo da conversa, dizendo que levava saudações de Jacques Le Gris, que enviara seus cumprimentos à senhora.

— O escudeiro — continuou Adam — a ama com paixão, faria qualquer coisa pela senhora e gostaria muito de vê-la.

Alarmada pela mudança brusca de assunto, Marguerite disse que não tinha nenhuma vontade de ver nem de conversar com Jacques Le Gris, e que Adam deveria dizer a seu senhor que parasse com tudo aquilo. Tal conversa a deixou com grande desprazer, como ele pôde ver.

No mesmo momento, a porta — sem a barra de proteção — foi aberta e um ar frio entrou no salão. Marguerite ficou muito assustada ao ver o próprio Le Gris.

Ao entrar, o escudeiro deixou sua capa suja de lama sobre um banco, expondo a adaga que carregava na cintura, aproximando-se e assustando a senhora. Ao ver que Marguerite se afastava, parou e sorriu.

— Minha senhora — disse ele —, como meu servo já lhe contou, eu a amo mais do que jamais amei qualquer outra mulher, e faria o que fosse preciso pela senhora. Tudo o que tenho seria seu.

Marguerite ficou ainda mais alarmada ao ver tais palavras saindo da boca do próprio escudeiro, mas conseguiu reunir forças para dizer que ele não poderia falar com ela daquela forma.

Quando Marguerite deixou claro que não gostaria de ouvir mais nenhuma palavra naquele tom, o conflito se tornou físico. Le Gris — homem grande e muito forte — deu um passo à frente e agarrou-a pela cintura, ordenando-lhe que se sentasse a seu lado no banco. Quando Marguerite tentou escapar, ele a forçou, apertando-a com muita força.

Sentada ao lado do escudeiro, contra sua vontade, Marguerite pôde sentir seu hálito quente no rosto. Com muito medo, ouviu enquanto ele dizia saber tudo sobre os vários problemas financeiros de seu marido. Sorrindo sugestivamente, de uma forma que a deixou enojada, prometeu compensar sua generosidade e restituir a fortuna da família Carrouges, caso ela lhe permitisse fazer o que ele desejava.

Dizem que essa franca oferta de dinheiro em troca de sexo era parte do sistema de abordagem mais usado pelo escudeiro com as mulheres que desejava. Mas não funcionou com Marguerite.

Mesmo presa e muito assustada, ela disse a Le Gris que não ligava para seu dinheiro e nunca se submeteria a sua vontade. E tentou livrar-se dele da melhor forma que pôde.

Vendo que não teria chances de conseguir o consentimento de Marguerite, o escudeiro abandonou todas as tentativas de persuasão. Seu sorriso desapareceu e seu rosto ganhou um aspecto selvagem.

— A senhora vai subir comigo querendo ou não — ameaçou ele.

Le Gris fez um sinal para Louvel, que foi colocar a barra na porta.

Marguerite percebeu as intenções malévolas dos dois homens. Aterrorizada e desesperada para se ver livre daquelas mãos violentas, ela começou a gritar, pedindo por ajuda.

— *Haro! Aidez-moi! Haro!*[4]

Mas ninguém ouviu os gritos de Marguerite. Ou pelo menos ninguém acudiu. Nicole tinha levado quase todos os criados do palácio com ela a Saint-Pierre-sur-Dives. E os grossos muros de pedra e a porta com barra de ferro abafaram os gritos de Marguerite dentro do castelo, sem que chegassem ao povoado mais próximo, onde naquela época do ano as pessoas estavam dentro das casas, mantendo-se o máximo possível afastadas do frio.

Sem tentar abafar os gritos da vítima, como se soubessem que não apareceria ninguém, os dois homens começaram a puxar Marguerite em direção às escadas. Desesperada, ela se agarrou ao pesado banco de madeira, tentando ancorar-se ali. Mas eles a pegaram pelos braços.

Enquanto a carregavam para a escadaria, Marguerite conseguiu livrar-se por um momento, jogando-se com toda a força no duro chão de pedra. Deitada ali, jurou bem alto que contaria ao marido sobre a violência, e que ele e seus amigos se vingariam.

---

[4] Por lei, gritar "*Haro!*" — ou levantar "o tom e gritar" — era um aviso para que o agressor parasse seu ato criminoso e obrigava qualquer pessoa que ouvisse o grito a vir em socorro da vítima.

Mesmo com esse aviso, Le Gris agarrou-a pelos braços e levantou-a, enquanto Louvel a prendia pela cintura, segurando-a pelas costas. Juntos, os dois a forçaram a subir os degraus de pedra, enquanto ela continuava gritando e lutando.

Quando finalmente conseguiram arrastar Marguerite até o andar superior, Louvel ajudou seu mestre a levá-la para dentro do quarto mais próximo e depois fechou a porta, deixando o senhor sozinho com a mulher.

Le Gris abaixou e começou a desatar as botas. Marguerite, momentaneamente livre, correu à janela, gritando por ajuda enquanto em frenesi tentava abri-la. Le Gris não demorou em aparecer a seu lado.

Saindo da janela, ela correu para a porta no outro lado do quarto, esperando conseguir atravessá-la. Mas Le Gris também cruzou o quarto em poucos segundos, contornando a cama e impossibilitando sua fuga.

Agarrando-a pelos braços, ele a levou até a cama e de forma rude atirou-a ali. Marguerite tinha o rosto virado para baixo. Com uma das mãos enormes, ele a imobilizou pelo pescoço enquanto com a outra terminou de desatar as botas, abrindo o cinto e abaixando suas perneiras. Marguerite se debateu, mas ele apertou com ainda mais força o pescoço dela até quase quebrá-lo, obrigando-a a lutar por um pouco de ar.

Deitando-se na cama, Le Gris tirou a manta de cima de Marguerite e puxou seu vestido. Contudo, quando soltou-lhe o pescoço e se colocou sobre ela, a mulher começou a se debater tanto que ele já não era capaz de contê-la.

Le Gris, jurando nunca ter visto uma mulher tão forte, gritou pelo cúmplice:

— Louvel!

A porta se abriu e Louvel entrou.

Louvel agarrou Marguerite por um braço e uma perna enquanto Le Gris agarrava seus outros membros e, juntos, deitaram-na na cama, com o rosto voltado para baixo. Marguerite, enfraquecida após sua brava luta, sentiu sua força começar a desaparecer. Com algumas tiras de roupa que encontraram no quarto, ou que tinham levado até ali de propósito, os dois ataram a relutante vítima.

CENA DE ESTUPRO

O homem amarra a mulher, sua proeminente espada indicando o que aconteceria a seguir. The Romance of the Rose, *miniatura.* The Bodleian Library, University of Oxford, MS. Douce 195, fol. 61v.

Mas, mesmo amarrada à cama, Marguerite continuou gritando e pedindo ajuda. Então, o escudeiro pegou seu quepe de couro e o meteu em sua boca, para que ela se calasse.

Presa e silenciada, Marguerite começou a ter dificuldade para respirar. Exausta da longa batalha contra seus agressores e quase sem fôlego, sua força esvaía-se ainda mais rápido que antes, e ela imaginou que poderia morrer sufocada.

Com Louvel ainda presente e Marguerite mantendo sua resistência da melhor forma que podia, mesmo atada e amordaçada, o escudeiro a violentou — "matando seu desejo por ela contra a vontade da dama".

Quando terminou, Le Gris ordenou ao servo que libertasse Marguerite. Louvel, que esteve no quarto todo o tempo, foi até a cama para soltá-la, segurando com cuidado as tiras de pano das roupas usadas para a amarrar.

Já solta, Marguerite permaneceu na cama, chorando e segurando seu traje desgrenhado em cima do corpo.

Quando Le Gris terminou de atar o cinto e calçar as botas, levantou-se e aproximou-se da cama para pegar seu quepe, que ainda estava ali, quente e molhado da boca de Marguerite.

Arrumou o quepe e bateu-o contra a própria coxa quando a olhou, dizendo:

— Senhora, se contar para alguém o que aconteceu aqui, perderá sua honra. Se seu marido souber de algo, poderá matá-la. Não diga nada, e eu também ficarei em silêncio.

Marguerite, olhando para baixo, não respondeu. Finalmente, após uma longa pausa, disse em um tom de voz ainda chocado:

— Ficarei calada.
Uma sensação de alívio podia ser percebida no rosto do escudeiro.
Marguerite olhou para cima, fulminando Le Gris com olhos raivosos.
— Mas não por muito tempo — disse, cortante.
O escudeiro a encarou.
— Não brinque comigo, Marguerite. Você está sozinha, eu tenho testemunhas que poderão jurar ter me visto em outro lugar hoje. Pensei em tudo antes, pode ter certeza!
E pegou de sua cintura um pequeno saco de couro, que tiniu suavemente na palma de sua mão.
— Tome — disse ele, jogando o saco de moedas na cama, ao lado de Marguerite.
Marguerite olhou para ele. Não acreditava no que estava acontecendo, e não podia conter as lágrimas.
— Não quero seu dinheiro! — gritou ela. — Quero justiça! E terei justiça!
Pegou o saco e o jogou de volta. O saco caiu no chão, ao lado dos pés de Le Gris.
Le Gris não disse nada. Pegou o saco, colocou-o outra vez debaixo do cinto e começou a calçar as luvas.
Louvel, então, perguntou:
— Devo bater nela, senhor, para que se lembre do que o senhor disse?
Sem dizer nada, Le Gris virou-se e deu um tapa brutal no rosto de Louvel com suas pesadas luvas de couro. Tirou sangue do empregado, que ficou ali, de pé e aturdido, acariciando a bochecha.
— Não ouse tocar na senhora — avisou Le Gris.

Depois, sem dizer qualquer outra palavra, caminhou até a porta, abriu-a e saiu do quarto. Louvel, sem voltar a olhar para Marguerite, saiu atrás do mestre.

Marguerite ouviu o eco dos passos dos dois pelo castelo vazio e a barra de ferro da porta principal sendo retirada, depois ouviu a porta sendo aberta e batida. Ainda muito fraca para levantar-se da cama, dominada pela dor da traumática experiência, ouviu as botas dos dois no jardim logo abaixo. Os sons pouco a pouco se dissiparam, até que tudo voltou a ficar em silêncio, como antes, quando estava sozinha.

As pessoas, hoje, muitas vezes imaginam a Idade Média como uma época sem lei, em que o estupro era recorrente e raramente considerado crime. É verdade que as vítimas de estupro às vezes eram forçadas a casar-se com seus algozes, que poderiam salvar a própria vida concordando em unir-se às vítimas em matrimônio. E o estupro no casamento era legal, pois as esposas "deviam" favores aos maridos, e meninas de apenas doze anos se casavam com o consentimento da família com homens várias décadas mais velhos que elas, os quais tinham o direito de exigir o que lhes era devido sexualmente. O estupro também era muito praticado contra as mulheres em tempos de guerra, como no caso dos nobres franceses, por exemplo, que violentaram e assombraram camponesas durante a Revolta dos Jacques, levante massivo no fim da década de 1350, e das freiras bretãs capturadas e violadas por soldados ingleses em 1380.

Mas os códigos de leis medievais e os registros de julgamentos demonstram que o estupro era considerado um crime grave, uma ofensa capital. A lei na França, incluída a Normandia, normalmente seguia a prática romana, segundo a qual o estupro — definido como relação sexual forçada fora do casamento — poderia ser punido com a morte.[5] Filipe de Beaumanoir, autoridade da lei francesa no século XIII, diz que a punição para o estupro é a mesma que para o assassinato ou a traição — ou seja, "ser arrastado pelas ruas e ter o corpo dependurado". Mesmo em tempos de guerra, líderes muitas vezes tentaram refrear seus homens, como quando, sob pena de morte, foi ordenado aos soldados ingleses que capturaram Caen em 1346 que não fizessem qualquer mal às mulheres da cidade, ainda que muitos tenham desobedecido a tal advertência.

As atitudes sociais em relação ao estupro eram as mais diversas. Poetas da corte celebravam os cavaleiros como campeões da honra feminina, e a aristocracia feudal enxergava o estupro de uma mulher nobre como "o crime dos crimes". Mas muitos poemas e lendas descrevem cavaleiros casualmente deflorando moças solteiras de classes baixas que passavam por seus caminhos. Dizem que o rei Eduardo III estuprou a condessa de Salisbury em 1342 — hoje, uma história controversa, mas muito conhecida na época. Apenas algumas mulheres medievais levantavam a voz para protestar contra a ideia de que até gostavam de ser violentadas. Christine de Pisan, em seu livro *The City of Ladies* [A cidade das damas], de 1405, escreveu que as mulheres "não sentiam qualquer prazer ao ser estupradas. Na verdade, o estupro era provavelmente o pior dos pesares para elas".

---

[5] Naquela época, "estupro", ou "rapto" (*raptus*), poderia significar tanto a relação sexual forçada quanto o crime de sequestro.

O processo e a punição por estupro muitas vezes dependiam da classe social e do envolvimento político da vítima. Na França, mulheres acusadas de crimes menores, como roubos, eram muitas vezes punidas com a morte, enquanto grande parte dos homens culpados por estupro escapava com uma mera multa — compensação muitas vezes paga não à própria vítima, mas ao pai ou ao marido, pois o estupro era visto menos como uma violência sexual contra as mulheres e mais como um crime contra seu guardião masculino. Registros legais demonstram que muitos acusados de estupro eram clérigos, homens com cargos na Igreja, e que eles geralmente escapavam de punições sérias clamando pelo "benefício dos clérigos", o qual lhes permitia ter seus casos julgados pela Igreja, não pelas cortes seculares.

As circunstâncias do crime, incluindo a frequente falta de alguma testemunha, muitas vezes deixavam a acusação de estupro difícil de ser provada em uma corte judicial. E, na França, a vítima feminina, independentemente de seu estrato social, alto ou baixo, não podia acusar ninguém sem a cooperação do marido, do pai ou do guardião. Muitas vítimas de estupro, ameaçadas depois por seus agressores de que cairiam em vergonha e desonra, escolhiam manter o silêncio em vez de arriscar arruinar sua reputação, ou a de sua família, tornando público o caso. Então, se na teoria o estupro era um crime sério para o qual a lei previa pesadas penas, na prática com frequência não era relatado nem julgado, quanto mais punido.

Imediatamente após o ataque cruel, Marguerite teve de aguentar seu sofrimento e sua humilhação sozinha e em silêncio: "No dia em que essa infelicidade aconteceu com ela, a senhora Carrouges permaneceu no castelo semideserto, lidando com sua dor da melhor maneira que pôde." Durante aquelas terríveis horas sozinha, Marguerite deve ter ouvido martelar em sua cabeça o aviso do escudeiro para que mantivesse silêncio. E sua sogra logo voltaria com os empregados. O que Marguerite deveria fazer?

Le Gris a ameaçara com a pior desgraça possível para uma mulher de seu estrato social. Entre a nobreza, a honra era primordial, e a vergonha, um destino pior que a morte. A honra feminina — a reputação da mulher por sua lealdade e castidade — era especialmente estimada. A ameaça de Le Gris representava um tormento extra para Marguerite, pois a traição de seu pai ao rei da França já havia deixado a família Thibouville sob suspeita. O escudeiro deve ter agido de forma calculada, manipulando seu histórico familiar. É ainda possível que, ao escolher sua vítima, Le Gris já tenha contado com a desgraça da família de Marguerite como garantia de que ela permaneceria em silêncio.

Caso Marguerite acusasse publicamente Le Gris, seria complicado para ela, se não impossível, provar o que dizia. Além da dificuldade de oferecer uma prova, Le Gris era o favorito do conde Pierre e contava com ajuda na corte de Argentan, enquanto Marguerite, como filha de um traidor e esposa de um dos vassalos mais problemáticos do conde, estaria instantaneamente sob suspeita. Le Gris também era bem conhecido e admirado na corte real em Paris como um dos escudeiros pessoais do rei. E, se o cavaleiro e sua esposa encaminhassem o caso para cortes seculares, Le Gris, como clérigo em cortes menores, poderia se beneficiar de sua condição e obter a transferência do julgamento para uma corte religiosa.

Le Gris também avisou a Marguerite que, caso contasse ao marido sobre o estupro, Carrouges poderia matá-la. O cavaleiro — com ciúme, desconfiado e sempre irascível — poderia não acreditar nela e suspeitar que, na verdade, mantinha um *affair* adúltero com Le Gris ou outro homem qualquer. Maridos raivosos algumas vezes matavam suas esposas ao suspeitarem de adultério e depois se livravam das penas alegando crime passional, justificado pelo comportamento ilícito da esposa. Le Gris conhecia a natureza ciumenta e desconfiada de Jean por experiência própria na corte de Argentan e deve ter imaginado que ele não confiaria totalmente nem mesmo em sua mulher. Le Gris também deve ter imaginado que Marguerite tivesse medo do marido, e baseado em tudo isso a advertiu para ficar em silêncio.

Mas, mesmo com todas as ameaças e aquele falatório de que não valeria a pena lutar por justiça, Marguerite recusou-se a ser intimidada pelo escândalo e pelo perigo que poderiam se seguir caso rompesse seu silêncio. Logo após o ataque, determinada a divulgar o crime ao marido quando ele voltasse e assim vingar-se do escudeiro, "ela fixou bem em sua memória o dia e a hora em que Jacques Le Gris chegou ao castelo". Guardando detalhes cruciais na memória, Marguerite preparou-se para as inevitáveis perguntas da família, mas também para o suplício público que a esperaria após revelar seu terrível segredo.[6]

---

[6] Marguerite deve ter confiado em sua memória, porque, mesmo se fosse capaz de ler, não necessariamente saberia escrever, habilidade que muitas pessoas letradas nunca desenvolviam.

O silêncio que Le Gris tentou incutir em Marguerite logo após o estupro durou apenas alguns dias, até Jean de Carrouges voltar de seus negócios em Paris, provavelmente no dia 21 ou 22 de janeiro. Na data do crime, poucas horas após os dois agressores terem saído de Capomesnil, a senhora Nicole voltou de sua breve jornada a Saint-Pierre-sur-Dives. Mas a sogra seria a última pessoa no mundo para quem Marguerite contaria seu terrível segredo. Então, no que deve ter sido um período de grande ansiedade e nervosismo, manteve o silêncio até o retorno do marido.

Quando chegou a Capomesnil, Jean encontrou sua mulher em um estado lamentável — "triste e chorosa, sempre com uma expressão e comportamento infeliz, muito diferente de seu estado natural". Primeiro, imaginou que poderia ter acontecido algo entre ela e sua mãe. Marguerite tinha passado todas as três semanas que Jean esteve fora ao lado de Nicole — exceto, claro, o dia crucial — e seria natural para ele pensar que as duas mulheres poderiam ter tido algum tipo de problema ou briga.

Marguerite se recusou a contar ao marido o que tinha acontecido até que finalmente estivessem juntos outra vez, sozinhos. "O dia passou, chegou a noite, e o senhor Jean foi para a cama. A senhora não se deitava, deixando o marido surpreso e pedindo que se deitasse. Ela não se deitou, ficou andando de um lado para outro no quarto, imersa em seus pensamentos. Enfim, quando todos estavam dormindo" — em um palácio ou castelo, o senhor e sua senhora poderiam não estar verdadeiramente sozinhos, e sim ao alcance de criados com ouvidos atentos, até que todos estivessem na cama —, "aproximou-se do marido, ajoelhando-se ao lado dele, e relatou de forma condoída o acontecimento terrível que se passara com ela."

Marguerite não se juntou ao marido na cama — talvez fosse a mesma cama na qual fora amarrada e violentada — até o momento em que pôde contar toda a história. Jean, que esteve fora por várias semanas, sem dúvida estava sedento por dividir a cama outra vez com a mulher. Mas essa provavelmente era a última coisa no mundo que Marguerite gostaria de fazer então. Além disso, o ataque violento dos dois homens deve ter deixado marcas em seu corpo. Na Idade Média, era comum que as pessoas, mesmo senhores e senhoras, dormissem nuas, e, antes de expor seu corpo aos olhos do marido, Marguerite gostaria de ter uma chance de explicar-se. Acima de tudo, ela manteve algum controle sobre a difícil situação ao contar a história no momento e sob circunstâncias que ela mesma escolheu.

Primeiro ele escutou tudo, chocado, e ficou nervoso quando Marguerite contou, em lágrimas, "toda a história do terrível, brutal e perverso ato criminoso" cometido contra ela. Quando terminou, suplicou que o marido se vingasse pelo bem de sua própria honra. Marguerite sabia que a honra e a reputação de Jean se manteriam ou cairiam junto com a sua — o que daquele momento em diante uniria o destino dos dois mais do que os laços do matrimônio. Também sabia que sob a lei feudal ela não tinha qualquer possibilidade de seguir com o caso legalmente sem o apoio do marido.

Na manhã seguinte, Carrouges chamou sua família e amigos para um conselho secreto. O cavaleiro tinha muitas razões para odiar Le Gris e pode ter acreditado de imediato no relato de sua mulher sobre o ataque selvagem. Mas uma acusação prematura contra o favorito do conde Pierre, especialmente após as muitas disputas de Jean com o conde nos últimos anos, poderia piorar ainda mais os já graves problemas do cavaleiro. Em uma reunião privada, poderia obter conselhos valiosos de sua família e seus amigos sobre como transformar um caso como esse, embaraçoso e com consequências potencialmente desastrosas, em assunto público.

O conselho, levado a cabo em Capomesnil, sem dúvida incluía Nicole de Carrouges e talvez o primo de Marguerite, Robert de Thibouville, que recentemente voltara com Jean da Escócia, bem como outros parentes e amigos, como Bernard de La Tour, cavaleiro casado com a irmã de Jean. Thomin du Bois, outro dos primos de Marguerite, também poderia estar por lá. Quando todos chegaram ao castelo, imaginando por que tinham sido convocados com tanto segredo e pressa, Jean reuniu-os em uma sala. "Explicando a razão que o levou a chamá-los ali, pediu à esposa que relatasse o acontecido em todos os detalhes."

Mais uma vez, Marguerite teve de descrever seu suplício, dessa vez para os parentes e amigos reunidos, revivendo o crime em todos os seus detalhes dolorosos e humilhantes. Detalhes e acuidade eram de suma importância, pois o relato seria a base de qualquer testamento público posterior. Em certo sentido, o conselho familiar funcionava como um tribunal preliminar.

Quando as pessoas ali reunidas ouviram a história do brutal ataque a Marguerite, "ficaram muito impressionadas". Se a família de Marguerite acreditou nela imediatamente, alguns parentes de Jean, de início, pareciam mais céticos. Os Thibouville tinham reputação de traidores, e a filha do traidor acabara de contar uma história impressionante — dizendo que alguns dias antes fora surpreendida no castelo vazio e cruelmente agredida por dois homens, e que um deles, ninguém menos que Jacques Le Gris, a estuprara. A própria senhora Nicole não sabia nada sobre o ataque até então, embora tivesse acontecido em sua propriedade durante sua breve ausência no dia em questão. Ela e outros membros do conselho, supõe-se, perguntaram a Marguerite algumas coisas. Por exemplo: exatamente quando e onde o crime acontecera, quanto tempo os homens tinham ficado no castelo e por que ela decidiu abrir a porta?

Depois de Marguerite ter respondido a todas as perguntas, Jean finalmente perguntou pelo veredito do conselho, e todos disseram que ele deveria "ir até seu senhor, o conde de Alençon, e contar tudo o que havia acontecido". Sob a lei feudal, o senhor era responsável por resolver brigas entre seus vassalos. Por isso, a corte do conde Pierre em Argentan seria o único local onde poderia expor o caso. Mas, claro, todos sabiam que o conde Pierre dificilmente receberia bem uma acusação contra seu preferido. A reação do conde à incrível história do ataque de Le Gris a Marguerite poderia ser de pura incredulidade e seguida de raiva e sérias represálias. Carrouges e Le Gris tinham feito as pazes havia pouco tempo, mas essa nova e ainda mais perigosa contenda, caso fosse levada a público, certamente transformaria os dois em inimigos mortais. E o conde Pierre, sem dúvida alguma, preteriria o cavaleiro em prol de seu favorito.

Mesmo com a probabilidade de ser mal recebido na corte do conde Pierre, Jean tinha outra razão urgente para buscar justiça para si mesmo e para sua esposa e seguir com a vingança contra o escudeiro.

Não muito tempo após ter voltado de Paris e ficar sabendo dos detalhes do terrível ataque a sua esposa, Marguerite lhe contou outro segredo que guardava para si mesma: estava grávida.

As notícias devem ter golpeado Jean como um rolo compressor. Há cinco anos casados, ainda não haviam tido filhos, e o cavaleiro esperava um bom tempo por um herdeiro. A gravidez de Marguerite deveria ter deixado Jean em estado de pura alegria. No entanto, acarretou-lhe outra fonte de preocupação além de sua saúde, suas finanças, seus problemas políticos e a terrível violação da honra de sua esposa por um homem da mesma corte e antigo amigo.

De quem seria a criança?

5

O DESAFIO

No fim de janeiro de 1386, o conde Pierre de Alençon ouviu uma história que fez seu sangue ferver. Chegou a seus ouvidos que Jean de Carrouges, um de seus vassalos mais problemáticos, espalhava um boato escandaloso sobre seu favorito, Jacques Le Gris, dizendo que este, com um cúmplice, havia surpreendido a senhora Carrouges em casa durante a ausência do cavaleiro e a atacara de forma violenta, terminando por estuprá-la. A acusação do cavaleiro incendiou a corte. Perante o mal-estar entre os dois homens, como Carrouges poderia esperar que alguém acreditasse em sua história absurda?

Logo que soube do rumor, o conde Pierre começou a investigar. Ordenou a dois respeitáveis nobres que fossem a sua corte e lhes perguntou detalhes sobre a estranha história envolvendo Marguerite e o escudeiro. Um dos homens era Bernard de La Tour, cunhado de Jean. O outro era Jean Crespin, escudeiro e silvicultor real em cuja casa, pouco menos de um ano antes, Carrouges e Le Gris supostamente teriam se reconciliado, na mesma ocasião em que Le Gris viu Marguerite pela primeira vez. Os dois homens deviam ter boas relações com Jean de Carrouges e conhecer algo sobre seus negócios.

Questionados, de acordo com um testemunho feito mais tarde, os dois "afirmaram que o dito cavaleiro e Marguerite muitas vezes, e em diversos locais, disseram e deixaram claro que Marguerite tinha sido violentada por Jacques da forma carnal mais conhecida". Crespin e La Tour também disseram que o cavaleiro e sua esposa queriam ir à corte para apresentar sua queixa ao conde e obter justiça.

O conde Pierre disse estar preparado para oferecer a Jean e Marguerite uma audiência, pois era o responsável por resolver problemas entre seus vassalos. De acordo com o relato, ele reuniu a corte, entre os quais estavam "prelados, cavaleiros, membros do conselho e outros homens experientes". Alguns dos prelados tinham conhecimento legal, e clérigos deveriam manter registros dos procedimentos (embora nenhum tenha sobrevivido).

A audiência aconteceu no grande salão do palácio do conde Pierre, uma sala ornamentada, adornada com tapeçarias e carpetes e mobiliada com bancos pesados de madeira, onde o conde reunia sua corte. No dia combinado, o salão estava lotado de nobres, clérigos e outros cortesãos. Rumores sobre o estupro da senhora e a respeito dos raivosos ataques do cavaleiro contra o escudeiro tinham se espalhado de Argentan a todos os domínios do conde, e por isso a sala estava lotada de curiosos loucos para ver os dois envolvidos e saber se havia algo de verdadeiro no extenso boato que corria por aquelas terras.

Não era segredo que Jacques Le Gris era o favorito do conde Pierre. Mas muitos senhores feudais se encontravam em algum momento na posição de resolver problemas entre seus vassalos, sempre favorecendo um em detrimento de outro. Nesse caso, o conde Pierre dificilmente seria um juiz imparcial, mesmo que a lei o obrigasse a ser o mais justo possível.

Surgiu outra questão. Após o conde ter chamado testemunhas para investigar o rumor escandaloso, após oferecer a possibilidade de justiça a Marguerite e Jean em sua acusação contra Jacques Le Gris e de ter reunido sua corte para ouvir o caso, o cavaleiro e a esposa não apareceram no dia agendado.

Talvez a conspícua ausência do casal e o escasso testemunho sobre o dito crime tenham levado o conde Pierre à seguinte decisão. Ordenou que Adam Louvel — alegado cúmplice do escudeiro — fosse preso e mantido na prisão para posterior interrogatório. Depois, com a informação que conseguisse, o conde deliberaria junto a sua corte sobre as acusações contra o escudeiro e daria o veredito.

A corte, presidida pelo conde Pierre, julgou ser "o citado Jacques completamente inocente e sem qualquer culpa". Anulando a acusação criminal contra o escudeiro, o conde arremeteu, ordenando que "nenhuma outra questão fosse levantada sobre isso". O conde Pierre também levantou suspeita contra Marguerite por ela ter acusado o escudeiro. Insinuando que a senhora teria mentido, disse que "ela deve ter *sonhado* com isso".

Quando notícias do veredito chegaram a Capomesnil, distante cerca de quarenta quilômetros ao norte de Argentan por uma dura trilha invernal, Marguerite não deve ter ficado surpresa, mas sua primeira reação deve ter sido de desespero por não obter justiça. Ainda reclusa após o terrível ataque, não resta dúvida de que ficou furiosa ao saber que Le Gris fora declarado inocente e que o conde Pierre praticamente a acusara de mentirosa. Mas as notícias deixaram-na ainda mais determinada a conseguir a vingança que havia jurado buscar logo após o ataque.

Quanto ao cavaleiro, as notícias também não devem tê-lo surpreendido de todo, mas provavelmente o enraiveceram. O veredito do conde não foi apenas uma forma de zombar da justiça, mas também o pior insulto sofrido por Jean em sua longa série de humilhações públicas na corte. As notícias, mesmo se recebidas em âmbito particular, em casa, devem ter atingido Jean como um tapa público no rosto.

Mas o que o casal poderia esperar depois de sua ausência no tribunal da corte naquele dia crucial, quando Jean deixou de fazer as acusações em público apoiado pelo testemunho de Marguerite sob juramento? Teriam faltado por uma piora na saúde de Jean? Ou porque Marguerite, após seu suplício, não estava em condições de enfrentar a corte? Teriam intencionalmente ficado a distância, pois sabiam que ali não teriam justiça verdadeira? Ou temiam pelas respectivas vidas perante os parentes e amigos do escudeiro? Ou seria a ausência parte de um calculado plano para forçar um veredito desfavorável que mais tarde poderiam reverter a seu favor?

A lei dizia que um vassalo que se sentisse mal julgado pelo seu senhor, vítima de *faux jugement*, tinha o direito de apelar a uma corte mais alta. Como o conde Pierre era vassalo do rei da França, o cavaleiro poderia apelar diretamente à corte real, em Paris. Carrouges perdera na corte do conde Pierre, mas, se o rei concordasse em ouvir seu caso, poderia ter outra chance de conseguir justiça para sua esposa e para si próprio.

O conde Pierre, ao que parece, antecipou o movimento do cavaleiro. Tentando evitar qualquer apelo possível, ordenou que fossem enviadas cartas a Paris informando ao rei sobre seu veredito, que exonerava o escudeiro de qualquer culpa. Rumores da briga entre Carrouges e Le Gris devem ter chegado a Paris, que ficava a vários dias de viagem de Argentan, pois os dois homens tinham bons amigos por lá. Mas aparentemente foi o próprio conde quem fez a primeira notificação do caso à corte real.

Jean de Carrouges já desafiara a vontade do conde Pierre na corte real uma vez, durante a disputa por Aunou-le-Faucon. Mas essa nova briga, pelo alegado estupro de sua esposa praticado por Jacques Le Gris, era um assunto muito mais sério, que elevava tudo a outro patamar. O conde Pierre já começou odiando Carrouges pelo simples fato de acusar seu favorito, e tentou anular o caso. A provocação do cavaleiro faria muito mal a ele próprio e também a sua esposa. Quando o caso legal se desdobrou, o conde ficou "tão furioso com a obstinação do cavaleiro que muitas vezes sentiu vontade de matá-lo".

No fim do inverno ou no início da primavera de 1386, Jean de Carrouges viajou para Paris pela segunda vez no mesmo ano, provavelmente pouco tempo após ele e sua esposa terem chegado em casa. Naquela época, Marguerite estava grávida de dois ou três meses, e, se Jean a deixou para trás outra vez, planejando enviá-la mais tarde a Paris ou retornar para casa, manteve-a bem protegida — talvez por um parente confiável, como seu primo Robert de Thibouville. Quanto mais avançasse a gravidez, mais desconfortável a viagem se tornaria para Marguerite. Em compensação, esperar pelos meses mais quentes trazia a vantagem de estradas em melhores condições, e ela poderia viajar confortavelmente em uma carruagem.

A viagem de cerca de 240 quilômetros feita por Carrouges a Paris levou quase uma semana na estrada em direção ao leste, passando por Sées, Verneuil e Dreux — uma das principais rotas da Normandia a Paris, na qual viajava grande parte dos comerciantes de cidade a cidade e pela qual o gado era levado para ser abatido na capital.

O cavaleiro sabia que sua recepção na corte real seria influenciada por muitos fatores: seu serviço prestado ao rei no passado, suas conexões familiares e a poderosa rede de amizades e alianças pessoais que desenhavam a política na corte. Contava a seu favor o fato de a família de Jean ter servido por muito tempo, com lealdade, aos reis da França. O próprio Jean, havia pouco tempo, lutara pelo rei Carlos na Bretanha, assim como em muitas outras campanhas ao longo dos anos. Cerca de duas décadas antes, em 1364, tinha ajudado a família real a pagar parte do resgate do rei Jean.

Mas Jacques Le Gris, mesmo nascido em família muito mais humilde, tinha melhores conexões na corte real, formando parte do serviço do próprio rei, com presença em altos conselhos de Estado em Paris. O rico escudeiro tinha status de favorito do conde Pierre, membro da família real e primo do rei. As recentes cartas do conde ao monarca sobre os resultados do tribunal, um claro pedido por apoio real, eram outro golpe contra o cavaleiro.

O DESAFIO

E havia o problema de Marguerite. A corte real certamente se lembraria de que a esposa de Jean, a mulher no centro da briga, era filha do notório traidor Robert de Thibouville. A traição de Robert manchou para sempre o nome da família. E, ao casar-se com Marguerite, cinco anos antes, a mancha também recaiu sobre Jean.

Por fim, restava o fato de que, ao chegar a Paris para apresentar seu caso ao rei, Carrouges planejou uma aparição corajosa e pouco comum.

Sob a lei francesa, um nobre que apelasse de um caso ao rei tinha o direito de desafiar seu oponente a um duelo judiciário, ou seja, um julgamento por combate. O duelo judiciário, ao contrário do duelo de honra, que normalmente era usado com o propósito de resolver brigas causadas por insultos, era um procedimento legal para determinar qual lado jurara em falso. Acreditava-se que um combate revelaria a verdade segundo a vontade de Deus. Por isso tal duelo também era conhecido como "julgamento de Deus" — ou *judicium Dei*.

O julgamento por combate era um costume antigo na França, especialmente na Normandia, e tanto Jean quanto Marguerite tinham ancestrais que serviram como substitutos, ou padrinhos ligados por juramento, em duelos judiciários. Na Baixa Idade Média, pessoas de todas as classes sociais podiam recorrer a tais duelos, e embates públicos aconteciam entre camponeses e homens da cidade, bem como entre nobres. Em outras partes da Europa, até mesmo mulheres podiam lutar em duelos contra homens. O duelo era usado para sentenciar vários tipos de crime grave, além de casos civis, como disputas por propriedades.

Nos casos civis, os envolvidos poderiam contratar substitutos, ou "campeões", para lutar em seu lugar. Mas, nos casos criminais, as duas partes tinham de lutar pessoalmente, pois a penalidade para o perdedor era em geral a morte, e os substitutos nesses casos só poderiam ser usados por mulheres, idosos ou enfermos.

Por séculos, o duelo também foi usado como forma de apelação, e um cidadão insatisfeito com um veredito poderia desafiar a testemunha que jurara contra ele oferecendo-se para provar seus clamores em combate. Mesmo senhores servindo como juízes em cortes senhoriais locais corriam o risco de serem desafiados em duelos pelos próprios vassalos.

No fim da Idade Média, no entanto, os duelos judiciários eram acontecimentos mais raros. Os papas denunciaram a prática como tentativa de emular Deus, o que era proibido pelas Escrituras. E os reis desaprovavam os duelos porque infringiam sua autoridade judicial, que estavam tentando deslocar de seus poderosos barões para consolidar no trono.

Por volta de 1200, o duelo começou a desaparecer dos procedimentos civis na França, e nos casos criminais se limitava aos homens da nobreza. Em 1258, Luís IX eliminou o duelo da lei civil francesa, substituindo-o pela *enquête*, inquérito formal que envolvia evidências e testemunhos. Mas, ainda assim, o duelo permaneceu como último recurso para nobres que buscavam um apelo contra o veredito de seus senhores em casos criminais.

Em 1296, o rei Filipe IV proscreveu completamente o duelo em tempos de guerra, pois os combates judiciários entre seus nobres minavam o poder necessário à defesa militar. Em 1303, Filipe proscreveu o duelo também em tempos de paz. Seus nobres, porém, ressentiram-se da abolição desse privilégio, e três anos depois, em 1306, o rei reconsiderou a decisão, restaurando o combate judiciário como forma de apelo em certos tipos de crime, entre eles o estupro, mas daquele momento em diante apenas com a direta jurisdição do rei.

O decreto de 1306 ainda era válido oitenta anos depois, quando Jean de Carrouges foi a Paris apelar contra o veredito do conde Pierre — mas os duelos já eram muito raros. Quatro condições estritas tinham de ser preenchidas para qualificar um caso de duelo. Primeiro: o crime tinha de ser capital, como assassinato, traição ou estupro. Segundo: era preciso ter certeza de que o crime realmente acontecera. Terceiro: todas as outras possibilidades legais deviam ser tomadas antes, sendo o combate — "prova com o próprio corpo" — a única alternativa restante. E quarto: o acusado tinha de ser fortemente suspeito do crime.

Além das restrições legais, desafiar para um duelo era uma estratégia bem arriscada, que aumentava muito as apostas para o cavaleiro. Jean de Carrouges colocaria a própria vida em perigo, bem como suas terras e a reputação de sua família, e mesmo a salvação de sua alma, pois teria de jurar solenemente que aceitaria os danos contra si mesmo, caso o resultado do combate provasse ser ele um mentiroso.

Jean também deixaria sua esposa em perigo, pois Marguerite era a principal testemunha do caso. Ela teria de fazer as acusações contra Jacques Le Gris sob juramento e, caso Jean perdesse o duelo, também seria considerada mentirosa. Desde os tempos antigos, falsas acusações eram severamente punidas. Se um duelo judiciário provasse que uma mulher fizera um falso juramento sobre acusação de estupro, ela seria condenada à morte. Mesmo com todas as probabilidades contrárias à obtenção de um julgamento por combate e os graves riscos do embate, Jean de Carrouges provavelmente sentia que apenas com um duelo de morte seria capaz de vingar-se do terrível crime cometido contra sua esposa e, assim, provar as acusações contra Jacques Le Gris, vingando a honra do casal. Talvez ele acreditasse que Deus o fosse favorecer e, por isso, não fracassaria na batalha. Não importa qual era a crença do cavaleiro; enquanto seguia para Paris pelas duras rotas da Normandia, ia em direção ao que poderia ser a mais perigosa aventura de sua vida.

Em 1386, Paris era a maior cidade da Europa, com uma população de mais de 100 mil habitantes, ainda que seus muros cercassem uma área de menos de oito quilômetros quadrados, uma fração de seus mais de cinquenta quilômetros quadrados atuais. Era barulhenta, abarrotada de gente, perigosa e cheirava mal. Murada e protegida com valas contra o perigo externo dos exércitos inimigos — em especial dos ingleses invasores —, a cidade era também ameaçada internamente por grupos de arruaceiros, tropas rebeldes, estudantes indomáveis e uma grande classe criminosa que pilhava a população. Ao norte das muralhas estava a infame colina de

Montfaucon, onde os condenados eram dependurados às dúzias em grandes forcas de pedra com mais de doze metros de altura, seus corpos deixados ali por semanas como aviso aos demais.

Pelo centro de Paris corria o rio Sena, maior artéria da cidade e também seu maior canal de esgoto. Suas águas fétidas encerravam um tráfego incessante em volta da Île de la Cité, ilha central da cidade, adornada com alguns dos maiores santuários do cristianismo. Em uma de suas pontas estava a catedral de Notre-Dame, sede do bispado de Paris, suas duas pesadas torres finalizadas apenas um século antes, em 1285. Na outra ponta da ilha se elevava o gracioso pináculo da Sainte-Chapelle, lindo relicário de pedra dourada e vidros coloridos construído por São Luís na década de 1240 para guardar preciosas relíquias trazidas da Terra Santa, que incluíam a coroa de espinhos de Cristo e um pedaço da verdadeira cruz. Próximo, está o Palácio de Justiça [*Palais de Justice*], que guardava o Parlamento de Paris, o alto conselho do rei.

Ao sul do rio estava a Universidade de Paris, escola mais célebre da Europa. Lá, ilustres doutores ensinavam Aristóteles e Tomás de Aquino em latim, língua comum das salas de leitura medievais; e estudantes, homens nascidos livres de várias nacionalidades, enchiam as ruas, tavernas e bordéis com suas discussões e piadas poliglotas. De tempos em tempos, cansados dos preços locais, insurgiam-se contra os comerciantes ou lutavam uns contra os outros em barricadas nacionalistas, os alemães jogando esterco de cavalo coletados nas ruas em cima dos italianos, ou os ingleses bombardeando os escoceses com toras de madeira.

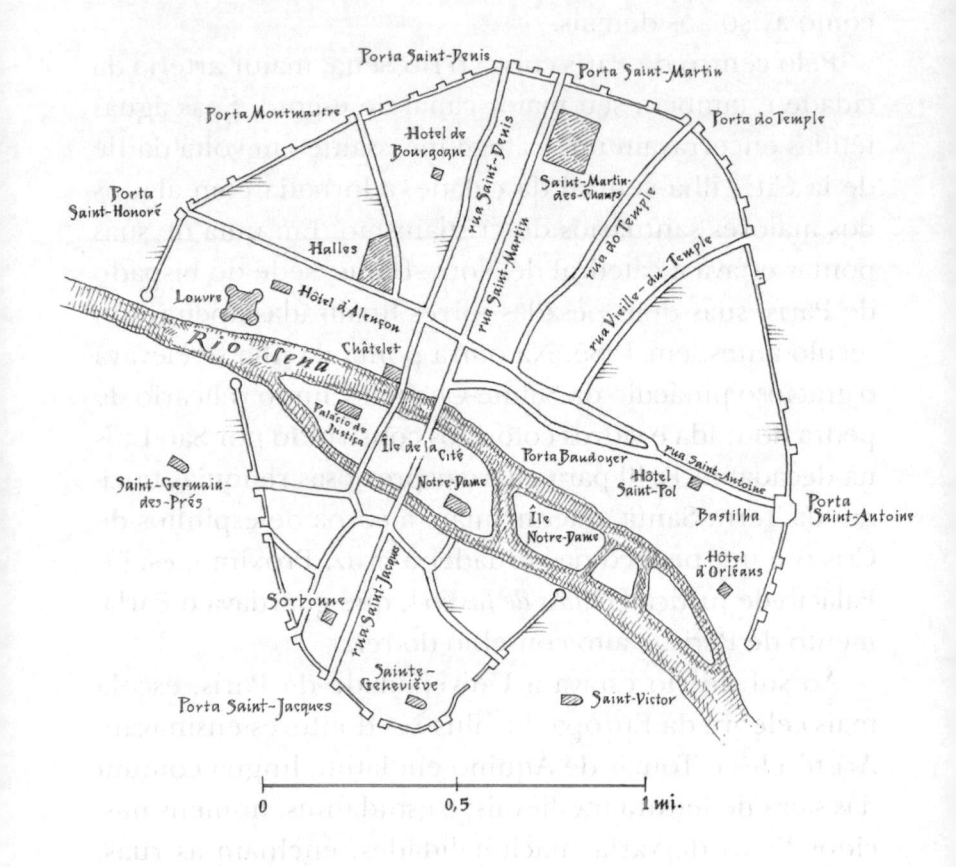

PARIS EM 1380

Jean de Carrouges se hospedou perto do Hôtel Saint-Pol (leste), enquanto Jacques Le Gris ficou no Hôtel d'Alençon (oeste), próximo ao Louvre.

O DESAFIO

Pelas ruas principais que cruzavam a cidade, levando aos vários portões que se abriam em suas muralhas, estavam os imponentes palácios de pedra pertencentes às grandes famílias nobres, aos ricos prelados da Igreja e mesmo a alguns entre os mais bem-sucedidos mercadores da cidade. Esses retiros privados, ou *hôtels*, rodeados de jardins e muros, protegiam os poderosos das massas e da poluição urbana. Muitos *hôtels* estavam próximos ao Louvre, a grande fortaleza quadrada que guardava a ponta ocidental da cidade. Um deles, o Hôtel d'Alençon, pertencia à família do conde Pierre.

Entre as grandes artérias da cidade localizava-se uma emaranhada rede de ruelas e becos estreitos, lotados de casas com estrutura de madeira de quatro ou cinco andares, onde viviam famílias numerosas em pequenos espaços acima de suas lojas no térreo. O lixo jogado dos andares superiores espalhava-se pelas ruas de pedra ou era misturado pelas rodas das carroças na lama das ruas sem pavimentação. Dispersas pela cidade, uma para cada paróquia, várias igrejas e capelas erguiam suas torres sobre a nuvem de poeira do local. Alguns grandes monastérios surgiam afastados de Paris, rodeados de campos abertos ou jardins suburbanos, como Saint-Germain-des--Prés, ao sul, cercado por um muro próprio de proteção contra salteadores e ladrões. Outros, como Saint-Martin--des-Champs, localizado ao norte e absorvido pela urbanização crescente, já estava dentro de sua nova muralha, iniciada em 1356 e concluída, havia menos de três anos, em 1383.

Quando Jean de Carrouges chegou a Paris, uma das primeiras coisas que fez foi consultar um advogado. Qualquer nobre envolvido em litígios na corte real deveria buscar conselho legal, especialmente se planejasse levar a cabo um duelo judiciário. O conselheiro principal de Jean era um advogado chamado Jean de Bethisy, que era assistido por um oficial de justiça empregado por Pierre d'Orgement, poderoso bispo de Paris.

Os advogados sem dúvida devem ter dito ao cavaleiro que, graças às leis restritivas sobre os duelos, teria apenas uma mínima chance de enfrentar Jacques Le Gris em uma batalha, e devem ter tentado fazer com que desistisse do pedido arriscado.

Quando Carrouges mostrou-se determinado, insistindo no duelo, os advogados descreveram o longo e complicado processo judicial que ele teria de seguir.

O primeiro passo era o apelo inicial, uma cerimônia formal em que o acusador, conhecido como *appelant*, apontava o réu, ou *défendeur*, nomeando a causa que o levara à corte e clamando seu direito de provar suas acusações em combate — ou "duelo judiciário", como também era conhecido. O *défendeur* não precisava estar presente na corte durante o apelo, então, mesmo que estivesse foragido ou não pudesse ser encontrado, o *appelant* não era privado de seu recurso legal.

O segundo passo era o desafio formal, cerimônia que requeria a presença das duas partes envolvidas, quando o *appelant* acusava o *défendeur* cara a cara, oferecendo-se para provar suas acusações na batalha "com seu corpo". No desafio, cada parte tinha de ser acompanhada por vários nobres que serviriam como substitutos. Esses homens juravam forçar a presença das duas partes quando fossem chamadas outra vez à corte — e ao campo de batalha, caso o duelo fosse declarado.

Enquanto o apelo poderia ser endereçado ao rei, a acusação tinha de ser testemunhada pelo Parlamento de Paris reunido, um corpo de 32 magistrados. O Parlamento, também conhecido como *curia regis*, ou corte do rei, tinha jurisdição sobre todos os duelos, decidindo se eram ou não justificados. O desafio formal perante o Parlamento de Paris não poderia acontecer de um momento para outro, devendo ser agendado com bastante antecedência para garantir a presença de todas as pessoas necessárias, incluindo o rei e seus magistrados, as duas partes envolvidas, seu conselho legal e seus substitutos.

O decreto real de 1306 incluía um longo *formulaire* — um protocolo elaborado acerca de todos os aspectos do duelo judiciário, com o apelo inicial, o desafio formal e os juramentos solenes e outras cerimônias que antecediam o combate propriamente dito. A partir do momento em que Jean de Carrouges resolveu buscar um julgamento por combate, foi obrigado a seguir as estritas regras e os procedimentos do decreto real.

O cavaleiro, acompanhado por um ou mais de seus advogados, fez seu apelo no Castelo de Vincennes, retiro real localizado no grande parque de caça vários quilômetros a leste da cidade. O rei tinha muitas residências em Paris e nos arredores, como o Louvre, a mais antiga residência real; o Hôtel Saint-Pol, palácio na ponta leste da cidade, próximo à Bastilha; e os apartamentos reais no Palácio de Justiça, na Île de la Cité. Mas o rei muitas vezes podia ser encontrado em Vincennes. Carlos V construiu essa enorme fortaleza após a revolta dos cidadãos de Paris, em 1358, e lá seu filho e sucessor, Carlos VI, manteve a corte. Vincennes, com seu grande fosso, suas nove torres de guarda imponentes e duas camadas de altos e maciços muros, era uma verdadeira cidade, com lojas, fundições, hospital e capela — tudo o que era preciso para um rei assustado que não queria morar em sua própria capital.

Carrouges era conhecido na corte real, tendo visitado Paris recentemente, em janeiro, mas não poderia aparecer sem ser anunciado nem ver o rei quando desejasse. Várias barreiras de proteção — muros, guardas, oficiais e servos — cercavam dia e noite o monarca, pois aconteciam frequentes atentados contra sua vida. No verão anterior, um emissário de Carlos, o Mau, rei de Navarra, fora descoberto na corte real com veneno sob suas roupas para assassinar o jovem governante e seus tios.

Chegando ao castelo real, Carrouges seguiu até a porta grande, ou *châtelet*, no muro norte. Um grande poço, de doze metros de profundidade e 24 metros de largura, estava ante o muro, que se elevava a mais de vinte metros acima do poço e envolvia o castelo por mais de oitocentos metros, com grandes torres de guarda em suas esquinas e ao longo do muro.

Carrouges e seus homens cruzaram a ponte levadiça, que estava baixada, desmontaram e se apresentaram aos guardas. Quando obtiveram permissão para entrar, guiaram seus cavalos por uma passagem que podia ser instantaneamente bloqueada por uma pesada grade de ferro, ou *porticullis*.

CASTELO DE VINCENNES

Jean de Carrouges levou a apelação de seu caso ao rei na enorme fortaleza real nos arredores de Paris, no grande donjon. *Seeberger, Archives Photographiques, Coleção M.A.P.(c) CMN, Paris.*

Entrando no enorme pátio, que cobria praticamente seis hectares, eles viram, à esquerda, o antigo casarão dos reis capetianos e, à direita, no meio do caminho em direção à muralha oeste do castelo, a enorme e nova construção erguida por Carlos V como residência real principal.

A grande construção quadrada, ou *donjon*, com suas quatro torres, tinha mais de cinquenta metros de altura, por trás de outro muro altamente fortificado e um fosso cavado na pedra com doze metros de profundidade. Sua única entrada, uma ponte levadiça sobre o fosso, tinha um *châtelet* e uma guarnição próprios. Deixando os cavalos em um estábulo no pátio, Carrouges e seu *entourage* se apresentaram na entrada e anunciaram sua incumbência. Após uma curta espera, um pajem surgiu de dentro do *donjon* e deixou que entrassem.

O enorme edifício tinha oito andares e muros de pedra de três metros de espessura e mais de 1,5 quilômetro de hastes de ferro para suportar suas muitas câmaras e seus arcos, sendo um dos primeiros exemplos de alvenaria reforçada da Europa. Era o centro dos negócios domésticos do rei, com as salas públicas na parte de baixo, os apartamentos privados da família real na de cima e os quartos da guarda no topo. De uma torre na cumeeira, muito além do verde da floresta real que o cercava, o rei podia avistar uma imensa extensão de suas terras, incluindo as torres e os pináculos de Paris, a quase cinco quilômetros a oeste, e também os montes irregulares que margeavam o vale do Sena, o qual seguia serpenteando em direção ao mar. Um dos andares superiores da construção tinha uma sala de estudos privada construída por Carlos V para guardar sua rica coleção de manuscritos; uma das grandes torres laterais continha o tesouro real, uma câmara trancada e vigiada com cofres cheios de moedas de ouro. Cada andar tinha latrina própria em uma cavidade de pedra na parte de trás da construção. Despensas internas amplamente abastecidas poderiam manter o castelo com provisões para um cerco que durasse muito tempo.

O pajem conduziu Carrouges e seu conselho legal por várias câmaras de pedra e pela escada em espiral de uma das torres para ver o senhor Bureau de La Rivière, que comandava a casa real e sobre quem se dizia: "Ver este homem é ver o rei." Após explicar seus negócios urgentes ao senhor Bureau, o cavaleiro conseguiu uma audiência real para o mais breve possível, que só não aconteceria se o rei estivesse fora de Paris ou assuntos mais urgentes clamassem pela sua atenção.

Na primavera de 1386, o rei Carlos VI, governante de toda a França, tinha apenas dezessete anos. Desde 1380, quando herdara a coroa do pai aos onze anos, o jovem rei vinha sendo manipulado por seus ambiciosos tios, especialmente o duque Filipe da Borgonha. Carlos logo se livraria do controle dos tios e se declararia soberano de seus próprios direitos. Mas, enquanto isso, o jovem inexperiente e maleável seguia o conselho dos mais velhos em grande parte dos assuntos de Estado — aumentando ou reduzindo impostos, promovendo guerras ou paz, formando alianças, além de vários outros deveres de um monarca. No verão anterior, Carlos se casara com uma menina que seus tios escolheram para ele, Isabel da Baviera, de catorze anos.

Carlos V, o pai do rei, costumava receber petições todas as manhãs no pátio de Vincennes, após assistir à missa na capela próxima, ou mais tarde, ao se retirar da mesa. Mas Carlos VI, ainda jovem e pouco à vontade em seu papel de juiz supremo da França, provavelmente ouviu o apelo do cavaleiro na sala do conselho, uma câmara pública bastante decorada no segundo andar do vasto edifício.

A sala do conselho tinha quase três metros quadrados com um teto em forma de abóbada coberto de madeira báltica e apoiado por arcos de pedra pintados em cores vivas — vermelho, azul e dourado —, todos terminando em um único pilar, no centro da sala. A madeira do teto continha desenhos de flores-de-lis e medalhões reais. Tapeçarias de seda e lã com cenas religiosas e clássicas adornavam as paredes. Dominando a câmara, sob um estrado baixo posto em um dos cantos, estava o trono do rei, decorado suntuosamente em azul e dourado. Homens armados estavam de guarda nas várias saídas em forma de arco e nobres, clérigos e outros cortesãos marcavam presença.

Carrouges, conduzido à presença do rei, primeiro se curvou e depois se ajoelhou para fazer o apelo, e o advogado ajoelhou-se ao lado dele. O monarca adolescente, sentado em seu trono e com os tios vigilantes ao lado, olhou para o suplicante de joelhos que, com cinquenta anos, tinha quase três vezes sua idade.

Ainda ajoelhado, Carrouges pegou sua espada — a única arma que pôde levar na presença real — e empunhou-a bem alto, com cuidado para não a brandir contra o rei. A espada erguida, tradicional sinal de apelo por duelo, assinalou que estava preparado para lutar e defender sua causa.

Enquanto se ajoelhava diante do rei com a espada levantada, disse: "Meu digno e soberano senhor, eu, Jean de Carrouges, cavaleiro e seu servo leal, apresento-me aqui em busca de sua justiça."

O jovem rei respondeu do seu trono: "Senhor Jean de Carrouges, estou pronto para ouvir seu apelo."

Em voz clara, para que todos os presentes pudessem ouvir, o cavaleiro disse: "Meu excelentíssimo e soberano senhor, por meio deste apelo, acuso que, durante a terceira semana do mês de janeiro passado, um certo Jacques Le Gris, escudeiro, conheceu com felonia e de forma carnal minha esposa, senhora Marguerite de Carrouges, contra sua vontade, em um local conhecido como Capomesnil. E estou pronto para provar tal acusação em um duelo corpo a corpo para matá-lo ou derrotá-lo em uma hora designada."

Com essas solenes e fatais palavras, o cavaleiro pôs em ação as lentas máquinas da justiça real, iniciando uma série de eventos que envolveriam a si mesmo, sua esposa, Jacques Le Gris, seus familiares, amigos e muitos outros membros da nobreza francesa até que seu apelo chegasse a uma resolução.

Após apresentar o apelo e agradecer ao rei, Carrouges e seu conselho legal foram escoltados para fora da sala do conselho e da edificação. O cavaleiro teria de esperar — provavelmente várias semanas ou mesmo meses — até o próximo passo, o desafio formal. O rei, seguindo a lei, transferiu de imediato o caso para o Parlamento de Paris, que tinha jurisdição sobre duelos e lidaria com os detalhes. Mas Carlos, como juiz supremo do país, presidia o Parlamento, e pelos próximos meses seguiria avidamente o caso Carrouges-Le Gris.

Tinham de ser feitos arranjos para o desafio. Um mensageiro foi enviado do Castelo de Vincennes ao Palácio de Justiça, na cidade, com uma carta que levava o selo real. No esplendor gótico do palácio, às margens do Sena, empregados do Parlamento preparavam uma intimação formal a Jacques Le Gris, a quem o cavaleiro havia apontado como o *défendeur*. Depois, a mesma intimação foi enviada por outro mensageiro a Argentan, ou onde quer que se encontrasse o escudeiro na Normandia.

O APELO

O appelant, ajoelhado na corte real com a espada erguida, apresenta a apelação de seu caso ao rei. *MS. fr. 2258, fol. 2r. Bibliothèque Nationale de France.*

O DESAFIO

Q uando Jacques Le Gris recebeu a intimação de Paris, não deve ter ficado tão surpreso, mas sim preocupado. O conde Pierre já tinha escrito ao rei prevenindo sobre Carrouges. Mesmo assim, o determinado cavaleiro conseguiu uma audiência real, e a intimação resultante ordenava a Jacques Le Gris que aparecesse ante o Parlamento, o que não poderia ser ignorado.

Quando Le Gris chegou a Paris, também buscou de imediato conselho legal. O principal advogado de Le Gris era Jean Le Coq, conhecido e muito requisitado procurador. Le Coq fez algumas notas sobre o caso em seu diário profissional, registrando fatos e observações em cuidadoso latim legal. O diário, um dos mais antigos arquivos desse tipo entre os sobreviventes, oferece um valioso olhar sobre o caso e também sobre o caráter do escudeiro, pois Le Coq escreveu alguns de seus pensamentos particulares sobre o cliente e suas confissões.

Na época, Jean Le Coq tinha por volta de 35 anos. Filho de um famoso advogado, também chamado Jean Le Coq, herdou do pai o nome, a profissão e os laços íntimos com a família real. Entre os clientes do jovem Le Coq, estavam Luís de Valois, irmão do rei, e o poderoso tio do rei, o duque Filipe da Borgonha.

Le Coq pode ter sido escolhido pelo próprio Parlamento para representar Le Gris, como acontecia em alguns casos levados a apelo. Ou talvez a família de Le Gris — ou o conde Pierre — o tivesse escolhido pessoalmente, graças a seus laços fortes com a realeza, para cuidar da defesa do escudeiro em perigo.

Le Coq logo percebeu que defender o homem acusado de estuprar Marguerite de Carrouges não seria nada fácil, especialmente porque Le Gris nem sempre seguia seus conselhos. Le Gris mostrou sua obstinação logo de início, quando seu advogado pediu que ele exercesse seu direito ao "benefício dos clérigos".

Como Jacques Le Gris não era apenas escudeiro, mas também clérigo — membro do clero com alguma educação —, poderia escapar da jurisdição do Parlamento de Paris e ver seu caso transferido para uma corte da Igreja, onde um duelo estaria fora de questão. Le Coq diz ter pedido com todas as forças que seu cliente assim o fizesse, para evitar qualquer risco de um combate.

Mas, como o frustrado advogado escreveu em seu diário, o escudeiro "discordou severamente", rejeitando o conselho de Le Coq e "recusando-se a ajudar a si mesmo". Le Gris deve ter permanecido firme porque sua vaidade não permitiria que fosse visto como um covarde, ainda mais quando a briga já era conhecida pelo rei e se espalhava por toda a França.

Após Carrouges ter feito seu apelo ao rei e Le Gris ter chegado a Paris para responder ao chamado do Parlamento, os dois homens tinham de providenciar seus compromissos na preparação para o desafio. Tinham também de se preparar para uma temporada longa na cidade e resolver vários outros detalhes. O cavaleiro, claro, precisava providenciar a viagem de Marguerite a Paris, caso ela já não estivesse na cidade. Por vários meses, a vida dos dois homens seria consumida pela disputa judicial, que ganhava uma inexorável força própria.

Como é comum em assuntos jurídicos, o caso não apenas consumia tempo, mas também custava caro, o que era um risco especialmente para o cavaleiro, já com seus recursos financeiros abalados. Não era incomum às partes envolvidas em contendas judiciais pedir dinheiro emprestado a amigos e familiares ou um empréstimo para cobrir os custos. A família do escudeiro era rica, e o conde Pierre deveria estar desejoso de ajudar seu favorito, mas o cavaleiro tinha poucos recursos e ainda menos amigos em quem confiar. Naquele ponto, entretanto, com a questão do duelo no ar, havia muito mais em jogo para os dois homens do que simplesmente dinheiro.

No fim da primavera ou no início do verão de 1386, o cavaleiro e o escudeiro receberam cartas oficiais, intimando-os a comparecer ao Palácio de Justiça ante o rei e seu Parlamento reunido. A data escolhida foi 9 de julho, uma segunda-feira. Quase seis meses após o alegado crime, Jean de Carrouges finalmente enfrentaria seu inimigo perante a mais alta corte da França, acusando-o do terrível crime contra sua esposa e oferecendo-se para provar suas acusações em batalha. O cavaleiro esperara muito tempo por aquele momento, mas não havia qualquer garantia de que, uma vez proposto o desafio, a luta contra o escudeiro fosse realmente ocorrer. A decisão pertencia ao Parlamento.

O local do desafio era um dos pontos mais agitados de Paris. O Palácio de Justiça, hoje um agrupamento de edifícios no lado norte da Île de la Cité, tinha sido esplendidamente reconstruído no início dos anos 1300 como residência real oficial, ainda que no momento do encontro funcionasse sobretudo como casa do Parlamento, sendo visitado pelo rei apenas em ocasiões oficiais. Em sua esquina a nordeste, às margens do rio, a torre real do relógio construída por Carlos V marcava as horas. O palácio tinha três outras torres — de César, do Dinheiro e de Bonbec — alinhadas ao rio, a oeste. Ao sul do palácio, conectado a ele por uma passagem coberta, estava a esplêndida Sainte-Chapelle.

Na manhã do dia 9 de julho, o cavaleiro e o escudeiro chegaram separadamente ao palácio, cada um vindo de uma ponta da cidade. Jean de Carrouges chegou pelo leste, onde estava hospedado na rua Saint-Antoine, próximo ao palácio do bispo e ao Hôtel Saint-Pol. Jacques Le Gris, pelo oeste, onde estava hospedado com o conde Pierre no Hôtel d'Alençon, em um bairro de prestígio, entre vários outros *hôtels* construídos à sombra do Louvre. Os dois homens estavam acompanhados de seus advogados, substitutos, parentes e amigos.

Cada um dos homens e seu *entourage* foram da *rive droite* à Île de la Cité pela Grand Pont — ponte de madeira construída sobre estacas montadas na lama do rio —, passando pela torre real do relógio, na margem oposta, e entrando no recinto do palácio por uma porta no lado leste.

Lá, tiveram de atravessar o barulho e a confusão da Cour du Mai, grande pátio onde toda a cidade parecia estar congregada. Advogados e litigantes que deveriam se apresentar ao Parlamento se empurravam contra vendedores que levantavam tendas, compradores em busca de barganhas e mendigos pedindo esmola, enquanto ociosos ficavam ali, parados, observando o incessante espetáculo da vida na cidade. Entre a fofoca e a confusão do pátio, os gritos de vendedores se misturavam ao som do ferro nas passadas dos soldados e aos lamentos de prisioneiros acorrentados sendo carregados para a execução.

PALÁCIO DE JUSTIÇA

Em julho de 1386, Jean de Carrouges desafiou Jacques Le Gris para um duelo, enquanto o rei e seu Parlamento assistiam, em uma câmara adjacente às duas torres à direita. A torre do relógio real encontra-se no centro. Archives Photographiques, Coleção M.A.P.(c) CMN, Paris.

Quando o cavaleiro e o escudeiro cruzaram o pátio e entraram no palácio, o tumulto ficou para trás. Subindo uma grandiosa escadaria de pedra, passaram por um arco gótico guardado por uma estátua da Virgem Maria com o Menino Jesus e entraram na Grande Salle, salão vasto e ornamentado, com cerca de setenta metros de comprimento e pouco menos de trinta de largura, onde o Parlamento conduzia grande parte de suas atividades.

O teto do cavernoso salão era dourado, com duas abóbadas, e apoiava-se em oito colunas alinhadas, o que dividia a sala em dois ambientes. Lá, advogados se encontravam com clientes, funcionários da justiça circulavam com documentos e porteiros, escribas e outros oficiais mantinham o complexo mecanismo do direito em movimento. No alto, janelas de chumbo coloridas com os brasões da França iluminavam as paredes da câmara; abaixo delas, várias lareiras grandes alternavam com bancos ao longo das paredes. Estátuas de cinquenta reis da França decoravam a sala e peles de animais adornavam as paredes, incluída uma pele de crocodilo trazida do Egito pelo senhor Godofredo de Bulhão, famoso integrante das cruzadas. No canto direito da sala, ficava um altar dedicado a São Nicolau, padroeiro dos advogados, onde uma missa era rezada todas as manhãs. O altar era mantido por um imposto cobrado aos advogados e por donativos dos cúmplices da morte de Evail Dol, juiz do Parlamento assassinado pelo amante de sua mulher em 1369.

Na Grande Salle, o governo da França se reunia em tempos de crise, como após a calamitosa derrota em Poitiers e a captura do rei Jean no terrível outono de 1356. Cerca de oitocentos delegados de todo o reino lotaram a sala para confrontar um abalado sucessor do trono — futuro Carlos V —, pedindo que purgasse da administração real os corruptos conselheiros que levaram a França a tal debacle. Dois anos mais tarde, uma multidão de 3 mil pessoas surgiu na Grande Salle atrás de seu líder, Étienne Marcel, flamejante preboste da associação de mercadores de Paris, para protestar contra os escandalosos termos do tratado de paz com a Inglaterra e contra o terrível resgate de 3 milhões de *écus* de ouro pagos pelo rei sequestrado. Marcel, apoiado por seus seguidores raivosos, entrou na câmara do rei, no segundo andar, gritando: "Temos coisas a resolver por aqui!" A multidão cercou um dos conselheiros reais e o golpeou até a morte no local. Outro conselheiro fugiu da sala, mas os homens o capturaram e mataram, arrastando seu corpo ensanguentado para fora e jogando-o, junto com o outro, para a turba que gritava no pátio logo abaixo. O rei, horrorizado, só foi salvo quando Marcel o colocou sob sua proteção pessoal dando-lhe um capuz azul e vermelho — cores dos rebeldes — para que pusesse na cabeça.

Na entrada da Grande Salle, Carrouges e Le Gris encontraram porteiros uniformizados portando cassetetes, ou *bâtons*, para manter a ordem, os quais os conduziram separadamente, junto com seus acompanhantes, pela sala com piso de mármore branco e preto que parecia um grande tabuleiro de xadrez. No canto noroeste, passaram por uma porta com guardas e entraram em uma estreita passagem que levava à Grand' Chambre — santuário interno do Parlamento, sala muito menor, mas ainda mais elegante, no lado norte do palácio, flanqueada pela Torre do Dinheiro e pela Torre de César. Lá, o rei sentava-se sempre que visitava seu conselho.

Entrando na Grand' Chambre, o cavaleiro e o escudeiro se encontraram em frente ao trono real, conhecido como *lit de justice*, que ficava sobre um estrado drapeado de tecido azul e decorado com flores-de-lis douradas. Bancos acolchoados para os magistrados do conselho flanqueavam o trono, os clérigos à esquerda do rei, os homens da lei à direita, em um total de 32. Uma peça de altar representando a crucificação estava dependurada em uma das paredes, enquanto ricas tapeçarias enfeitavam outras. A única grande lareira da sala estava apagada no calor de julho, e grama fresca recém-cortada fora espalhada sobre o chão de ladrilhos para manter a limpeza e o silêncio. Uma barreira baixa dividia o trono do rei e os assentos do conselho do restante da sala, onde bancos de madeira tinham sido dispostos para os advogados e seus clientes.

Quando foram mostrados a todos os respectivos lugares, com o pedido de que ficassem em silêncio, os magistrados entraram e ficaram de pé diante de seus assentos, primeiro os clérigos, seguidos dos homens da lei. Por fim, o rei apareceu a uma porta atrás do trono. No momento a que o oficial de justiça anunciou sua chegada e todos na sala se curvaram, Carlos entrou no recinto, seguido de seu irmão, Luís de Valois, e de seus sempre vigilantes tios. Sentando-se no trono, o jovem monarca mapeou a assembleia enquanto todos tomavam seus assentos em silêncio. Um dos clérigos permaneceu de pé para uma reza, solenemente pedindo a bênção de Deus para os procedimentos. Depois, o primeiro presidente do Parlamento, Arnold de Corbie, bateu o martelo. A alta corte da França estava em sessão.

O DESAFIO

O appelant *(à direita do rei) acusa o* défendeur *(à esquerda do rei), oferecendo-se para provar sua acusação em batalha. Atrás de cada um, estão seus conselheiros legais e substitutos.* MS. fr. 2258, fol. 4v. Bibliothèque Nationale de France.

O registro do Parlamento para o dia 9 de julho de 1386 descreve a nobre companhia reunida na Grand' Chambre para testemunhar a acusação: "Neste dia, o rei nosso Senhor estava no Parlamento em sua real majestade, acompanhado por nossos senhores os duques de Berry e Borgonha, seus tios, e por nosso senhor o conde de Valois, irmão de nosso senhor o rei, e muitos outros grandes senhores. O rogo estava relacionado com uma batalha entre Jean de Carrouges, cavaleiro, o apelante, de um lado, e Jacques Le Gris, do outro."

O registro não menciona Marguerite, então não podemos ter certeza se ela estava ou não presente naquele dia, ainda que tenha aparecido perante o Parlamento mais tarde no mesmo verão. Naquele momento, a senhora Carrouges estava grávida de seis meses, dificultando ainda mais o suplício de aparecer em um tribunal de justiça onde seu marido acusava outro homem de tê-la estuprado.

Para a cerimônia do desafio, o cavaleiro e o escudeiro ficaram frente a frente diante da corte, cada um flanqueado por seu *entourage*. De acordo com a tradição, o *appelant* ficaria à direita do rei e o *défendeur*, à esquerda.

O cavaleiro, como *appelant*, falou primeiro, levantando a voz para ser ouvido por toda a corte:

"Excelentíssimo e poderoso rei e nosso senhor soberano, eu, Jean de Carrouges, cavaleiro, apresento-me como apelante em sua corte e por meio desta acuso este escudeiro, Jacques Le Gris, de terrível crime contra minha esposa, senhora Marguerite de Carrouges. Acuso que, na terceira semana do mês de janeiro passado, este mesmo Jacques Le Gris, com extrema felonia, conheceu carnalmente minha esposa, contra sua vontade, no local conhecido como Capomesnil, com a ajuda de um tal Adam Louvel. Por essa razão, exijo que confesse seu crime, submetendo-se ao julgamento desta corte, à pena de morte e ao confisco de todos os seus bens, de acordo com a lei sobre o assunto. E se o citado Jacques Le Gris negar seu crime, ofereço meu corpo para provar as acusações, em um campo fechado, como deve fazer um cavalheiro e homem de honra, ante sua presença real, como juiz e senhor soberano."

Após ter nomeado, acusado e desafiado o escudeiro, o cavaleiro tinha de atirar ao chão sua garantia de batalha, tradicionalmente uma luva ou uma manopla. Com a corte observando, ele atirou ao chão sua garantia na frente do escudeiro, cujo significado era de que levaria adiante seu desafio e enfrentaria o acusado em campo fechado — ou *champ clos* —, lugar tradicional das batalhas judiciárias. Atirar a garantia (*jeter le gage*) era um dos antigos rituais do duelo.

E chegou a vez do escudeiro, como *défendeur*, responder. Encarando o acusador, ele também falou alto para ter certeza de que era ouvido por todos:

"Excelentíssimo e poderoso rei e nosso senhor soberano, eu, Jacques Le Gris, escudeiro e acusado, apresento-me e por meio desta nego todas as acusações feitas, especialmente a acusação proferida por Jean de Carrouges de que eu teria conhecido carnalmente, e contra sua vontade, sua esposa, a senhora Marguerite de Carrouges, na terceira semana do mês de janeiro passado, ou em qualquer outro momento, no local conhecido como Capomesnil, ou em qualquer outro lugar. E sustento, protegendo a honra de sua majestade, que o já citado cavaleiro mentiu perversamente, sendo falso e cruel por dizer tal coisa. E, com a ajuda de Deus e de Nossa Senhora, prometo defender-me de suas acusações com meu corpo, sem qualquer desculpa ou pedido de liberação, caso sua corte julgue que uma batalha deva acontecer, no local e no horário que o senhor ordene, como soberano senhor e juiz."

Jacques Le Gris abaixou-se e pegou a luva que estava no chão, a seus pés. Isso também era uma parte do ritual. O *défendeur* era obrigado a se levantar e segurar (*lever et prendre*) o objeto atirado ao chão como símbolo de que aceitava o desafio do outro homem de provar suas acusações em uma batalha, e que, por sua vez, concordava em defender-se delas lutando um combate mortal em um *champ clos*, se a corte assim decidisse.

Uma vez que os dois homens tinham proferido suas palavras e completado o ritual da garantia atirada ao chão, os magistrados deliberaram e apresentaram a decisão oficial (*arrêt*) sobre o que aconteceria em seguida — caso o desafio fosse ou não levado adiante. O *rapporteur*, magistrado encarregado do caso, anunciou a decisão do Parlamento à assembleia em discurso elaborado:

"Entre o senhor Jean de Carrouges, cavaleiro, apelante e pleiteante de um lado em um caso de aposta de batalha, e Jacques Le Gris, do outro lado, acusado, foi ordenado, agora que as partes foram ouvidas, que apresentem seus fatos e razões por escrito à corte, sob forma de declaração juramentada, que a corte, após receber, considerará e pesará usando a razão, para assim resolver o caso."

O Parlamento ordenava um inquérito formal, ou *enquête*, sobre os fatos do caso. Cada parte envolvida deveria enviar um testemunho por escrito, que a corte então examinaria para decidir se o duelo era justificado.

A decisão do Parlamento deve ter deixado o cavaleiro satisfeito. Até então, pelo menos, seu apelo vinha tendo êxito. Seu desafio gerara um inquérito formal que eventualmente poderia levar a alta corte a autorizar o duelo — ainda que o Parlamento raramente permitisse a realização de duelos e não aceitasse um pedido de combate judiciário para casos de acusação de estupro havia mais de trinta anos.

Jacques Le Gris provavelmente não estava tão contente. Seu advogado, Jean Le Coq, pedira-lhe que evitasse qualquer risco de duelo clamando por seu benefício como clérigo, o que Le Gris recusou, abrindo mão de sua chance de escapar da jurisdição do Parlamento. Agora, teria de se submeter ao inquérito e aceitar seu resultado.

A corte tomou algumas providências para garantir que o cavaleiro e o escudeiro permanecessem em segurança e a seu alcance durante a *enquête*. O Parlamento poderia manter os dois presos, mas ofereceu-lhes a liberdade dentro dos muros da cidade, sob juramento. Os dois tiveram de "jurar, prometer e obrigar a si mesmo" a reaparecer sempre que convocados, "no dia, na hora e no lugar designado". Se um deles saísse de Paris ou não se apresentasse quando chamado, seriam enviadas ordens para que fosse preso. A ausência ou a tentativa de fuga seriam tomadas como prova de culpa, resultando em sumária condenação e execução.

Para garantir sua presença quando convocados outra vez, os dois homens deveriam nomear seis substitutos, nobres respeitados que jurariam fazê-los comparecer —

usando a força, se necessário. O registro de 9 de julho lista doze homens que aceitaram tal dever solene, todos nobres distintos, muitos renomados pelos serviços militares prestados à França.

O principal substituto do cavaleiro, o conde Waleran de Saint-Pol, da Casa de Luxemburgo, era muito próximo do rei e célebre veterano de muitas campanhas reais, entre elas a vitória francesa sobre os flamengos na batalha de Roosebeke, em 1382. Um dos principais homens do escudeiro, Filipe de Artois, conde d'Eu, voltara recentemente com o tio do rei, duque Luís de Bourbon, de uma luta contra os ingleses na Gasconha.

O pequeno exército de cavaleiros e senhores servindo como substitutos mostra mais uma vez que a batalha, quando chegou ao rei e a seu Parlamento, logo envolveu vários outros nobres franceses. Os doze substitutos, cada um seguido de sua família e amigos, multiplicavam muitas vezes o número de pessoas diretamente envolvidas no caso Carrouges-Le Gris. Naquele momento, a disputa se transformou em assunto de fofoca e debates acalorados na corte real, onde os principais envolvidos e suas famílias eram bem conhecidos, e muita gente já tomava partido antes mesmo de a *enquête* oficial começar. Logo o caso geraria grande controvérsia por toda a França, e mesmo além. O que começou como uma contenda local em uma corte de nobres da Normandia em passo acelerado se transformou em *cause célèbre*, inserida no cenário nacional francês.

Após Carrouges e Le Gris terem se enfrentado cara a cara para o desafio, deram as costas e deixaram o palácio com os respectivos séquitos, voltando a seus alojamentos, um em cada extremo da cidade. Começariam, então, a preparar o testemunho pedido, para que o Parlamento pudesse seguir com sua *enquête*. Se, após examinar as evidências, a corte rejeitasse o apelo do cavaleiro, o veredito do conde Pierre seria mantido e o escudeiro, liberado das acusações. Mas, se a alta corte se decidisse pelo duelo, contrariando o veredito do conde, Carrouges teria uma chance de provar suas acusações confrontando o inimigo em batalha, enquanto Le Gris teria de conquistar sua inocência, dessa vez usando a espada.

6

O INQUÉRITO

Assim que o Parlamento de Paris anunciou o inquérito, Jean de Carrouges e Jacques Le Gris começaram a preparar seus testemunhos. Como requerido pela corte, todas as evidências deveriam ser apresentadas por escrito. Ainda que às mulheres não fosse permitido fazer acusações sozinhas em casos criminais, Marguerite, como principal testemunha no caso, também teve voz, já que os registros oficiais dizem que "certas informações foram recebidas por deposição ou juramento da já citada Marguerite ante esta nossa corte". Na verdade, a senhora Carrouges foi "íntima e repetidamente questionada e examinada" sobre suas acusações contra o escudeiro.

Uma observação feita por Jacques Le Gris indica que Marguerite aparecera naquele verão no Palácio de Justiça frente ao rei e ao Parlamento reunido — como seu pai, Robert de Thibouville, que fora chamado ali quarenta anos antes para responder a acusações de alta traição. Le Gris testemunhou dizendo que "nunca vira ou falara" com a referida senhora, exceto uma vez na Normandia (na casa de Jean Crespin, dois anos antes) e naquele momento, na presença do rei, "como parte destes procedimentos". Então, Le Gris deve ter visto Marguerite no início do inquérito, quando ela se pôs diante da alta corte para prestar juramento, antes de depor aos oficiais em particular. Na metade do mês de julho, quando o inquérito começou, ela estava grávida de quase seis meses, o que tornou sua aparição frente ao Parlamento ainda mais penosa.

O cavaleiro, o escudeiro e a senhora responderam em sua língua nativa, o francês normando. Nenhuma transcrição dos testamentos orais sobreviveu, mas os registros oficiais do Parlamento contêm um sumário detalhado do caso, transcrito em latim e registrado por um dos escribas profissionais da corte, ou *greffiers*. Esse resumo, que sobrevive em uma única cópia manuscrita, reúne quase dez páginas densamente escritas em tinta marrom um pouco apagada. O documento inclui as acusações em tópicos do cavaleiro contra o escudeiro, baseadas no testemunho jurado de sua esposa, seguido da longa e formidável defesa do escudeiro.

O cavaleiro começa relatando quantas vezes confiou em Jacques Le Gris e se confidenciou com ele, como um de seus mais próximos e leais amigos, chegando mesmo a honrar o escudeiro nomeando-o padrinho de seu primeiro filho. Jean de Carrouges insistiu na intimidade e santidade do relacionamento entre os dois, descrevendo como Jacques Le Gris levantou e segurou a criança na pia batismal para ser consagrada pelo padre com água benta.

O cavaleiro, então, relata o incidente na casa de Jean Crespin, quando Jacques Le Gris viu Marguerite pela primeira vez e Jean instruiu Marguerite para que beijasse o escudeiro como sinal de paz e amizade entre os dois homens. Ficou em silêncio sobre o intervalo que separou os dois acontecimentos públicos — os cinco ou mais anos durante os quais perdeu não apenas sua primeira esposa, seu filho e seu pai, mas também o prestigioso posto de capitão de Bellême que fora do pai e vários feudos que comprara legalmente, período em que a amizade com o escudeiro se transformou em rivalidade na corte do conde Pierre.

Carrouges alega que, após o encontro na casa de Crespin, onde Le Gris conheceu Marguerite, o escudeiro desenvolveu louco desejo pela senhora. Pintando-o como notório libertino, o cavaleiro proclama que Le Gris confabulou para seduzir Marguerite e adicioná-la a sua longa lista de conquistas.

Baseado no testemunho jurado de sua esposa, Carrouges em seguida detalha o ataque, alegando que Le Gris "conheceu a mesma Marguerite carnalmente, como dito antes, contra sua vontade e sem seu consentimento, cometendo estupro, adultério, traição, incesto e perjúrio" — cinco crimes muito sérios. Além do estupro, acusou Le Gris de adultério, por ter mantido relação sexual não consentida com a senhora; traição, por quebrar o laço de confiança e amizade com o cavaleiro; incesto, por violar o laço firmado quando Le Gris se transformou em padrinho do filho de Jean; e finalmente perjúrio, porque o escudeiro, negando sua culpa perante dois tribunais distintos, testemunhou em falso. Ainda que o crime de estupro liderasse a lista, reforçando a violação do corpo de Marguerite, as outras acusações também alegavam crimes do escudeiro contra o cavaleiro.

O cavaleiro afirmou ter recebido da própria Marguerite a primeira notícia do crime, ao voltar de Paris, e que ela lhe implorara, para o bem de sua própria honra, que buscasse justiça e vingança em seu nome contra o escudeiro. Marguerite, disse ele, jurou dizer a verdade muitas vezes, mantendo firme seu testemunho e "pondo em perigo a própria alma quando questionada e examinada sobre tais assuntos".

O cavaleiro — sem dúvida aconselhado por seu advogado, Jean de Bethisy — concluiu dizendo que seu caso satisfazia todas as condições necessárias para arriscar a batalha: o crime definitivamente ocorrera; envolvia uma ofensa capital; a convicção só seria possível por meio de um duelo, pois o *défendeur* se recusava a confessar; e Le Gris era "ampla e notoriamente suspeito e acusado" pelo crime.

Contra as acusações do cavaleiro, Jacques Le Gris e seu conselheiro legal montaram uma defesa vigorosa que ofereceu um panorama completamente diferente de como o escudeiro veio a ser acusado do crime e de seu paradeiro no dia em questão.

O escudeiro começa seu relato relembrando à corte que vem de uma família nobre, leal aos reis da França e ao conde Pierre de Alençon, e que sempre serviu a seus senhores "sábia, louvável, legal e lealmente", levando "uma vida boa e respeitável e agindo de forma honrada perante os demais". Diz também que, como fruto de sua boa conduta, o rei Carlos o tomou como escudeiro pessoal.

Comentando seu relacionamento com o cavaleiro, Le Gris descreve como ele e Carrouges antes serviram ao conde de Perche juntos e depois se uniram, também ao mesmo tempo, ao serviço do conde Pierre, após a morte do primeiro senhor. O escudeiro também menciona que foi padrinho do primeiro filho de Jean. Mas, enquanto Carrouges cita o fato para demonstrar a posterior quebra de confiança em Le Gris, o escudeiro usa o mesmo para ilustrar o precipitado caminho tomado pelo cavaleiro, tornando-se seu inimigo.

Le Gris descreve como ele e o cavaleiro chegaram à corte, momento em que Carrouges ficou progressivamente mais hostil em relação a ele e ao conde Pierre. Quando o pai de Jean morreu, deixando vaga a capitania de Bellême, o conde Pierre recusou-se a oferecer o posto ao jovem Carrouges, disse Le Gris, pois sabia que ele era "sombrio e imprevisível". Também disse que após Carrouges ter perdido Cuigny, que tentou comprar mesmo tendo o conde Pierre clamado por tal propriedade, começou a culpar o escudeiro por suas decepções na corte. Ressentido pela confiança que o conde depositava no outro, o raivoso e desconfiado Carrouges chegou à conclusão de que Le Gris "se comportara de tal forma para insultá-lo", e então o cavaleiro "começou a odiá-lo e desprezá-lo".

De acordo com Le Gris, se Carrouges era um homem mau na corte, era ainda pior em casa. Ele alega que o cavaleiro, enquanto casado com sua primeira esposa, Jeanne de Tilly, tinha "um ciúme doentio", prendendo-a a uma vida de extrema austeridade, fato que levou a sua morte prematura. Ainda mais pernicioso, acusou Carrouges de ter tentado obrigar sua primeira esposa a dizer que Le Gris dormira com ela — "o que a já citada esposa, de forma inteligente e bondosa, recusou-se a fazer, pois não se tratava da verdade". Com esses sensacionais ataques ao caráter e à credibilidade de Carrouges, Le Gris tentou mostrar que as acusações do cavaleiro contra ele eram parte de um longo padrão de mentiras e inimizade.

Após pintar esse terrível quadro da conduta pública e privada do cavaleiro, Le Gris fala de seu próprio relacionamento com Marguerite. Disse só ter visto ou conversado com ela duas vezes — no atual litígio ante o Parlamento de Paris e no encontro social, "pelo menos dois anos antes", na casa de Jean Crespin. Sem dúvida, esse trecho do testemunho deve ter sido desenhado para demonstrar que Le Gris não estava em Capomesnil na data do crime alegado e por isso não poderia ser culpado pelo estupro. Mas, indiretamente, sugere um caso de identidade equivocada. Como Marguerite só vira Le Gris uma vez até então, e mais de um ano antes do alegado crime, talvez estivesse acusando o homem errado — se é que tinha mesmo acontecido algum ataque.

Le Gris também estreitou o espaço de tempo no qual poderia ter cometido o crime. Em sua declaração de acusação, Carrouges não especifica a data do crime, dizendo que ocorrera "em certo dia na terceira semana de janeiro". Em resposta, Le Gris tenta demonstrar que o crime *só* poderia ter ocorrido na quinta-feira, 18 de janeiro, dia em que Nicole estava fora de Capomesnil, ficando Marguerite sozinha no castelo.

Le Gris cita a reunião de Nicole na quinta-feira na cidade vizinha, Saint-Pierre-sur-Dives. Ressalta a curta distância de Capomesnil, dizendo que Saint-Pierre ficava "a apenas duas léguas" (aproximadamente dez quilômetros), e que em uma viagem de ida e volta totalizaria pouco menos de vinte quilômetros.[7] Le Gris também diz que Nicole retornou de sua curta viagem "na hora da refeição da manhã, ou pouco depois", indicando a principal refeição do dia, em geral por volta das dez horas, mas às vezes ao meio-dia. Se Le Gris tinha razão — e Carrouges nunca o contradisse neste ponto —, Nicole ficou fora de Capomesnil por, no máximo, cinco ou seis horas. Le Gris também notou que Carrouges, mesmo falhando ao oferecer a data exata do crime, especifica o horário do alegado estupro como "por volta da primeira hora" — ou seja, nove da manhã, cerca de duas horas após a provável partida de Nicole.

Surpreendentemente, Le Gris também diz que Marguerite esteve acompanhada, durante toda a breve ausência de Nicole, por "uma costureira e outras duas mulheres". Trata-se de um retrato diferente do apresentado por Carrouges, que diz que Nicole deixou Marguerite "praticamente sozinha", sem ninguém para ouvi-la ou assisti-la. Além do mais, Le Gris afirma que, ao voltar de sua viagem, Nicole encontrou a nora de ótimo humor — "feliz e alegre, sem qualquer sinal de desprazer". A implicação é óbvia: parece a imagem de uma mulher que horas antes fora brutalmente atacada e estuprada?

Le Gris continua, oferecendo um relato prejudicial sobre o subsequente regresso de Jean de Paris, três ou quatro dias mais tarde. Para piorar o retrato do cavaleiro como homem violento e ciumento, Le Gris diz que, ao saber que a serva a qual ele ordenara que ficasse ao lado de

---

[7] Uma légua era uma unidade de medida que, na França, variava entre 4,43 e 4,83 quilômetros.

Marguerite desobedecera as suas ordens e fora a Saint-Pierre com Nicole, Carrouges ficou descontrolado por causa da raiva e "imediatamente começou a bater na cabeça da empregada — e depois também na de Marguerite — com os punhos". Esse registro de selvageria por parte do cavaleiro sem dúvida chocou a corte. Enquanto Carrouges descrevia a si mesmo como marido amoroso e leal, Le Gris definia-o como homem cruel e violento, capaz de bater na própria mulher e em outras. Negando ter atacado Marguerite, o escudeiro devolve a acusação ao marido da senhora.

Le Gris diz que o ataque brutal de Carrouges contra a esposa foi seguido de outro tipo de violência quando o cavaleiro, "exatamente no dia seguinte", forçou Marguerite a prestar falsa acusação contra o escudeiro de tê-la estuprado — "ainda que a citada Marguerite nunca tenha dito nada sobre isso antes". A última cláusula é crucial, pois reduz as acusações do cavaleiro a uma coerção viciosa sobre a mulher, uma tentativa de vingar-se do escudeiro inocente. Também apresenta uma nova imagem de Marguerite, que, ainda com contusões recentes dos punhos do marido, foi forçada a colaborar em uma nova violência contra si mesma, violência contra sua mente e alma, acusando em falso testemunho Le Gris de ter cometido um crime terrível.

De acordo com Le Gris, o cavaleiro tornou públicas suas acusações notórias contra ele "por si mesmo e por Marguerite, usando não apenas ameaças e medo, mas também outras pessoas às quais contou o caso".

Tendo oferecido à corte uma história completamente diferente da relatada pelo cavaleiro sobre como acabou acusado pelo notório crime, Le Gris começa a segunda parte de sua defesa — seu álibi. Se de fato não estava em Capomesnil no dia 18 de janeiro, e se de fato não atacara brutalmente nem estuprara Marguerite, onde estaria e o que estaria fazendo?

Para responder a tais questões, o escudeiro detalha seus paradeiros e atividades não apenas no dia do alegado crime, mas também durante toda a terceira semana do mês de janeiro. Como Carrouges foi vago em relação a datas, Le Gris tenta demonstrar que não poderia ter cometido o crime em *nenhum* dia daquela semana.

Le Gris diz que no dia 15 de janeiro, segunda-feira, viajou duas léguas (cerca de dez quilômetros), partindo de Argentan, para visitar seu amigo Jean Beloteau, escudeiro, e participar de uma missa em honra à recém-falecida esposa dele. Le Gris relata ter permanecido com o amigo até quarta-feira, 17 de janeiro, quando voltou a Argentan, a pedido do conde Pierre. Jantou com o conde e ficou a seu lado durante a noite. Após tudo isso, afirma Le Gris, "deitou-se e passou a noite no próprio quarto, naquela cidade", e a palavra que usou, *villa* (cidade), claramente se refere a Argentan.

Na manhã do dia 18 de janeiro, uma quinta-feira, Le Gris diz ter sido acordado por Pierre Taillepie e Pierre Beloteau, irmão de Jean Beloteau, que visitavam Argentan. O escudeiro foi com seus dois amigos ao palácio para a missa matinal e esteve "continuamente" com eles desde então. Após a missa, o conde convidou os três para fazer com ele a última refeição da manhã, e Le Gris comeu "notória e publicamente" no palácio. Após comer e "tomar especiarias e vinho", o senhor de terras levou os dois amigos a seu quarto e ficou todo o tempo em sua companhia até a hora do jantar, após o qual voltou a estar junto ao conde, em seus aposentos, retornando "ao próprio quarto" mais tarde, para dormir.

Na sexta-feira, dia 19 de janeiro, o escudeiro diz ter deixado Argentan com Pierre Taillepie e Pierre Beloteau e seguido para Aunou, a uma légua de distância (menos de cinco quilômetros), onde ficaram até sábado, 20 de janeiro, quando então voltaram para Argentan. "Aunou" claramente se refere a Aunou-le-Faucon, o território que Le Gris adquirira, com a ajuda do conde Pierre, do pai de Marguerite. A menção de Aunou-le-Faucon em seu álibi, e dizer ter passado o dia ali após o crime alegado, sem dúvida deixou o cavaleiro raivoso.

Após detalhar todos os seus passos, de segunda-feira, 15 de janeiro, a sábado, 20 de janeiro, Le Gris conclui que teria sido "impossível ele ter cometido um crime ou ofensa desse tipo", especialmente dada a distância de Argentan a Capomesnil, que é de "nove léguas em estradas ruins e complicadas, o que requereria pelo menos um dia inteiro de viagem no inverno". Nove léguas são quatro vezes mais que as duas léguas percorridas por Nicole de Carrouges no dia do alegado crime, em condições climáticas e viárias comparáveis. No inverno, a viagem de ida e volta do escudeiro de Argentan a Capomesnil, de cerca de mais ou menos oitenta quilômetros, teria consumido muitas horas, se não o "dia inteiro" como disse ele, mesmo com um cavalo rápido e forte. Com revezamento de cavalos novos, um mensageiro poderia cobrir

129 ou mesmo 145 quilômetros por dia, em estradas em bom estado.

Jacques Le Gris era um homem rico com excelentes cavalos à disposição. Se ele colocou Adam Louvel para espionar Marguerite em Capomesnil, como alegou Jean de Carrouges, também poderia facilmente ter arranjado bons cavalos para se revezarem. Mesmo assim, é difícil acreditar que Le Gris poderia ter feito uma travessia de ida e volta de oitenta quilômetros ou mais entre Argentan e Capomesnil nas cinco ou seis horas durante as quais Nicole fez sua viagem de ida e volta de dezessete ou dezenove quilômetros entre Capomesnil e Saint-Pierre-sur-Dives.

Mais uma vez, talvez Le Gris tenha mentido sobre seu paradeiro na noite de 17 de janeiro, quarta-feira, que diz ter passado "no próprio quarto" em Argentan. Talvez, na verdade, estivesse dormindo na casa de Adam Louvel, em Capomesnil, à espreita de sua vítima, quando o dia raiou na manhã de 18 de janeiro. Se for o caso, após estuprar Marguerite, Le Gris teve de viajar apenas quarenta ou 43 quilômetros de volta a Argentan, pouco mais de duas vezes o trecho percorrido pela senhora Nicole de Carrouges na mesma manhã — o que não seria impossível para um hábil montador em um bom cavalo, mesmo com as más condições das estradas no inverno.

Após atacar o caráter de Jean e suas motivações e oferecer um álibi detalhado, Jacques Le Gris declara que seria impossível ter cometido o crime. Chega até a levantar dúvidas sobre se o crime realmente ocorrera — uma das quatro condições indispensáveis para haver duelo. Primeiro, diz que as acusações pareciam ter nascido do ciúme do cavaleiro e do testemunho forçado de sua esposa. Segundo, desfaz a crença de que ele, "já com cinquenta anos e entrando na velhice", poderia ter cavalgado várias horas, sem parar, na manhã do dia 18 de janeiro por nove léguas (cerca de 45 quilômetros) até Capomesnil, atacado Marguerite em uma luta tão vigorosa para a qual precisou da ajuda de outro homem e depois retornado as mesmas nove léguas, "em estradas ruins e com um clima terrivelmente frio". Terceiro, se o crime realmente tivesse acontecido, a "nobre, honesta, forte e virtuosa Marguerite" por certo teria deixado vestígios no rosto ou em outras partes do corpo de seu agressor, feitos com as "unhas ou outras partes do corpo" — mas nada foi encontrado no corpo do escudeiro, nem "a já citada Marguerite apresentava qualquer arranhão ou marca no corpo". Quarto, o supostamente isolado castelo de Capomesnil estava ao lado de "dez ou doze casas", cujos habitantes certamente teriam escutado os gritos de Marguerite por ajuda, mas ninguém soube de nada nem ouviu qualquer ruído do alegado ataque.

Le Gris também cita testemunhos possivelmente danosos relacionados a Nicole de Carrouges. De acordo com o escudeiro, a própria Nicole analisou as acusações do filho, "investigando de forma diligente" o assunto e chegando à conclusão "de que o dito crime nunca acontecera". Antes, disse que Nicole retornara de sua errância no dia 18 de janeiro e encontrara Marguerite "feliz e contente". Se fosse verdade, a afirmação de que a própria mãe do cavaleiro e sogra da vítima não acreditava nas acusações era ainda mais prejudicial. Le Gris afirma, ainda, que Nicole — que havia morrido na época do inquérito do Parlamento — foi levada à morte pelo processo implacável de seu filho no caso.

Com a força de seu testemunho, Le Gris argumenta que as acusações contra ele deveriam ser retiradas, ele deveria ser completamente inocentado e a demanda do cavaleiro por um duelo deveria ser recusada. O escudeiro também enviou sua reconvenção contra Jean de Carrouges. Ele diz que o cavaleiro, de forma pública e terrível, difamou seu nome e sua reputação com mentiras e acusações, "usando palavras injuriosas", e que deveria pagar pelos danos. Como indenização, Le Gris pede a enorme soma de 40 mil francos de ouro.

O pedido do escudeiro por tamanha indenização por danos, soma que arruinaria o já combalido cavaleiro, aumentou ainda mais o interesse pela batalha. Se o Parlamento não decidisse o caso a favor de Jean de Carrouges, não aceitando seu pedido por um duelo judiciário, Le Gris estaria livre para começar um processo contra ele.

Após Jacques Le Gris ter finalizado sua defesa, seu acusador ganhou uma chance de tréplica. Elaborando um vigoroso contra-ataque, Jean de Carrouges refuta a afirmação de que, levado pelo ciúme e pela rivalidade na corte do conde Pierre, teria arquitetado tamanha vingança contra seu inimigo fabricando a acusação de estupro. O cavaleiro diz que a explicação do escudeiro é uma "fraca invenção sem qualquer verdade ou semelhança com a verdade" e não tem relevância alguma no caso, pois se trata de um assunto tão grave, "tão grande, difícil e perigoso", que o levara a acusar Le Gris arriscando sua própria "alma, corpo, riqueza e honra".

Em seguida, o cavaleiro responde às acusações de Le Gris sobre os abusos que teria praticado contra sua esposa. Tenta desmantelar o poderoso ataque que sofrera contra seu caráter como marido, especialmente o retrato que Carrouges pintou dele como homem ciumento, cruel e mesmo perturbado, que tentou forçar acusações falsas usando suas duas esposas. O cavaleiro rejeita o terrível retrato, insistindo que nunca maltratou Marguerite, que sempre viveu com ela de forma "respeitosa, em paz e castamente, sem qualquer tipo de ciúme ou rancor de nenhuma natureza".

O cavaleiro rebate também o clamor do escudeiro de que as acusações contra ele são frágeis ou incompletas. Carrouges manteve a afirmação de que apresentou tais acusações de acordo com a lei e em ordem, descrevendo o crime de forma correta, sem falhas na especificação de datas. Jean ressalta que o crime aconteceu "exatamente como dito no testemunho e nas afirmações de Marguerite, pois seu depoimento foi verdadeiro e suficiente".[8]

Jean de Carrouges também insiste que sua esposa dissera a verdade e o crime não poderia ser mais evidente, na medida em que a própria Marguerite, que Le Gris qualificou como "casta e honesta", ficou com uma "culpa perpétua" ao revelá-lo. Como ela teria sido capaz de manter um testemunho "tão firme e constante, sem qualquer mudança ou variação, se o dito crime não tivesse ocorrido"?

---

[8] Como o alegado crime só poderia ter acontecido na quinta-feira, 18 de janeiro, o único dia em que Nicole se ausentou de Capomesnil para estar presente em um procedimento legal cuja data é certa, o clamor de Le Gris de que Carrouges falhou ao especificar a data pode ter sido visto como insignificante pela corte. Mas casos judiciais podem ser perdidos por questões técnicas. Na verdade, o decreto de 1306 diz que o nobre que clame por um duelo deve especificar a data e a hora do crime, e Le Gris deve ter levado em conta tal requerimento para desqualificar o caso do cavaleiro.

O ponto final de Jean foi contra as dúvidas levantadas por Le Gris sobre a improvável viagem ao norte, de Argentan a Capomesnil, em estradas ruins e no inverno, para cometer o delito. Jean respondeu a essa objeção dizendo que Jacques era "um homem rico com abundante suprimento de bons cavalos", e que era perfeitamente possível viajar de Argentan a Capomesnil e voltar ao ponto de partida "em pouco tempo". Assim, o cavaleiro encerrou o caso.

Existe um assunto que aparentemente nenhum dos dois mencionou na corte, mas com potencial efeito no caso e que ficava cada vez mais óbvio à medida que o inquérito prosseguia durante o verão: a gravidez de Marguerite.

Não podemos ter certeza sobre quem seria o pai do bebê que ela carregava — o cavaleiro, o escudeiro ou um terceiro homem? Mas como ela não teve filhos nos primeiros cinco ou seis anos de casamento e engravidara por volta de janeiro de 1386, com a criança nascendo meses depois, é perfeitamente possível que fosse filho de Jacques Le Gris.

No entanto, os magistrados do Parlamento de Paris podem ter levantado a questão se Marguerite teria engravidado como consequência do alegado estupro. Uma difundida teoria de reprodução, baseada nos ensinamentos do doutor Galeno (c. 200 d.C.), dizia que a "semente" feminina necessária para a concepção, junto à masculina, só era liberada quando a mulher atingia o orgasmo, significando que "uma mulher não poderia conceber se não participasse completamente do coito".

Essa crença era tão arraigada na Idade Média que "a lei reconhecia que o estupro, portanto, não poderia gerar uma gravidez".

Tal crença desmorona facilmente com o conhecimento moderno, mas era sustentada na Idade Média graças ao desejo de proteger as linhagens de sangue familiares de contaminações acidentais ou criminosas, em especial entre a nobreza. A herança dependia da paternidade, e a paternidade dependia da honra da mulher e da confiança entre marido e esposa. O risco de adultério era uma ameaça muito grande à pureza das linhagens nobres, portanto a ideia de que o sexo não consentido, ou estupro, poderia produzir filhos ilegítimos, contaminando as descendências, era assustadora para ser admitida como possibilidade. Era impensável que um homem pudesse estuprar a esposa de outro homem e por esse ato criminoso gerar uma criança ilegítima e não desejada, deixando-a nas mãos da vítima e do marido.

Graças às crenças da época, a corte poderia ter encarado como muito mais provável que Marguerite tivesse engravidado após fazer sexo consentido com um terceiro homem — ou seja, tivesse cometido adultério — do que sido estuprada. Le Gris poderia ter usado a gravidez de Marguerite para argumentar sua inocência, dizendo que ela o acusava de estupro para encobrir um caso ilícito com outro homem. Mas, quanto a isso, o cavaleiro teria uma resposta irrefutável: sua esposa engravidara como resultado de uma relação com *ele*, após ter voltado do exterior, visto que não tinham relações havia seis meses e estavam ansiosos por reaver seus laços conjugais. O escudeiro não teria como negar tal afirmação, mesmo alegando que se tratava de um casamento infeliz, uma união brutal, na qual o sexo fértil era improvável, como poderiam sugerir os cinco ou seis anos que levavam juntos sem filhos. Le Gris nunca citou a gravidez de Marguerite em defesa própria, talvez porque ele — ou seu astuto conselheiro legal — tenha encarado a estratégia como muito arriscada.

O que pensava realmente Jean de Carrouges, ou o que Marguerite sabia sobre a evidência em seu corpo, é outro problema. Teria o cavaleiro desconsiderado a crença da época e suspeitado que, na verdade, o filho de Marguerite não era seu? Marguerite se preocupava por talvez estar carregando o filho do homem que a estuprara? Ou o casal apoiou-se na crença popular, convencendo-se de que Le Gris, que atacou e estuprou brutalmente Marguerite, não poderia, além da terrível violação, ter legado aos dois um filho ilegítimo?

AS CARTAS MISTERIOSAS

Um recibo de gastos do mensageiro que galopou de Caen a Paris em julho de 1386 levando cartas com informação sobre Jacques Le Gris e Marguerite de Carrouges. MS. fr. 26021, nº 899. Bibliothèque Nationale de France.

Enquanto a *enquête* seguia pelos meses de julho e agosto, surgiram várias revelações surpreendentes. No fim de julho, um mensageiro chamado Guillaume Berengier chegou a Paris levando cartas seladas ao Parlamento "sobre a senhora Carrouges e Jacques Le Gris". Berengier fora enviado a Paris pelo oficial de justiça de Caen, Guillaume de Mauvinet, que também lhe pedira para reportar "com palavras outras coisas secretas que não poderia se comprometer escrevendo". Os recibos de gastos com o mensageiro ainda sobrevivem em belos pergaminhos, mas as cartas desapareceram, e as "outras coisas secretas", aparentemente muito perigosas para serem postas por escrito, também. Mas Guillaume de Mauvinet, que ordenou o envio das misteriosas cartas a Paris, era o mesmo oficial que esteve diante da senhora Nicole em Saint-Pierre-sur-Dives no dia do crime alegado. O conde Pierre mandara antes cartas a Paris para tentar deter o apelo de Carrouges, e as novas cartas e os relatos verbais parecem ter sido outra tentativa de difamar o caso do cavaleiro, desacreditando o testemunho de Marguerite.

Naquela época, o Parlamento de Paris convocou Adam Louvel, possível parceiro de Le Gris no crime. Louvel fora preso e interrogado vários meses antes, a mando do conde Pierre, mas o mesmo veredito que exonerou Le Gris absolveu seu cúmplice. Louvel voltava agora à corte. Cartas do Parlamento de 20 de julho pedem garantias à aparição de Louvel em Paris.

Dois dias depois, em 22 de julho, um domingo, Louvel respondeu ao chamado, aparecendo ante o rei Carlos no Castelo de Vincennes. Louvel já havia sido citado na acusação de Carrouges, no dia 9 de julho, como cúmplice de

Le Gris. Mesmo assim, deve ter ficado surpreso com o que aconteceu. Ao chegar à enorme fortaleza nos arredores da cidade, entrou no grande edifício e foi escoltado escada acima em direção à sala do conselho, ante o trono real, onde foi confrontado por um escudeiro chamado Thomin du Bois, primo de Marguerite. Enquanto o rei, seus tios e os cortesãos observavam, Thomin, com raiva, acusou Louvel de ter atacado a senhora Carrouges. Depois atirou uma luva ao chão e desafiou-o para um duelo. Thomin também pediu que, caso Louvel negasse a acusação mas se recusasse a lutar, isso fosse tomado como uma admissão de culpa, e que isso, então, o mantivesse preso até que confessasse o crime. Esse segundo desafio, lançado menos de duas semanas após o primeiro, imediatamente fez nascer a possibilidade de não apenas um duelo, mas dois.

Louvel pediu um prazo ao rei, conhecido como *jour d'avis*, para conversar com seu conselheiro legal, e ganhou alguns dias, até terça-feira, 24 de julho, ainda que os relatórios do Parlamento não registrem nada sobre o caso na data referida. No entanto, uma entrada, datada de quase um mês depois, indica um aumento no número de prisões, detenções e interrogatórios sobre o caso. No dia 20 de agosto, o filho de Adam Louvel, Guillaume Louvel, e outros dois homens — Estienne Gosselin e Thomas de Bellefons — foram postos em custódia para que pudessem ser examinados "certos assuntos sobre o caso da aposta de batalha pendente entre o senhor Jean de Carrouges, cavaleiro, e Thomin du Bois, demandantes, de um lado, e Jacques Le Gris e Adam Louvel, acusados, de outro". O registro sugere que os dois pedidos de batalha foram transformados em um único.

Na mesma época, o Parlamento ordenou que Adam Louvel, então preso e confinado na Conciergerie, a sombria prisão anexa ao Palácio de Justiça, fosse levado de sua cela e interrogado sobre o crime — ou seja, investigado sob tortura. A tortura era muito usada para extrair informação de testemunhas e confissões de pessoas que tentavam se defender. Como suplícios e duelos perdiam valor frente à confissão como prova de culpa, a tortura judicial crescia na França. Entre as técnicas mais comuns, estava o *strappado*, no qual as mãos da vítima eram atadas às costas com uma corda usada para içá-la e, repentinamente, atirá-la de volta ao chão; o cavalete; "fogo aplicado às solas dos pés"; a prolongada privação do sono; imersão em água fria; e a ingestão forçada de água a ponto de sufocamento.

O advogado do escudeiro, Jean Le Coq, conta em seu diário que foram convocados para "interrogatório" pelo caso Adam Louvel e um servidor "que, dizem, esteve no alegado dia na residência dos Carrouges". Era tão comum a tortura judicial naqueles dias que o advogado não relata que métodos foram usados com as duas testemunhas, mas nem Adam Louvel, nem o servidor sem nome confessaram alguma coisa.[9]

Além de Adam Louvel, outro amigo de Jacques Le Gris caiu nas garras da justiça naquele verão. Jean Beloteau, escudeiro recém-viúvo que figurava como álibi de Le Gris, foi preso pelo oficial de justiça do bispado de Paris sob

---

[9] Jeanne de Fontenay, esposa de Adam Louvel (e irmã de um dos substitutos de Jacques Le Gris), seguiu com o marido para Paris e também foi "interrogada", depois ficou no Hôtel d'Alençon com muitos outros do grupo de Le Gris.

suspeita de *raptus*, que significava tanto sequestro quanto estupro. É curioso que Beloteau, amigo íntimo de Jacques Le Gris e testemunha-chave em seu álibi, tenha sido acusado de rapto no mesmo período em que o escudeiro fora convocado a Paris para inquérito do Parlamento sobre o estupro de Marguerite de Carrouges. Talvez as acusações contra Beloteau fossem infundadas, mas parece que Jacques Le Gris viajou em má companhia.

Durante o mês de julho, o rei e a corte real acompanharam avidamente a disputa entre o cavaleiro e o escudeiro. Em agosto, no entanto, quando a *enquête* entrou no segundo mês, a atenção do rei se desviou dos assuntos domésticos, que incluíam a possibilidade de um excitante duelo de morte, para um conflito maior despontando no horizonte internacional. Com o verão no auge e o clima propício à guerra, as hostilidades voltaram a ficar iminentes entre a França e a Inglaterra.

No ano anterior, o rei enviara o almirante Vienne à Escócia com um exército de cavaleiros e escudeiros franceses, com a participação de Jean de Carrouges. Os franceses haviam queimado e pilhado o que encontraram pelo caminho, levando o rei Ricardo II e suas tropas para o norte de Londres e além. Mas uma segunda e maior invasão francesa pelo sul nunca chegou a ser feita, e o plano original de atacar a Inglaterra em duas frentes foi abandonado. Filipe, o Corajoso, duque da Borgonha, propôs, então, ao rei Carlos que gravasse seu nome na história desferindo um golpe mortal contra a Inglaterra, uma invasão maior e mais devastadora que a anterior.

O INQUÉRITO

O jovem e impressionável rei aprovou instantaneamente o plano e preparou-se para deixar Paris em direção a Sluys, porto flamengo, para tomar seu lugar na liderança de uma grande invasão da força francesa e de uma armada de mais de mil navios. Antes de deixar Paris, Carlos assistiu a uma missa solene na catedral de Notre-Dame e prometeu não voltar a entrar na cidade antes de fincar seus pés de conquistador em solo inglês.

Após a partida do rei e de seus tios, o Parlamento retomou as atividades, inclusive o inquérito sobre o caso Carrouges-Le Gris. Entre o fim de agosto e o início de setembro, o caso entraria no terceiro mês. O cavaleiro e o escudeiro continuavam presos em Paris, podendo mover-se dentro da cidade, mas tendo de voltar ao Palácio de Justiça sempre que requeridos, o que poderia acontecer a qualquer momento.

Marguerite, naquela época grávida de pelo menos oito meses, estava confinada não apenas na cidade e na casa onde vivia com seu marido, mas também no próprio corpo. Esperar que sua gravidez chegasse ao fim e que o Parlamento tomasse uma decisão sobre o caso deve ter sido um suplício naquelas redondezas nada familiares.

Já no fim do verão, com o caso ainda aberto e todos esperando uma decisão do Parlamento, Jean Le Coq descreveu suas conclusões sobre a disputa controversa. Em seu diário, o advogado de Jacques Le Gris lista várias considerações contra e a favor de seu cliente, acrescentando suas opiniões sobre o caso mais complicado que já tivera.

Entre os pontos negativos sobre Le Gris, Le Coq cita o fato de que "a esposa de Carrouges nunca retirou sua afirmação de que o crime realmente acontecera". O testemunho de Marguerite, em face de negações, álibis e todos os tipos de contra-ataque, parecia ter impressionado mais do que qualquer outra coisa o advogado.

Le Coq, claramente um observador de pessoas, também anota em sua agenda que o escudeiro certa vez lhe perguntou "se eu tinha dúvida sobre ele, pois me viu refletindo".

Le Coq também revela que Jacques Le Gris lhe disse que, "quando ouviu a notícia de que Carrouges pensava em processá-lo sobre este caso, imediatamente foi a um padre para se confessar". Se o Parlamento autorizasse o duelo, os dois combatentes teriam tempo suficiente para confessar seus pecados antes de se encontrarem. Mas Le Gris, ao que parece, não queria correr riscos com sua alma imortal, assegurando-se de confessar tudo que estava em sua consciência bem antes de enfrentar o dia crucial.

O advogado lista vários pontos favoráveis ao cliente, recapitulando muito do que Jacques Le Gris tinha dito na corte, em defesa própria, e ressaltando também "que muitos cavaleiros juram tê-lo visto com o conde de Alençon durante todo o dia em questão".

"Mas uns poucos dizem", continua o advogado, que Jacques Le Gris se recusou a confessar qualquer coisa porque, fazendo isso, estenderia o escândalo a seus filhos e amigos, uma vez que o conde Pierre já ditara a inocência do escudeiro no caso. Essa versão aumenta a possibilidade de que Jacques Le Gris poderia ter mantido a história por pressão de outros. E também que Le Coq tinha dúvidas sobre a honestidade de seu cliente.

O DIÁRIO DE JEAN LE COQ

Essa página contém algumas das anotações feitas pelo advogado de Jacques Le Gris sobre o caso legal. MS. Latin 4645, fol. 47r. Bibliothèque Nationale de France.

O comentário final de Le Coq sobre o caso é mais revelador. Mesmo com seu privilegiado ponto de vista sobre os procedimentos legais e com muitas oportunidades para observar e questionar seu cliente, o cuidadoso advogado parecia reconhecer os limites de seu conhecimento e os limites do conhecimento humano em geral, pois ele conclui seus apontamentos dizendo que "ninguém realmente sabia a verdade sobre o assunto".

Na metade do mês de setembro, mais de dois meses após o início do inquérito e oito meses após a data do crime alegado, o Parlamento chegou a uma decisão. A alta corte reuniu o cavaleiro e o escudeiro no Palácio de Justiça para que ouvissem sua decisão no dia 15 de setembro de 1386, um sábado.

O verão já se transformava em outono, e o rei Carlos e seus tios estavam fora de Paris havia tempo. Quem presidia a alta corte na ausência do rei e servia como chefe de justiça era o primeiro presidente, Arnold de Corbie. Quando o venerável jurista clamou por ordem na sessão da Grand' Chambre, o barulho da sala ornamentada desapareceu, deixando-se ouvir apenas os sons habituais da grande cidade ao fundo: ruído de rodas das carruagens e de cascos de cavalos, gritos de capitães e barcos passando pelo rio Sena, em frente ao palácio.

Mais uma vez, o cavaleiro e o escudeiro se encontraram face a face no Parlamento, cada um acompanhado de seus advogados, amigos e apoiadores, incluídos os seis substitutos nobres. Marguerite estava conspicuamente ausente, pois poderia dar à luz a qualquer momento.

Desde 1354, o Parlamento não autorizava duelos em caso de alegação de estupro. E, ao longo da última metade do século, a alta corte havia recusado muitos apelos por combates judiciários — em 1330, 1341, 1342, 1343, 1372, 1377 e 1383. Por isso, o prognóstico não era muito promissor para o cavaleiro, que esperava ansiosamente pela decisão do Parlamento.

Após a deliberação dos juízes, eles escreveram sua decisão em um pergaminho, em francês, que foi selado em um saco de tecido com outros documentos pertencentes ao caso. Quando a câmara ficou em ordem e o cavaleiro, o escudeiro e seus apoiadores se levantaram, o *rapporteur*, magistrado responsável pelo caso, abriu o saco, tirou dele o pergaminho com a decisão da corte e começou a ler lentamente, em voz alta:

"Quanto ao caso pendente ante o rei, nosso senhor, a aposta de batalha entre o senhor Jean de Carrouges, cavaleiro, pleiteante e apelante, de um lado, e Jacques Le Gris, escudeiro, acusado, de outro, a corte considerou o assunto e chegou à decisão para o dito caso — a saber, a corte ordena um julgamento por combate entre as duas partes."

Dada a raridade dos duelos em 1386, a decisão do Parlamento de autorizar um julgamento por combate, ainda mais em um caso que dependia de testemunhos não comprovados, não era nada usual. Mas a decisão da corte deve ter sido baseada mais em considerações políticas do que em méritos estritamente legais. Por muitos meses, a luta célebre dividiu a corte real. Tanto o cavaleiro quanto o escudeiro eram bem conhecidos em Paris;

os dois eram servos leais ao rei; e nobres poderosos se alinharam a um ou outro lado, servindo como substitutos no caso de batalha. Jean Le Coq cita a controvérsia levantada pelo caso em Paris, onde "muitas pessoas" apoiavam a causa do escudeiro, enquanto "muitas outras" apoiavam o cavaleiro. Com o jovem rei e seus tios longe, em Flandres, ocupados com o planejamento da invasão à Inglaterra, a alta corte deve ter temido tomar partido e levantar mais polêmicas, decidindo-se por aceitar o pedido do cavaleiro, que autorizava o duelo, para deixar o caso nas mãos de Deus.

A data escolhida para o combate — por lei, pelo menos quarenta dias após a decisão — foi 27 de novembro de 1386. Mais de dois meses à frente, bem depois de Marguerite ter o bebê. Mas, finalmente, o casal teria o dia do juízo.

O advogado de Jacques Le Gris escreveu em seu diário que, "após a batalha ter sido ordenada, o escudeiro caiu doente". É fácil imaginar por quê. Le Gris não fora absolvido das acusações na corte do conde Pierre, meses antes? E não desperdiçara sua chance de evitar o duelo apelando para o benefício clerical? Pois bem, de uma hora para outra, voltou a ser suspeito no caso, e teria de provar sua inocência mais uma vez, agora em um combate mortal.

Já Jean de Carrouges, sem dúvida, ficou gratificado com a decisão favorável do Parlamento a seu apelo. Contra quase todas as previsões, após meses de espera e com grande risco financeiro, ele finalmente viu seu desejo tornar-se realidade.

Mas havia um problema. Em casos capitais, o perjúrio era punido com a morte. Os dois homens lutariam sem refúgio para provar suas acusações, e, mesmo que Jean se rendesse no campo de batalha antes de ser morto por seu inimigo, seria levado para fora dali e enforcado em Montfaucon, como mentiroso.

Marguerite, sendo a principal testemunha do caso, enfrentava um possível destino ainda pior. De acordo com um antigo costume, que ainda constituía parte da lei francesa no fim do século XIV, caso um duelo judiciário provasse que uma mulher cometera injúria e jurara um falso testemunho sobre uma acusação de estupro, ela deveria ser queimada viva.

PARTE DOIS

7

O JULGAMENTO DE DEUS

O duelo aconteceria em Saint-Martin-des-Champs, um monastério em Paris com campos especiais para combate e espaço suficiente para abrigar centenas de espectadores. Saint-Martin, fundado pela ordem beneditina no século XI, ficava na margem direita do Sena, junto à rua Saint-Martin, cerca de 1,5 quilômetro ao norte da Notre-Dame. Uma das mais ricas congregações religiosas em Paris, recebeu o nome do santo mais festejado da França, originalmente um soldado romano que, em um dia de inverno, cortou sua capa com a espada e ofereceu a metade do pano a um mendigo que morria de frio; mais tarde, tornou-se missionário em Gaul e primeiro bispo de Tours. Também é o patrono dos militares franceses, incluindo cavaleiros e soldados. O campo de Saint-Martin, dedicado ao santo soldado da França, era então um local apto ao combate judiciário, ou "julgamento de Deus".

Quando a congregação de Saint-Martin foi fundada pelo rei Henri I, em 1060, estava bem distante da cidade, em um pântano drenado e cultivado, cercado por um muro de proteção contra invasores, inimigos e ladrões. O muro, que cercava uma área de mais ou menos cinco hectares, foi reconstruído em 1273 por Filipe III, que fortificou cada esquina com imponentes torres de quatro andares. Lojas e casas logo se espalharam além dos muros da cidade, pela rua Saint-Martin, aglomerando-se ao redor do próspero monastério, bem antes de Saint-Martin ser envolvido pelo próprio bairro, ou *bourg*. Em 1356, quando os ingleses venceram os franceses em Poitiers e capturaram o rei Jean, os assustados mercadores de Paris encomendaram um muro maior ao redor da parte norte da cidade. O novo muro estendia-se por quase oito quilômetros ao redor da margem direita do Sena, circundando o Hôtel Saint-Pol a leste, o Louvre a oeste e Saint-Martin ao norte. A nova área fechada rapidamente se encheu de ruas e construções, e, em 1360, o *bourg* Saint-Martin foi incorporado a Paris. Por volta dos anos 1380, Saint-Martin-des-Champs já não estava "nos campos", como sugeria seu nome original, tendo sido engolfado pelo equivalente medieval da expansão urbana.

Em 1386, Saint-Martin ainda mantinha sua entrada pelo antigo portão fortificado, no muro ao sul, próximo aos principais prédios conventuais — capela, refeitório, claustro e hospital. O refeitório, onde os monges se alimentavam em silêncio enquanto um deles nutria suas almas lendo passagens das Escrituras, é uma maravilha até hoje — um alto salão gótico sustentado por uma linha de pilares finos no centro e banhado por uma luz branca filtrada por longas janelas em suas laterais. No *dortoir* próximo, onde os monges dormiam, havia uma escadaria conveniente que levava à capela logo abaixo para as rezas matinais. E as latrinas, algumas das melhores de Paris, eram irrigadas pelo aqueduto do próprio convento, que

SAINT-MARTIN-DES-CHAMPS

Carrouges e Le Gris travaram seu famoso duelo no campo atrás do convento (o norte está à esquerda). Detalhe do Mapa de Paris, Truschet/Hoyau (c. 1550). Basel University Library, Kartenslg AA 124.

oferecia água fresca e limpa das montanhas ao norte da cidade diretamente ao monastério.

Além da capela, do claustro e de outros edifícios religiosos, Saint-Martin também tinha um tribunal e uma prisão, pois funcionava como corte criminal para o *bourg*, cujas ruas estavam sob "*la justice de Saint-Martin*". Os registros da corte estão repletos de assassinatos, roubos, estupros, assaltos e outros crimes, e as punições iam de açoite e exposição no pelourinho a mutilação, enforcamento, pessoas enterradas vivas e queimadas em fogueiras. Em 1355, Thassin Ausoz perdeu uma orelha por roubar tecido; em 1352, Jehanne La Prevoste foi queimada viva por furto — mesmo para crimes equivalentes, as mulheres muitas vezes eram punidas com mais severidade que os homens. Animais também eram julgados e condenados. Uma porca que matou e comeu uma criança na rua Saint-Martin foi arrastada pelas ruas e enforcada, e um porco que destroçou o rosto de outra criança foi sentenciado à morte, sendo queimado. Um cavalo que matou um homem e depois escapou com seu dono foi condenado à morte *in absentia* e teve um enforcamento simbólico em uma efígie.

No entanto, a mais espetacular arena de justiça em Saint-Martin era o campo de batalha, que estava na grande área aberta a leste dos edifícios conventuais. Saint-Martin era um dos dois únicos monastérios de Paris que mantinham um campo de combate, e muitos duelos judiciários foram lutados lá, durante vários séculos. (O outro campo era Saint-Germain-des-Prés, logo ao sul das muralhas da cidade.) Mas, como os julgamentos por combate haviam se tornado raros, o campo de Saint-Martin passou a ser usado sobretudo para batalhas esportivas, ou torneios (justas), competições nas quais cavaleiros montados lutavam com lanças e outras armas, cujos alvos eram geralmente protegidos para evitar problemas sérios ou morte.

O campo-padrão para o combate judiciário era uma área aberta retangular que media quarenta por oitenta passos — cerca de trinta por sessenta metros. Mas o campo de Saint-Martin fora modificado por conta das lutas esportivas que aconteciam por lá, tendo "apenas 24 passos de largura por 96 de comprimento" — aproximadamente dezoito por 73 metros. O comprido campo permitia aos cavaleiros alcançar grandes velocidades e lutar com mais vigor com suas lanças. E sua estreiteza, com largura de apenas um quarto do comprimento, deixava muitos espectadores nas laterais, bem mais próximos à ação.

O campo de combate — ou "arena" — e seus equipamentos eram permanentes em Saint-Martin, sempre a postos para lutas. Mas em 1386, como os combates judiciários eram raros, o campo necessitava de algumas melhorias para o duelo entre o cavaleiro e o escudeiro. Um relato se refere à "arena feita [*qui sont faittes*] para Jean de Carrouges e Jacques Le Gris em Paris, no campo de Saint--Martin", sugerindo que novas grades, arquibancadas e outros ajustes estavam sendo construídos no local para a ocasião.

A lei requeria que os duelos judiciários fossem levados a cabo em um campo fechado, ou *champ clos*. Por isso, todo o local foi cercado por um alto muro de madeira. O muro, mais alto que um homem e feito de madeira robusta entrelaçada através da qual os espectadores poderiam observar o progresso do duelo, servia a muitos propósitos. Mantinha os dois combatentes confinados no campo durante o duelo, impossibilitando a fuga; prevenia danos aos espectadores, que poderiam ser atingidos por armas lançadas ao ar; e também garantia que ninguém interferisse no combate uma vez que tivesse começado. Um segundo e mais baixo muro de madeira circundava o primeiro, e os dois eram separados por um espaço de grama aparada, criando um cordão sanitário em volta do campo.

O regulamento especificava que o muro mais alto, interior, deveria ter "sete pés [cerca de dois metros] de altura ou mais; e que a madeira em ambos os lados deveria ter espessura de meio pé [quinze centímetros], sendo perfeitamente ajustada e aplainada para que nada do lado de fora pudesse entrar e nada de dentro pudesse escapar. E a razão para que fossem construídos tão altos e espessos era que não fossem rompidos por grandes impactos, colisões ou pelo choque dos cavalos ou qualquer outra coisa que pudesse atingi-los".

No centro de cada um dos lados mais estreitos do campo, fora posto um portão pesado, de 2,5 metros de altura, que se abria e fechava com uma grande chave e estava equipado do lado de fora com uma barra deslizante. Em um dos compridos lados do campo, adjacente às arquibancadas, ficava um terceiro portão, de pouco mais de um metro de largura, pelo qual os oficiais poderiam entrar e sair do campo. Esse portão também podia ser fechado do lado de fora com barras deslizantes e uma grossa barra de ferro.[10]

---

[10] Em vez de um terceiro portão, um dos lados era às vezes equipado com uma escada removível para que os oficiais pudessem deixar o campo rapidamente quando a batalha tivesse início e guardassem as escadas após serem usadas.

Em cada um dos quatro cantos do campo, por fora do muro interno, havia uma torre de madeira na qual os oficiais supervisionariam o combate. As torres deixavam os oficiais o mais próximo possível à ação, para que pudessem ver e ouvir tudo o que acontecia ali. Dessas torres, os combatentes também podiam receber comida e bebida durante o combate.

O muro de fora, circundando o campo, ainda que não tão alto quanto o interno, tinha também duas entradas fechadas com pesados portões deslizantes, e durante o combate seria cercado de guardas para manter a multidão longe da grade interior e resolver qualquer problema ou distúrbio que pudesse afetar o duelo.

Conforme a data do combate se aproximava, o campo de Saint-Martin também era preparado para as centenas de espectadores que testemunhariam a batalha. A maioria deles era plebeia, pessoas da cidade ou de seus subúrbios que se sentariam ou ficariam de pé na área em volta do campo de batalha. Mas alguns eram nobres de altas patentes, membros da corte real ou convidados de locais distantes da França ou de cortes estrangeiras, e todos esperavam assistir ao duelo confortavelmente.

Assim, ao longo de um dos lados, "foram levantados postos de observação, onde os senhores poderiam acompanhar a batalha entre os dois homens que se defendiam". Da mesma forma que o muro ao redor do campo, essas arquibancadas eram também pesadamente protegidas com madeira, escadarias e assentos confortáveis para os espectadores mais privilegiados. A plataforma central, alguns centímetros mais alta que as demais, era reservada ao rei, a seus tios e a membros da alta nobreza. Outra plataforma, à direita, seria para os membros da corte do rei. E uma terceira, à esquerda, para nobres vindos do exterior, que se sentariam "de acordo com suas posições hierárquicas". As três plataformas eram reservadas exclusivamente aos homens da nobreza, que incluíam prelados da Igreja, como o bispo de Paris.

Plataformas adicionais, do outro lado, seriam construídas para as senhoras, de forma que elas pudessem se retirar "quando quisessem", vencidas talvez pela fadiga ou pela violência do espetáculo. Finalmente, descendo na hierarquia social, estavam as plataformas para os "burgueses, mercadores e, abaixo deles, as pessoas do povo", ainda que grande parte destas tivesse de buscar um lugar em volta do campo de batalha, assistindo ao duelo por entre as brechas da alta e pesada grade que envolvia o campo.

Equipamentos especiais também foram levados a Saint-Martin para o duelo, ou mesmo construídos no local. Nas pontas opostas do campo, longitudinalmente, carpinteiros ergueram duas plataformas nas quais colocariam cadeiras pesadas, feito tronos, para os combatentes se sentarem enquanto esperavam para fazer seus juramentos. Próximo a cada cadeira, havia um espaço reservado para uma tenda ou um pavilhão, que seria construído um dia ou dois antes do duelo. Os pequenos acampamentos em cada lado do campo eram completados com um banco de montaria (*escabeau*), que cada um dos combatentes usaria para subir em seu cavalo antes da batalha. Jean de Carrouges, como *appelant*, ficaria no campo à direita da visão do rei, e Jacques Le Gris, como *défendeur*, no à esquerda.

Uma vez reparadas ou reconstruídas as instalações, o próprio campo recebeu um tratamento final. Primeiro, o solo no local cercado foi cuidadosamente limpo para que não restasse nenhum objeto estranho nem irregularidades, como pedras e raízes. Depois, todo o campo foi coberto com uma camada de areia limpa, que o deixou macio e liso para uma luta justa. A areia também absorvia qualquer gota de sangue derramado na batalha, evitando que os combatentes, que usavam calçados de ferro, escorregassem e perdessem o equilíbrio uma vez desmontados, quando tivessem de dar seguimento à luta a pé.

O campo cercado de Saint-Martin remetia muito a antigas arenas de combate, pois o duelo judiciário tinha origens remotas. A *Ilíada*, de Homero, que se passa na Idade do Bronze (cerca de 1200 a.C.), descreve o duelo de dois guerreiros que lutam por Helena de Troia em um campo cuidadosamente preparado e consagrado com juramentos, rezas e sacrifício de animais. Os romanos construíram arenas especiais para lutas sangrentas de gladiadores que floresceram nos primeiros anos do cristianismo. E mesmo que a lei romana não contemplasse exatamente o duelo judiciário, as antigas arenas da Europa medieval eram algumas vezes usadas para esse fim.

Os vikings, que levaram consigo o duelo à Normandia no século IX, muitas vezes o realizavam em ilhas, onde demarcavam um círculo com pedras para limitar um campo. Entre os habitantes do norte, um homem podia disputar com qualquer outro por um pedaço de terra — ou mesmo por sua esposa — simplesmente desafiando-o para um duelo.

No fim do século XIV, mesmo os reis continuavam propondo duelos em *champ clos* como forma de resolver suas disputas territoriais. Durante a Guerra dos Cem Anos, os reis da França e da Inglaterra desafiaram-se regularmente para duelos. Em 1383, o rei Ricardo II, naquela época com apenas dezesseis anos, ofereceu-se para lutar contra Carlos VI, de catorze anos, com três tios reais de cada lado. Mas a proposta não foi adiante, já que era muito mais uma tática de negociação do que uma verdadeira aposta de batalha.

DUELO ENTRE HOMEM E CACHORRO

Lendas contam de um combate em Paris, no qual um galgo "provou" a culpa de um suspeito de assassinato e vingou seu dono. Coleção Hennin, nº 88. Bibliothèque Nationale de France.

Há relatos de que uma vez foi montado, na grande praça à frente da catedral de Notre-Dame, um campo cercado por muros para um duelo entre um homem e um cachorro. A história diz que, em 1372, um nobre, um dos favoritos do rei, foi encontrado morto em uma propriedade sua próxima a Paris. O assassinato permaneceu misterioso até o momento em que foi levantada uma suspeita, pelo fato de que o cachorro da vítima, um enorme galgo extremamente devoto a seu senhor, sempre rosnava e latia ao ver certo homem. Esse homem, Richard Macaire, era conhecido pelo ciúme que tinha da boa relação do morto com o rei. Quando o rei soube do comportamento do cão, tomou como uma acusação e ordenou que Macaire fosse posto frente ao cachorro em um duelo judiciário.

No dia marcado, uma multidão reuniu-se em torno do recinto fechado de madeira montado em frente à Notre-Dame. Macaire estava armado com um bastão, enquanto que para o cachorro foi colocado um grande barril aberto dos dois lados onde poderia se refugiar. De acordo com um relato, "logo que o cão foi solto, partiu em direção ao oponente, sem hesitar, como se soubesse que cabia ao apelante o primeiro ataque. Mas o pesado bastão do homem manteve o cão afastado, correndo em volta dele, além do alcance da arma. Aguardando o momento certo, andando para lá e para cá, o cachorro finalmente encontrou sua chance e, de repente, saltou na garganta do homem, agarrando-o com tanta força que o levou ao chão, fazendo-o chorar por perdão". Após ser liberado da mandíbula do cão, confessou o crime e foi enforcado em Montfaucon.

Esse duelo aparece em muitas histórias da França e chegou a ser posto em verso por poetas, ainda que talvez seja uma história apócrifa. Mesmo com pouca base factual, ilustra muito bem a crença popular de que um combate de sangue entre "iguais" poderia levar a um veredito justo. O rei, que disse ter assistido ao duelo entre o homem e o cão, enxergou o encontro como "um sinal de milagroso julgamento de Deus".

Na época da decisão do Parlamento, em meados de setembro, o rei Carlos e seus tios já tinham deixado Paris em direção à costa flamenga para reunir a grande armada que invadiria a Inglaterra. Mais cedo naquele verão, Carlos testemunhou o desafio do cavaleiro ao escudeiro, seguindo com avidez a disputa até sua partida de Paris. O rei estava em Arras, a caminho do porto de Sluys, quando recebeu a notícia de que o Parlamento ordenara um duelo, marcado para o fim do mês de novembro. Ou seja, um prazo de mais de dois meses, quando Carlos esperava já estar há algum tempo de volta da Inglaterra, triunfante.

O mau tempo, porém, atrasou a invasão, pois tempestades violentas puseram muitos barcos a pique, derrubaram várias árvores e assustaram pessoas e animais com seus raios. Estranhos acontecimentos também afetaram a França. Em Plaisance, junto ao rio Marne, um raio atingiu uma igreja, queimando todos os móveis de madeira e até mesmo os vasos sagrados da missa; apenas alguns fragmentos do repositório da hóstia consagrada permaneceram milagrosamente intactos. E próximo a Laon ocorreu "um tipo de coisa estranha e nunca antes ouvida", quando bandos de corvos voaram por todos os lados carregando carvão em brasa, que depositavam nos telhados das construções de fazendas cheias de grãos, fazendo com que pegassem fogo e queimassem por completo. Com tudo isso, o rei e seus tios adiaram a invasão para o ano seguinte.

Carlos preparava-se para voltar a Paris em meados de novembro, pois queria chegar a tempo de assistir ao duelo agendado para o dia 27. Jovem, de apenas dezessete anos, adorava os esportes violentos e em especial o torneio, chegando muitas vezes a participar ativamente. No ano anterior, em uma justa em Cambrai, o jovem rei lutara de forma entusiástica contra um cavaleiro flamengo, senhor Nicholas d'Espinoit.[11] Carlos estava tão ávido por lutas que poucos anos antes, quando quarenta cavaleiros ingleses lutaram contra três desafiantes franceses durante um torneio de três dias em Saint-Inglevert, ele foi disfarçado ao evento, acompanhado apenas de um nobre, para misturar-se à multidão e poder ver melhor a luta.

Louco para estar presente no combate entre Carrouges e Le Gris e alarmado com a possibilidade de perdê-lo caso se atrasasse por culpa do mau tempo ou outro motivo, Carlos levou o assunto aos tios. Os duques de Berry, Borgonha e Bourbon, que também queriam ver o duelo, pediram ao rei que interviesse. Então, faltando menos de uma semana para o duelo, Carlos enviou um mensageiro em um cavalo a galope de volta a Paris com cartas seladas nas quais ordenava que fosse adiado até seu retorno, in-

---

[11] Era um costume dos reis lutar, mesmo com risco de morte. Em 1559, um dos sucessores de Carlos, Henrique II, foi ferido no olho por uma lança e morreu após dez dias de agonia.

dicando como dia mais apropriado o sábado após o Natal — ou seja, 29 de dezembro. O Parlamento, em uma sessão urgente no dia 24 de novembro — apenas três dias antes de quando o duelo seria travado —, aceitou o pedido do rei e marcou a nova data, adiando a batalha por mais de um mês, ainda que o campo de Saint-Martin estivesse praticamente pronto e os dois combatentes se encontrassem nos preparativos finais.

Jean de Carrouges e Jacques Le Gris souberam do adiamento na mesma hora, pois estavam reunidos no Parlamento, onde as cartas do rei foram abertas e lidas em voz alta na presença de ambos. A mudança de datas — para depois do Natal — ofereceu ao cavaleiro e ao escudeiro — e também à senhora — pouco mais de trinta dias de vida. Mas não seria uma espera feliz ou confortável para eles, especialmente para Marguerite, que vivia sob a ameaça de uma possível sentença de morte na fogueira.

No dia 26 de novembro, o rei e seus tios deixaram Sluys. No dia seguinte, data original do duelo, Carlos chegou a Arras. Em 5 de dezembro, dois dias após seu aniversário de dezoito anos, o rei entrou em Paris.

Esperando para saudar o jovem rei estava sua ainda mais jovem rainha, Isabel da Baviera, de dezesseis anos, com quem se casara no ano anterior. Como grande parte dos casamentos reais, a união fora arranjada pelas famílias, mais preocupadas com as alianças dinásticas do que com a felicidade do casal. Os ambiciosos tios do rei buscavam um aliado militar no pai de Isabel, Estêvão II, duque da Baviera. E o duque, por sua vez, também gostou da ideia de uma aliança com a casa real francesa. Mas, para surpresa e deleite de todos, uma rosa romântica surgiu do solo pedregoso da política real, pois Carlos e Isabel se apaixonaram.[12] Durante as negociações do casamento entre as duas casas reais, Isabel submeteu-se a todos os costumes da França, inclusive ao requerimento de que qualquer dama proposta como noiva para o rei da França tinha de ser despida por damas da corte francesa e examinada completamente nua — "*toute nue*". Essa inspeção real, que aconteceu antes de os dois se encontrarem, e antes mesmo de Carlos saber que ela era sua potencial noiva, servia para assegurar-se de que a dama estava "pronta e bem formada para dar à luz". Isabel aceitou de bom grado o teste, que foi conduzido por três duquesas francesas, e aparentemente foi aprovada com folga.

Pouco tempo depois, com novas roupas e usando as joias mais resplandecentes, Isabel foi apresentada a Carlos, e a corte francesa observou atenta a reação do rei. Carlos não falava alemão e Isabel sabia poucas palavras em francês. Quando ela fez a reverência, "o rei se aproximou e, tomando-a pela mão, levantou-a e olhou longamente para ela. Com aquele olhar, amor e encanto nasceram em seu coração. Ele viu que ela era muito bonita e surgiu um forte desejo de vê-la e tê-la". O efeito de Isabel em Carlos deixou a corte muito satisfeita, e o condestável da França, que estava presente, disse a outro nobre: "Esta senhora vai ficar entre nós. O rei não consegue tirar os olhos dela."

Carlos insistiu em um casamento imediato, que aconteceu no dia 17 de julho de 1385, apenas quatro dias após

---

[12] Carlos enviou artistas a cortes de toda a Europa para pintar retratos das mais lindas princesas para ele avaliar. Antes de conhecer Isabel, viu a imagem de outra princesa e se apaixonou por ela, mas quando recebeu o retrato ela já estava prometida a outro.

o encontro do casal. Isabel chegou em uma "carruagem de indescritível magnificência, usando na cabeça uma coroa no valor do resgate de um rei, enviada para ela pelo rei". A missa e os votos de casamento, solenizados pelo bispo de Amiens e testemunhados por uma multidão de convidados nobres, foram seguidos de uma grande festa de casamento, em que condes e barões serviam ao rei e a sua esposa à mesa, usando travessas douradas repletas de iguarias. Naquela noite, as senhoras da corte puseram a noiva na cama, e o rei, "que desejava com ardor tê-la em sua cama, também veio". Encerrando o assunto sobre as núpcias reais, o cronista disse que "passaram a noite juntos em grande deleite, como todos podem imaginar".

Por volta de janeiro de 1386, Isabel estava grávida, e a corte tremeu com a notícia de que um herdeiro real estaria a caminho. No dia 25 de setembro de 1386, ela deu à luz. Todos os sinos de Paris anunciaram o nascimento do príncipe, e a notícia chegou ao rei por mensageiro. No dia 17 de outubro, o menino foi batizado como Carlos e o arcebispo de Rouen foi o responsável pelo sacramento.

Mas o pequeno herdeiro estava doente e definhava em seu *lit d'enfant*, onde sua jovem mãe cuidava dele na ausência do rei, enquanto os médicos da corte não sabiam mais o que fazer. Quando o rei voltou a Paris, no início de dezembro, a saúde do infante estava ainda pior. Todos temiam por sua vida, e os doutores observavam sem esperança o futuro rei enfraquecendo cada vez mais.

No dia 28 de dezembro de 1386 — no Dia dos Santos Inocentes, apenas um dia antes do tão esperado duelo entre Jean de Carrouges e Jacques Le Gris —, o príncipe morreu. A corte, a cidade e todo o país ficaram de luto pela perda do jovem. Naquela noite, o corpo ricamente decorado foi levado à luz de tochas, cortejado por importantes senhores, à sepultura real de Saint-Denis. A morte do infante parecia uma espécie de mau agouro, pois aconteceu exatamente no dia em que se lembrava a matança dos infantes pelo rei Herodes.

No entanto, a perda do herdeiro não fez com que Carlos ou sua corte deixassem de celebrar as festas conforme planejado. O Ano-novo era quase tão importante quanto o Natal, e o próprio rei e sua corte estiveram em um frenesi de festas, banquetes, bailes e outros entretenimentos. "O Ano-novo foi celebrado aquele ano com *éclat* sem precedente pela corte francesa. [...] E, sem dúvida, o ponto alto das festividades foi o duelo entre Jacques Le Gris e Jean de Carrouges."

Em uma coincidência incrível, a senhora cujo destino estava em jogo no duelo deu à luz quase no mesmo momento em que a rainha. A criança, um menino que foi batizado como Robert, deve ter nascido após o dia 9 de julho, quando começou o inquérito no Parlamento, e bem antes de 27 de novembro, data originalmente escolhida para o duelo, pois a alta corte nunca teria arriscado executar uma mulher grávida. É bem provável que tenha nascido entre o início de setembro, nove meses após Jean de Carrouges ter voltado da Escócia, e a metade do mês de outubro, nove meses após o alegado estupro. Tais datas estão muito próximas ao nascimento do príncipe, em 25 de setembro, então os dois meninos devem ter nascido quase ao mesmo tempo.

Mas, enquanto o filho do rei e da rainha da França morreu na véspera do duelo, o filho de Jean e Marguerite, também primogênito, poderia perder o pai e a mãe, ficando órfão caso o cavaleiro se saísse mal no combate no dia seguinte.

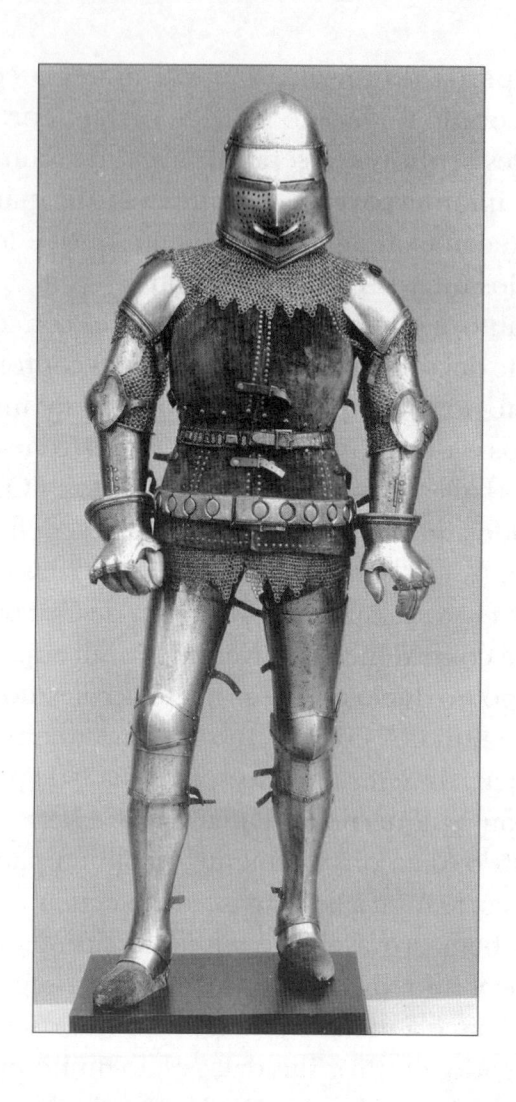

ARMADURA

Carrouges e Le Gris vestiram armadura similar a esta (c. 1400), que combina cota de malha (anéis de ferro interligados) com placas de metal e um elmo equipado com um visor de bico. Metropolitan Museum of Art, Coleção Bashford Dean Memorial, doação de Helen Fahnestock Hubbard, em memória de seu pai, Harris C. Fahnestock, 1929. (29.154.3) Todos os direitos reservados ao Metropolitan Museum of Art.

8

JURAMENTOS E ÚLTIMAS PALAVRAS

Logo cedo na manhã de 29 de dezembro, sábado, o cavaleiro e o escudeiro se levantaram das respectivas camas nos dois pontos opostos de Paris onde estavam hospedados. Tomaram um banho e depois assistiram a missas, então quebraram o jejum que mantinham desde a noite anterior. Era costume entre combatentes ficar em jejum e mesmo manter-se em vigília diante de um altar na noite que precedia uma luta. Na véspera do duelo, os dois, Jean de Carrouges e Jacques Le Gris, tiveram missas em sua honra em igrejas de toda a cidade, cada uma pedindo a Deus que desse a vitória a seu favorito.

Após tomar banho, rezar e comer, eles foram cuidadosamente preparados para a batalha por seus criados. Vestiram uma túnica leve de linho, ou *chemise*, e por cima dela uma roupa mais pesada, também de linho, acolchoada na área das costelas, da virilha e de outras zonas vulneráveis. Depois, suas armaduras foram revestidas, peça por peça, começando pelos pés, para reduzir o peso sobre o corpo em tão lento processo.

Primeiro, os pés eram cobertos com sapatos de pano ou couro, sobre o qual eram ajustados *sabatons* de metal feitos de cota de malha ou placas de metal articuladas. Em seguida, eram postas cotas de malha nas pernas, ou *chausses*, e sobre elas uma armadura para a parte da frente das canelas, dos joelhos e das coxas. Uma saia de cota de malha era pendurada da cintura até o quadril e a parte superior das pernas. Um casaco de cota de malha sem manga, ou *haubergeon*, protegia o tronco, preso na cintura por um cinto de couro. Sobre isso, um casaco forrado coberto com placas de metal sobrepostas como escamas, ou um sólido peitoral de aço. Mais placas protegiam os ombros e a parte superior dos braços, além de peças adicionais nos cotovelos e antebraços. Luvas de cota de malha e placas de metal articuladas cobriam as mãos, que eram revestidas com tecido ou couro para melhor aderência. Um colar de aço envolvia o pescoço. Finalmente, a cabeça era coberta por um capuz de couro, sobre o qual se colocava o *bacinet*, tipo de elmo com visor que podia ser aberto para expor o rosto e o queixo, e um *camail*, uma cota de malha que caía sobre o pescoço e os ombros. O visor, com estreitas fendas para os olhos e orifícios para respiração, ocultava a identidade de quem o usava. Por esse motivo, todos os homens usavam sobre a vestimenta um *cotte d'armure*, casaco sem manga com o brasão de sua família bordado. A roupa de batalha completa pesava cerca de trinta quilos, fora as armas e outros equipamentos.[13]

---

[13] No século XIV, as roupas de cota de malha (anéis de ferro entrelaçados) eram muitas vezes incrementadas com placas de aço desenhadas para carregar novas armas, de virotes de bestas a machados de batalha. As primeiras armaduras feitas inteiramente de placas apareceram por volta de 1380, mas muitos guerreiros ainda usavam casacos de cota de malha e *leggings* combinando com as placas, e as cotas de malha com frequência cobriam a parte de trás dos braços, das pernas e das juntas.

Enquanto os combatentes se vestiam, seus cavalos de batalha também eram preparados. O cavalo de batalha medieval era uma raça produzida à parte das destinadas a caça, corrida, arado ou outros propósitos. Era sempre um garanhão — um cavaleiro nunca usaria um cavalo qualquer em uma batalha — e, por volta do século XIV, geralmente um "cavalo grande" (*equus magnus*), medindo acima de 1,5 metro e meio e pesando mais de quinhentos quilos. Um animal forte o suficiente para carregar mais de 130 quilos, incluídos cavaleiro, armadura, sela e armas, com resistência e treinamento especial para corridas, mudanças repentinas de direção, saltos e outras manobras de combate. Alguns cavalos de batalha eram, inclusive, treinados para atacar e matar com suas ferraduras.

Bons cavalos de batalha eram caros e podiam custar centenas de vezes mais que um cavalo de trabalho ou mesmo um modesto cavalo de montaria. A Normandia, região havia muito tempo devotada à criação de cavalos, tinha várias fazendas e haras, que produziam garanhões renomados por toda a Europa.

Durante o julgamento, Carrouges disse que Le Gris era "um homem rico com abundante suprimento de bons cavalos". Quanto ao cavaleiro, mesmo com sua situação financeira desesperadora, dificilmente deixaria de pagar por um bom cavalo de montaria naquele momento em que a própria vida, a vida de sua esposa e tudo o mais dependiam dele. Não importa se cada um deles levou a Paris seu cavalo preferido ou se comprou um especialmente para o duelo; seus cavalos de guerra seriam reservados para o combate.

A armadura comum de batalha para cavalos consistia em um arreio de aço com rédeas de couro; quatro sapatos de aço fechados com pregos; uma sela com assento alto e parte traseira firme para manter o cavaleiro bem sentado, com faixas na cintura para fixá-lo bem e várias argolas e correntes para segurar armas; mantas acolchoadas para o corpo do cavalo; uma peça de placas articuladas de metal conhecida como *chanfrain*, com buracos para os olhos, as orelhas e as narinas, feita para a cabeça do animal; e estofamento para ser usado na parte de baixo. Placas ou cortinas de cota de malha muitas vezes protegiam o pescoço dos cavalos e seus flancos, algumas vezes fixadas diretamente nas colchas. Estribos de metal pendiam da sela, e seus combatentes usavam esporas para controlar a montaria, pois muitas vezes perdiam a rédea no ápice dos combates.

Após vestir suas armaduras, e enquanto seus cavalos estavam sendo preparados, Jean de Carrouges e Jacques Le Gris checaram cuidadosamente suas armas. Cada um levaria à batalha uma lança, duas espadas, um machado e uma adaga.

A lança — arma mais pesada e longa que o antigo arpão medieval — revolucionara as guerras durante a Primeira Cruzada (1095-1099), quando cavaleiros franceses montados e perfeitamente coordenados disseminaram o pânico entre os sarracenos. Essa arma e a técnica logo se espalharam pela Europa em campos de batalha, torneios e mesmo duelos judiciários. As lanças mediam de 3,5 a 5,5 metros e podiam pesar treze quilos ou mais. A lâmina de aço sobreposta à ponta da lança era uma navalha afiada no formato de uma folha ou de um losango. Um guarda-

-mão arredondado, ou *vamplate*, protegia a empunhadura. O cavaleiro montado carregava sua pesada lança levantada em seu estribo até o instante do desafio. Depois a baixava sob seu braço direito, fixando a haste à altura do escudo — carregado contra o peito e a parte da frente da sela. Um freio de couro na haste, em frente ao escudo, impedia que a lança deslizasse com impactos. Com a lança baixada e presa no local correto, e com o cavaleiro avançando em passos largos, o peso total do cavalo e do cavaleiro se projetava para a pesada lança de madeira e sua ponta de aço polido, de forma que o guerreiro galopante se transformava em "um projétil humano".

A espada era a arma quintessencial de um nobre, e uma luta de espadas, em montaria ou a pé, em geral vinha logo após a abertura com lanças no duelo. Uma tapeçaria real francesa (hoje perdida) mostrava Jean de Carrouges e Jacques Le Gris armados com "uma firme e curta espada desenhada como uma grande adaga que pendia junto à coxa de cada um deles". O inventário de armas para um duelo travado na Bretanha apenas alguns dias antes do combate entre Carrouges e Le Gris registra duas espadas, uma com lâmina de "dois pés e meio [76 centímetros] de comprimento" e com cabo de 33 centímetros, para ser usada com as duas mãos; e a outra com lâmina ligeiramente menor e um cabo de dezoito centímetros, para apenas uma das mãos.[14] A espada longa, para duas mãos, servia para desferir terríveis golpes de corte (*coups*

---

[14] Este duelo, lutado por dois nobres após um caso de assassinato em 19 de dezembro de 1386, em Nantes, não foi autorizado pelo rei da França ou pelo seu Parlamento, mas, sim, pelo quase independente duque da Bretanha.

de taille). A espada mais curta, ou *estoc*, tinha uma lâmina mais grossa, porém mais pontiaguda, para punhaladas ou perfurações, conhecidas como golpes com a ponta (*coups de pointe*). Como várias armas eram permitidas, Jean de Carrouges e Jacques Le Gris provavelmente carregaram pelo menos duas espadas cada um. A espada para duas mãos, mais longa, era normalmente pendurada na sela em uma bainha de couro, enquanto a *estoc*, menor, era mantida em uma tipoia presa no lado esquerdo da cintura, já que muitos guerreiros eram destros, e assim a arma poderia ser empunhada rápido e facilmente.

O machado — também registrado na tapeçaria sobre Carrouges e Le Gris — tratava-se de uma arma popular desde a metade até o fim do século XIV, pois era capaz de ultrapassar a cota de malha e as placas de metal e mesmo cravar-se sobre o elmo, causando danos cerebrais. Alguns cavaleiros preferiam o machado a todas as outras armas. O machado típico (*hache*) do período tinha uma lâmina alargada de um lado e, do outro, um martelo pontiagudo e pesado, ou "bico de corvo" (*bec de corbin*), e na ponta do bastão uma afiada lâmina em forma de lança. Os guerreiros reverenciavam essa versátil arma três em uma como "a Trindade". Para o combate a pé, o machado tinha 150 centímetros ou mais de comprimento, o que permitia um bom movimento corporal e facilitava que o combatente abrisse caminho por entre tropas inimigas. Mas seu tamanho diminuía para noventa ou 120 centímetros quando era usado em cima de cavalos, onde ficava preso em local de fácil acesso, em um anel de metal atado à curva da sela.

A adaga era para combates corpo a corpo, ou para liquidar um inimigo ferido ou quase morto na fase final de uma batalha. Também podia ser atirada ao ar como um projétil. Arma mais nova que a antiga espada ou a lança, que já existia havia séculos, a adaga foi adotada pela nobreza por volta do fim do século XIII. No fim do anos 1300, a típica adaga tinha uma lâmina robusta de quinze ou trinta centímetros de comprimento com uma ponta afiada para encontrar frestas entre as placas das armaduras ou entrar nos orifícios das orelhas ou dos olhos de um elmo. A adaga listada no inventário de armas de duelo na Bretanha era "feita de ferro ou aço, ou os dois juntos", com uma lâmina "de mais ou menos 23 centímetros de comprimento desde a empunhadura".

Além da lança, espadas, machado e adaga, cada um dos homens usava um escudo com o brasão da família. Os escudos eram feitos de madeira pesada como carvalho ou freixo, cobertos de couro fervido (*cuir-boulli*), seco e endurecido para ficar semelhante a uma armadura, e reforçados com revestimento de chifre ou faixas de metal. Como as armaduras de placas de metal cada vez mais substituíam as cotas de malha e se transformavam na principal defesa dos combatentes, os escudos diminuíam de tamanho, cobrindo apenas o pescoço e o torso do guerreiro montado, formando um alvo para a lança do oponente. Após retirar sua espada da sela ou desmontar do cavalo para combater a pé, o cavaleiro amarrava o escudo pela alça em volta do pescoço para ficar com as duas mãos livres, ou segurava-o na mão esquerda para se esquivar do ataque das armas do oponente.

No dia do duelo, Carrouges e Le Gris também levaram ao campo de batalha, junto com suas armas, uma garrafa de couro com vinho, um pouco de pão envolvido em um pedaço de tecido e uma bolsa de moedas de prata para pagar pelo uso do campo. Cada um deles levava também alimento para os cavalos, caso a luta não terminasse ao anoitecer e tivesse de seguir por mais um dia.

Enquanto os dois combatentes se vestiam para a batalha em seus alojamentos, nas primeiras horas da manhã, os espectadores já estavam lotando o campo de Saint-Martin para assistir ao duelo. Notícias do combate se espalharam por toda a França, "chegando às zonas mais remotas do reino, provocando tanto as pessoas a ponto de algumas virem a Paris para ver o duelo, procedentes de várias partes", também da Normandia, onde os dois homens eram bem conhecidos, assim como a senhora.

O duelo aconteceu na semana do Natal, no dia de festa ao santo e mártir São Tomás Becket. Muitas lojas em Paris estiveram fechadas ao longo do dia por conta do feriado, e as pessoas demonstravam um ar festivo. Os espectadores começaram a chegar com as primeiras luzes do dia, e por volta do nascer do sol — entre as sete e meia e as oito horas da manhã, no fim de dezembro — se perfilavam na rua Saint-Martin e nos arredores do portão do monastério. No meio da manhã, uma imensa multidão de muitas milhares de pessoas lotava o campo do monastério. Guardas armados com lanças e bastões foram postos em volta do campo murado para manter a multidão longe da cerca e os portões desobstruídos.

O inverno de 1386-1387 foi muito frio e nevado no norte da França. O sol lançava pouco calor sobre o campo, e os muros de pedra que envolviam o monastério ofereciam resguardo dos ventos frios que sopravam pela cidade. Então, os primeiros espectadores que chegaram logo pela manhã tiveram de aguentar uma espera longa e fria para conseguir bons lugares. Nobres, prelados e mesmo alguns oficiais da cidade e mercadores tinham assegurados seus assentos nas plataformas e podiam chegar quando quisessem. Mas grande parte das pessoas que se aproximava para lotar o espaço em volta do campo — donos de lojas e artesãos, trabalhadores, aprendizes, estudantes universitários, bem como mendigos e batedores de carteiras — tinha de lutar por seus lugares, acotovelando-se para garantir os melhores postos. Conforme os relógios de Paris marcavam o passar das horas e o espaço começava a rarear no campo, algumas pessoas se sentavam nos muros do monastério ou trepavam nas poucas árvores disponíveis para garantir uma visão melhor.

Os principais espectadores do dia eram o rei Carlos e seus tios — os duques da Borgonha, de Berry e de Bourbon. O séquito real chegou várias horas após os primeiros espectadores, mas ainda bem antes do meio-dia, quando os combatentes deveriam aparecer no campo, prontos para o combate. Quando o jovem rei e seu colorido *entourage* de cortesãos chegaram ao portão e entraram no recinto do monastério, trombetas foram tocadas. A multidão em volta do campo virou-se para ver a procissão real, sabendo que as cerimônias oficiais do duelo estavam a ponto de começar.

Quase todos os eventos públicos da Idade Média, fosse um casamento, fosse um funeral, uma coroação ou uma execução, envolviam uma procissão. As trombetas anunciando o rei foram seguidas pelo marechal, que agiria como mestre de cerimônias no campo. Depois veio o *roi d'armes*, oficial que supervisionaria todos os assuntos relacionados às armaduras e armas, seguido de vários arautos, "pessoas de voz alta" que se comunicariam com o público. Em seguida, entrou um escudeiro vestido com roupas reais e carregando, sobre uma almofada, a Espada da Justiça — uma comprida e brilhante lâmina prateada com punho cravejado de pedras preciosas simbolizando a autoridade do rei sobre o campo de batalha. Depois, montado em um cavalo enfeitado com as cores reais, surgiu o jovem rei Carlos, escoltado por quatro cavaleiros que serviam como testemunhas oficiais (*escoutes*) no combate, e finalmente os tios do rei e outros altos membros da nobreza que acompanhariam Carlos na plataforma real. Guardas armados com lanças também seguiam o séquito real, montados ou a pé.

O rei não era apenas o espectador mais exaltado do duelo, mas também o principal juiz. O Parlamento autorizara o duelo em nome dele, e Carlos, como mensageiro de Deus, agia em nome do Rei e Juiz supremo, que estava a ponto de revelar seu veredito para o caso em questão. Carlos, que pedira o adiamento do duelo por um mês para que pudesse retornar de Flandres, também insistiu que nada acontecesse naquele dia até sua chegada ao campo. Com o rei já em seu posto na plataforma de observação real, em um trono com almofadas e drapeado com o azul real e flores-de-lis douradas, as cerimônias no campo tiveram início.

Jean de Carrouges, o *appelant*, chegou antes ao campo, à frente de sua colorida procissão de substitutos e parentes, seguido de escudeiros e servos carregando o que usaria no combate. De acordo com as regras, seguiu para o campo em um cavalo de montaria — "com o visor aberto, espada e adaga na cintura, e em todos os sentidos pronto para o combate". Um pajem levava o cavalo de batalha selado e protegido com a armadura, enquanto outros servos carregavam sua lança e seu escudo.

Além de suas armas, o cavaleiro levava uma estaca de quase um metro pintada de azul e com um crucifixo de prata no topo, fazendo frequentemente o sinal da cruz ao seguir o caminho. Seu escudo, como o casaco bordado que usava por cima da armadura, continha o brasão da família Carrouges: um campo carmesim com flores-de--lis prateadas. Entre os que o acompanhavam, estavam o conde Waleran, de Saint-Pol, e o primo de Marguerite, Robert de Thibouville, que também servia como um de seus substitutos.

Em seguida, vinha a senhora Carrouges, com uma túnica longa preta, sendo levada por uma carruagem revestida da mesma cor. As carruagens talvez fossem comuns para as senhoras, ou, nesse caso, uma concessão ao estado de recém-saída da cama de parto. O *entourage* de Marguerite incluía seu pai, Sir Robert de Thibouville, e seu primo, Thomin du Bois, que mais cedo no mesmo ano desafiara Adam Louvel para um duelo que o Parlamento de Paris não consentiu.

A multidão exaltada apertou-se para tentar ver a infame senhora Carrouges quando ela surgiu no campo. A juventude e a beleza de Marguerite, sua roupa preta e seu papel de acusadora no célebre caso a transformaram em centro das atenções. Momentaneamente, as pessoas esqueceram o rei e seus esplêndidos tios, e mesmo o cavaleiro, voltando os olhos para a notória causadora da disputa.

Ainda que Marguerite não estivesse legalmente condenada, assistiria ao duelo sob sentença de morte, e deveria ser levada embora de imediato caso seu marido fosse derrotado. A cor preta, tradicional do luto ou da morte, era muitas vezes usada pelo executor e suas vítimas, incluindo bruxas e hereges condenados à fogueira. A túnica preta de Marguerite a marcava como mulher cuja sorte estava em jogo naquele dia.

Os parentes e amigos da senhora, e provavelmente muitos outros em meio à multidão, sentiam pena por ela estar nessa situação. Entre os amigos de seu marido, estavam poderosos e respeitáveis nobres que deram as boas-vindas ao casal em Paris e se ofereceram como substitutos para garantir a presença do cavaleiro no campo de batalha. De acordo com Jean Le Coq, advogado do escudeiro, muitas pessoas acreditavam na causa do cavaleiro e sentiam simpatia pela senhora.

Mas muitos outros, diz o advogado, apoiavam Jacques Le Gris, entre eles, membros influentes da corte real e talvez o próprio rei — pois se tratava do favorito do conde Pierre, seu primo. A família e os amigos de Le Gris odiavam Marguerite por ter sujado o nome do escudeiro e posto sua vida em perigo acusando-o de crime tão infame. Queriam ver Carrouges assassinado e sua esposa queimada no fim daquele dia.

Os sentimentos não eram tão divididos entre as pessoas na multidão que não tinham qualquer preferência pessoal a tomar, já que muitas nem mesmo conheciam bem os detalhes do caso. Aos observadores mais casuais do dia, o duelo, evento raro que muitos nunca tinham visto, era sobretudo uma distração capaz de abrilhantar a semana do Natal com sua violência e seu espetáculo. Alguns, sem dúvida, sentiam pena de Marguerite, mas outros espalhavam rumores maldosos e terríveis fofocas pelo ar frio, aquecendo-se para o iminente duelo ou para a ainda mais espetacular morte da senhora, que poderia acontecer logo em seguida.

Seria uma bruxa? Uma feiticeira? Uma sedutora? Quando Marguerite chegou ao campo, com a brisa fria do inverno no rosto e envolta em uma túnica preta, deve ter sentido a mistura de simpatia, hostilidade e curiosidade nos milhares de rostos que se viraram, olhando para ela, de todos os lados. Nem mesmo sua aparição pública no Parlamento de Paris, meses antes, foi capaz de prepará-la para essa provação.

O último na procissão foi Jacques Le Gris, com seu *entourage* de familiares e amigos, que contava com nobres da corte do conde Pierre que serviam como substitutos. Acusado do infame crime, Jacques Le Gris também atraiu olhares curiosos da multidão. Atrás dele vinham vários criados carregando seu escudo e outros equipamentos e um pajem com seu cavalo de guerra. Como se fosse um símbolo irônico da disputa, o brasão de armas de Le Gris tinha as mesmas cores que o do cavaleiro, mas invertidas — um campo prateado cortado por uma faixa cor de sangue.

Em um dos lados do campo murado, o cavaleiro e seus homens encaminhavam-se para a direita do rei, enquanto o escudeiro e seu pessoal se postavam à esquerda. Cada um deles parou no portão de seu lado do campo, montando ali sua tenda, cadeira e banco. O marechal moveu-se de sua posição ante o trono do rei em direção ao portão da direita, seguido a cavalo pelo arauto e dois dos quatro cavaleiros que serviam como testemunhas oficiais. Outro arauto e as outras duas testemunhas se encaminharam em direção ao portão da esquerda.

No portão da direita, o marechal freou seu cavalo para ficar frente a frente com o *appelant* montado e perguntar quem era, por que estava ali armado para uma batalha e qual era a natureza da causa.

Em voz alta, para ser ouvido pela multidão, o cavaleiro respondeu: "Meu honradíssimo senhor e marechal de campo, eu sou Jean de Carrouges, cavaleiro, que venho a sua presença por pedido do senhor nosso rei, armado e montado como um cavalheiro que deve entrar em batalha contra Jacques Le Gris, escudeiro, em uma disputa derivada de seu terrível crime contra minha esposa-senhora, Marguerite de Carrouges. Por meio desta, peço a Nosso Senhor, a Nossa Senhora e ao bom cavaleiro São Jorge que sejam testemunhas de minha causa neste dia.[15] E, por meio desta, apresento-me em pessoa para cumprir meu dever, pedindo que o senhor conceda minha porção do campo, do sol e do vento, e de todas as coisas aproveitáveis, necessárias e apropriadas ao caso. E, por meio desta, juro que cumprirei meu dever com a ajuda de Nosso Senhor, de Nossa Senhora e do bom cavaleiro São Jorge. E declaro que lutarei a cavalo ou a pé, conforme seja melhor, e me protegerei com minha própria armadura, ou me desarmarei, e levarei estas armas como queira, para o ataque ou a defesa, antes e durante a luta, como Deus me permite e me dá poderes para fazer."

---

[15] São Jorge, o conhecido matador do dragão, era o santo padroeiro dos cavaleiros.

OS PERGAMINHOS

Antes do duelo, os combatentes apresentavam rolos de pergaminho expondo as declarações de suas acusações. MS. fr. 2258, fol. 14v. Bibliothèque Nationale de France.

Após a fala do *appelant*, o *défendeur* foi formalmente convocado ao campo. Ao sinal do marechal, um arauto gritou: "*Monsieur* Jacques Le Gris, venha cumprir seu dever contra *monsieur* Jean de Carrouges."

O marechal cruzou o campo até estar face a face com Jacques Le Gris, e da mesma maneira pediu que dissesse quem era, por que estava ali armado para a batalha e qual a natureza da causa.

Le Gris respondeu em voz alta: "Meu honradíssimo senhor e marechal de campo, eu sou Jacques Le Gris, escudeiro, que venho a sua presença por pedido do senhor nosso rei, armado e montado como um cavalheiro que deve entrar em batalha contra Jean de Carrouges, cavaleiro, em uma disputa causada pela infame acusação que ele falsa e injustamente proferiu contra minha honra e meu bom nome. Por meio desta, peço a Nosso Senhor, a Nossa Senhora e ao bom cavaleiro São Jorge que sejam testemunhas de minha causa neste dia. E, por meio desta, apresento-me em pessoa para cumprir meu dever, pedindo que o senhor conceda minha porção do campo, do sol e do vento, e de todas as coisas aproveitáveis, necessárias e apropriadas ao caso. E, por meio desta, juro que cumprirei meu dever com a ajuda de Nosso Senhor, de Nossa Senhora e do bom cavaleiro São Jorge."

Após os dois homens terem falado, eles apresentaram suas acusações por escrito, cada um segurando um rolo de pergaminho com o resumo do caso. Os rolos foram preparados antes por seus advogados. Carrouges e Le Gris, ainda montados e encarando-se através do campo, brandiram seus pergaminhos no ar como armas. O desafio verbal da corte estava a ponto de abrir espaço para a batalha, e o marechal pediu ao rei que declarasse o campo aberto ao combate.

Após o comando do rei, o marechal sinalizou aos combatentes que desmontassem e tomassem posse de seus acampamentos. Cada um deles se sentou na grande cadeira posta à frente de sua tenda, olhando diretamente o oponente do outro lado do campo. Seus substitutos foram liberados, pois já tinham garantido a presença dos dois combatentes no campo de batalha no dia apontado. Toda a montaria, exceto os dois cavalos de guerra reservados para o combate, foi levada para fora.

Quando Carrouges e Le Gris tomaram seus assentos e os oficiais começaram a se preparar para o duelo, Marguerite permaneceu em um dos lados do campo, em sua carruagem, esperando pelos juramentos formais e pelo início do combate. No entanto, ela não ficaria muito tempo por ali, pois o rei Carlos ordenaria que se levantasse.

Marguerite teve de subir a um palanque só seu, todo coberto de preto e com uma visão clara do campo, "onde deveria esperar pelo perdão de Deus e por um resultado favorável na batalha".

Com os dois combatentes e a senhora em seus postos, o *roi d'armes*, auxiliado por dois *escoutes* designados para cada um dos homens, começou a examinar as armas de ambos, para que nada de ilegal fosse levado ao campo e para que lanças, espadas, machados e adagas tivessem as mesmas dimensões.

Enquanto as armas eram analisadas, um dos arautos foi ao campo proclamar as regras e os regulamentos ao povo:

"Ouçam todos, ouçam todos, ouçam todos, cavaleiros, escudeiros e todos os presentes, pelo comando de nosso senhor o rei da França, é terminantemente proibido, sob pena de morte e perda de propriedade, a qualquer pessoa estar armada neste recinto, ou mesmo carregar espadas, adaga ou outra arma, a menos que seja guardião oficial do campo ou tenha permissão expressa de nosso senhor o rei.

"Além disso, pelo comando de nosso senhor o rei, é terminantemente proibido para qualquer pessoa, de qualquer nível, permanecer no lombo de um cavalo durante o combate, exceto os próprios combatentes, e qualquer nobre que o faça poderá perder o cavalo; e qualquer criado que o faça poderá perder a orelha.

"Além disso, pelo comando de nosso senhor o rei, é terminantemente proibido para qualquer pessoa, de qualquer nível, entrar no campo de batalha ou estar presente na arena, exceto aos expressamente autorizados para fazê-lo; e qualquer pessoa que o faça poderá perder a vida e a propriedade.

"Além disso, pelo comando de nosso senhor o rei, é terminantemente proibido para qualquer pessoa, de qualquer nível, não permanecer sentada em seu banco ou no chão e obstruir a visão de alguma outra pessoa, sob pena de perder a mão.

"Além disso, pelo comando de nosso senhor o rei, é terminantemente proibido para qualquer pessoa, de qualquer nível, falar, fazer gestos, tossir, cuspir, gritar ou fazer algo parecido durante a batalha, sob pena de perder a vida e a propriedade."

Claramente, os duelos judiciários não eram eventos estridentes interrompidos por gritos ou clamores da multidão. Qualquer interferência, mesmo um barulho involuntário, poderia ser severamente punida. Cronistas descrevem espectadores fascinados assistindo aos duelos em completo silêncio, mal se permitindo respirar.

Desse momento em diante, uma temerosa simetria marcou todas as cerimônias do duelo. As elaboradas regras e rituais serviam para garantir uma luta justa, sem deixar nada para o acaso — ou Providência —, "exceto, claro, o próprio resultado". Assim como suas armas foram checadas para garantir que tivessem o mesmo comprimento, os dois homens deveriam estar também em pé de igualdade. Jean de Carrouges era um cavaleiro, mas Jacques Le Gris era apenas um escudeiro. Por isso, Le Gris deu um passo à frente e ajoelhou-se ante o marechal para ganhar o título de cavaleiro.

Tal ritual nem sempre era um elaborado processo envolvendo vigília, apresentação de armas e coisas do tipo. O título de cavaleiro nem sempre era conferido depois da luta por sua bravura em campo; os homens algumas vezes eram feitos cavaleiros na véspera das batalhas para motivá-los. Tudo o que era preciso para tornar cavaleiro um escudeiro eram três batidas no ombro com a espada do marechal e as palavras cerimoniais: "Em nome de Deus, de São Miguel e de São Jorge, faço deste um cavaleiro; seja valente, cortês e leal!"

Mas ser cavaleiro de verdade era algo completamente diferente. Requeria prática constante com a espada, bem como a melhora das habilidades no lombo de um cavalo em uma competição ou um torneio e o treinamento incomparável para o combate real. Ao longo dos anos, Jean de Carrouges havia lutado em várias batalhas. Desde a juventude, participara de muitas campanhas, a mais recente na Escócia. Jacques Le Gris, ainda que fosse um dos escudeiros do rei e capitão do forte de Exmes, participara de menos serviços militares que seu oponente.

Por outro lado, Jacques Le Gris era maior e mais forte, o que lhe dava uma vantagem diferente. O escudeiro, muito mais rico, foi também capaz de equipar-se com cavalo, armadura e armas de melhor qualidade. E Le Gris, mesmo tendo ficado doente em setembro, após saber que o duelo fora concedido, estava então em excelente forma física, "aparentando força", enquanto "Carrouges estava fraco em razão da febre que o acometera por longo tempo". O cavaleiro, segundo um relato, "fora tomado por um novo ataque de febre naquele mesmo dia".

Todos estes fatores — força física, saúde, riqueza, treinamento militar e experiência — poderiam ser decisivos na batalha, e calcular como influenciariam no campo era impossível. O duelo poderia guiar-se por centenas de detalhes que não teriam como ser previstos, de quedas a problemas com a armadura, do repentino brilho do sol na armadura do inimigo ao giro de uma lâmina.

Após Jacques Le Gris ter sido feito cavaleiro e voltado a sua cadeira, o arauto retornou ao campo, dessa vez para proclamar as regras que governariam os próprios combatentes:

"Item, caso qualquer dos combatentes leve ao campo de batalha um tipo de arma proibida pelas leis da França, tais armas serão confiscadas e, no lugar, ele não poderá receber nenhuma outra.

"Item, caso qualquer dos combatentes leve ao campo de batalha armas forjadas com magia, encantos ou feitiçarias, ou qualquer outra obra de maldição por meio da qual a força ou a habilidade de seu oponente possa ser anulada, durante o combate ou mesmo depois, pondo seus direitos e habilidades em perigo, o malfeitor será punido como inimigo de Deus, ou como traidor ou assassino, qual for o caso.

"Item, os combatentes devem levar ao campo de batalha pão, vinho ou qualquer outro alimento ou bebida que possa sustentá-los pelo espaço de um dia caso seja necessário, bem como qualquer coisa que seja conveniente ou necessária para si ou seu cavalo.

"Item, os combatentes devem lutar no lombo do cavalo e a pé armados como preferirem, com qualquer arma ou dispositivo de ataque ou defesa, exceto armas ou dispositivos de intento maligno, ou forjados com feitiços ou encantos, ou qualquer outra coisa que seja proibida por Deus e pela Santa Igreja a todos os bons cristãos.

"Item, os combatentes devem jurar e declarar que, se Deus não estiver de acordo com que um deles vença seu inimigo ou seja vencido até o pôr do sol, aceitarão como vontade de Deus e concordarão em apresentar-se outra vez no dia seguinte para a continuação do combate."

Um duelo poderia durar todo o dia e ainda assim não chegar a uma conclusão ao pôr do sol — ou "na hora em que as estrelas aparecem no céu". Caso isso acontecesse, o combate seguiria no dia seguinte. Quanto a uma influência oculta no resultado de um duelo, isso era preocupação constante na Idade Média, pois os combatentes algumas vezes apelavam para feitiços, encantos ou mesmo armas especiais forjadas com magia para garantir um resultado favorável. Aos homens envolvidos em duelos judiciários era então terminantemente proibido, sob pena de morte, o uso de qualquer magia para alterar o veredito divino.

Após ouvir as regras, cada combatente tinha de fazer três juramentos formais. Iniciava-se, então, o momento religioso do ritual, com os padres entrando no campo e montando um altar no centro — uma plataforma "de 1,5 metro de comprimento, noventa centímetros de largura e sessenta centímetros de altura, ricamente coberta com tecido bordado a ouro" —, no qual colocavam um crucifixo de prata e um livro de liturgias aberto em uma imagem da Paixão de Cristo.

OS JURAMENTOS

Os combatentes se ajoelhavam cara a cara, tocando um livro de liturgia e um crucifixo, enquanto faziam juramentos solenes testemunhados por padres. MS. fr. 2258, fol. 18v. Bibliothèque Nationale de France.

Os padres, o altar e os objetos sagrados ali dispostos deveriam santificar o combate como um julgamento divino, ou *judicium Dei*. O crucifixo e o livro de liturgias também serviam para lembrar a acusação, o julgamento e a execução que Cristo sofreu, sendo inocente, pelos pecados da humanidade. Em um campo abençoado pelos símbolos da Paixão de Cristo, Deus revelaria qual era a parte culpada, que naquele dia derramaria seu sangue pelos próprios pecados.

O primeiro juramento foi feito por cada um deles, separadamente, com o marechal oficializando e tendo os padres como testemunhas. Primeiro o *appelant*, Jean de Carrouges, deixou sua cadeira e aproximou-se do altar, onde se ajoelhou com o visor aberto e a mão direita tocando a cruz, e disse: "Juro ante esta lembrança da Paixão de Nosso Senhor Jesus Cristo, ante a Palavra Divina aqui presente e na fé do verdadeiro cristianismo e do Santo Batismo, que acredito com convicção que minha causa é divina, boa e justa e que legalmente me defendo nesta batalha." Depois, mais uma vez, clamou por Deus, pela Virgem Maria e por São Jorge como suas testemunhas.

Com o cavaleiro já de volta a sua cadeira, foi a vez de Jacques Le Gris aproximar-se do altar, ajoelhar-se e, de forma similar, jurar inocência.

Para o segundo juramento, os dois combatentes se ajoelharam cara a cara, cada um em uma ponta do altar, com as mãos nuas mais uma vez postas no crucifixo, quase tocando um ao outro. Cada um deles jurou que sua causa era justa, que falava a verdade sob pena de perder a alma e que abriria mão das alegrias dos céus pelas dores do inferno caso estivesse jurando em falso. Cada um deles também jurou que não estava carregando qualquer material mágico consigo ou em seu cavalo, "e que postava sua confiança unicamente na justiça de sua causa, seu corpo, seu cavalo e suas armas". Depois, os dois beijaram o crucifixo.

O terceiro e último juramento foi o mais comprometedor. Os dois permaneceram ajoelhados face a face, cada um em um lado do altar, com os visores abertos e a mão direita de ambos no crucifixo, mas dessa vez também com a mão esquerda ("*la main sinistre*") estendida, e o marechal uniu as duas mãos com sua palma. Unidos, os dois combatentes fizeram um juramento um ao outro, mais uma vez começando por Carrouges:

"Senhor Jacques Le Gris, de quem eu seguro a mão, juro pelas Santas Escrituras e pela fé e pelo batismo que recebi de Deus que as ações e palavras que atribuí e fiz outros atribuírem ao senhor são verdadeiras, e tenho uma boa e verdadeira causa para convocá-lo, enquanto sua causa é injusta."

Com seu oponente ainda seguro pela mão esquerda, Jacques Le Gris respondeu:

"Senhor Jean de Carrouges, de quem eu seguro a mão, juro pelas Santas Escrituras e pela fé e pelo batismo que recebi de Deus que sua causa ao me convocar é injusta. E tenho uma causa boa e leal para defender-me."

Após o juramento, os dois mais uma vez beijaram o crucifixo.

O terceiro e último julgamento foi como os que marcavam muitos rituais medievais, do casamento à vassalagem. Mas, ao proferir tais juramentos mútuos, as partes sempre estavam seguras pela mão direita, enquanto para um duelo tinham unidas a mão esquerda, o que significava, neste caso, ser hostil o laço.

Ao fazer os juramentos, os combatentes colocavam em questão não apenas a vida, a fortuna e a palavra de honra, mas também a alma imortal de ambos. Nesse momento, um dos padres apontou para os objetos sagrados do altar e solenemente relembrou aos dois homens, e a todos os presentes, que o resultado do duelo decidiria "a danação de quem estivesse no caminho errado, tanto de sua alma quanto de seu corpo, como resultado dos grandes juramentos que tinham feito, pois seriam julgados pela sentença de Deus".

Após o aviso do padre, os dois guerreiros se levantaram ao mesmo tempo e voltaram a suas cadeiras em lados opostos do campo.

Uma vez que os dois tinham se identificado, definido suas acusações, apresentado seus pergaminhos, oferecido suas armas ao exame, ouvido as regras do combate e solenemente jurado três vezes, restava uma última cerimônia.

Duelos de morte eram raros na França, e ainda mais raros eram os duelos nos quais o destino de uma senhora também estava em jogo. Como principal testemunha do caso, Marguerite teve de fazer seu juramento após os combatentes.

Jean de Carrouges aproximou-se de sua esposa e ficou a sua frente, com o visor levantado, e disse as seguintes palavras:

"Senhora, baseado em seu testemunho, estou a ponto de colocar minha vida em risco em um combate com

Jacques Le Gris. A senhora sabe que minha causa é justa e verdadeira."

Com a multidão ouvindo em silêncio e com os olhos postados nela, Marguerite respondeu:

"Meu senhor, isso é verdade, e o senhor pode lutar confiante, pois a causa é justa."

Ao que o cavaleiro simplesmente respondeu:

"Deixemos nas mãos de Deus."

Foram as últimas palavras trocadas por Carrouges e Marguerite antes do duelo. Os dois sabiam que poderiam ser as últimas palavras trocadas em vida.

ÚLTIMAS PALAVRAS

Marguerite, retratada aqui em sua carruagem, despede-se de Jean logo antes de o duelo começar. Jean de Wavrin, Chronique d'Angleterre. *MS. Royal 14 E. IV, fol. 267v. Com permissão da British Library.*

Depois o cavaleiro "beijou a esposa, apertou-lhe a mão e fez o sinal da cruz". Após esse encontro final, voltou a seu lugar, no lado direito do campo.

Um cronista descreve como Marguerite observava ansiosa o marido se preparando para entrar na arena a fim de salvar suas vidas:

"A senhora permaneceu na lateral do campo, rezando com fervor a Deus e à Virgem Maria, suplicando humildemente pela sua vitória naquele dia, o que seria seu direito. Você entenderá que ela estava muito ansiosa e longe de ter certeza de que sua vida seria salva, pois, caso seu marido perdesse, a sentença era de que seria queimada sem apelo. Não sei — pois nunca falei com ela — se ela se arrependeu alguma vez por ter ido tão longe com o assunto, colocando a si mesma e ao marido em tão grande perigo — e por fim não havia nada a ser feito além de esperar pelo veredito."

Marguerite estava em grande perigo. A morte de um oficial real executado por fraudulentas acusações de heresia durante o reinado de Carlos VI sugere o terrível destino que a esperava caso o marido perdesse o duelo: "Eles o levaram. O fogo estava aceso. Uma forca fora montada na praça e a seus pés, posta uma estaca com uma pesada corrente de ferro. Outra corrente fora pendurada no alto da forca com uma gargantilha de ferro atada. Essa gargantilha, que se abria com uma dobradiça, foi colocada em volta de seu pescoço, depois apertada e levantada para que ele ficasse vivo por mais tempo. A primeira corrente foi enrolada em seu corpo para prendê-lo mais firmemente à estaca. Ele gritava e berrava. Logo que foi amarrado à estaca, grandes montes de madeira foram empilhados e o fogo foi ateado. Queimaram imediatamente. E ali estava ele, dependurado e queimado, e o rei da França poderia vê-lo de sua janela caso quisesse."

Se Marguerite fosse queimada, o rei da França também poderia ver sua morte. Do rei ao mais humilde camponês, pessoas medievais se reuniam em espetáculos grotescos de tortura e morte, e mesmo crianças presenciavam gente sendo queimada, enforcada, presa em estacas, afogada e vítima de outras cruéis punições. Relatos sugerem que vítimas queimadas em estacas poderiam demorar meia hora ou mais para morrer entre as chamas.

O cronista dificilmente exagerou ao dizer que Marguerite parecia muito ansiosa ao olhar o campo onde seu destino logo seria traçado. Ele chegou mesmo a imaginar que ela teria se arrependido de levar suas acusações tão longe, a ponto de arriscar a própria vida e a do marido, colocando-os em tão grande perigo. Mas também admite que não poderia saber o que ela pensava, já que nunca conversou com Marguerite, que manteve sigilo sobre seus pensamentos e sentimentos naquele momento agonizante.

9

COMBATE MORTAL

Após todas as cerimônias terem sido finalizadas e todas as palavras necessárias, ditas, chegou o momento da batalha. Jean de Carrouges e Jacques Le Gris desapareceram dentro de suas tendas, onde os auxiliares checaram com atenção suas armaduras e armas pela última vez. Os padres removeram o altar, o crucifixo e o livro de liturgias apressadamente, com cuidado para não deixar nenhum objeto sagrado para trás. Dois auxiliares mais uma vez aplainaram a areia onde o altar fora erguido, voltando a transformar o campo em um tapete branco. O rei, sua corte e a enorme multidão observavam com expectativa, esperando pelo início do duelo.

Quando os dois combatentes confirmaram estar prontos e todos haviam se retirado do campo pelos portões, um arauto voltou ao centro da arena. Ficou de pé, olhando para o rei, esperando silêncio total. Os únicos sons ouvidos vinham das flâmulas tremulando sobre as tendas vermelhas e prateadas e dos cavalos de guerra relinchando.

De repente, em voz alta, que podia ser escutada de uma ponta à outra do campo, o arauto gritou:

"*Faites vos devoirs!*" [Cumpram seus deveres!]
Antes que pudesse repetir pela terceira vez, como requerido pela lei, os dois combatentes saíram de suas tendas, com as armas ao lado, os visores já baixados, cada um seguido por vários criados ansiosos. Carrouges e Le Gris, com suas armaduras que tilintavam, avançaram em direção aos cavalos, que se mantinham prontos do lado de fora dos portões em lados opostos do campo. Ambos os homens colocaram, firmes, um dos pés calçados com sapatos de ferro no banco de montaria próximo ao animal, preparados para entrar em ação.

O arauto deixou o campo e o marechal tomou seu lugar. Os quatro nobres que serviam de testemunhas, ou *escoutes*, também se colocaram a postos, dois cavaleiros de cada lado do campo, em frente aos portões abertos, impedindo a passagem com uma lança presa horizontalmente entre eles. O marechal estava no centro do campo, segurando uma luva branca. Todos os olhos voltados para ele. Enquanto os dois guerreiros estavam de pé, prontos, ouvindo e observando com atenção, o marechal ergueu devagar a luva acima da cabeça. De repente, arremessou-a, gritando o comando habitual:

"*Laissez-les aller!*" [Deixem que passem!]

Antes que a luva tocasse o chão, ou o marechal tivesse gritado o comando pela terceira vez, os combatentes puseram os pés nos estribos e subiram em suas selas, auxiliados pelos criados. Escudeiros postos ao lado dos cavalos asseguravam que os dois homens recebessem suas lanças e seus escudos. Os combatentes já portavam espadas e adagas atadas à cintura, e cada um deles tinha uma espada maior presa à sela, além de machado. A lança de difícil manuseio, deixada para o fim, estava também presa à sela. Com os dois homens montados e devidamente armados, seus criados se afastaram. A montaria era o último contato com mãos humanas permitido antes do combate. Daquele momento em diante, cada um estaria por conta própria. Jean de Carrouges e Jacques Le Gris, ao mesmo tempo, impulsionaram seus cavalos. Os quatro *escoutes* que fechavam o campo deixaram cair suas lanças e saíram do caminho enquanto os combatentes entravam pelos portões, um de cada lado. Naquele instante, guardas fecharam os pesados portões e os trancaram, ficando por ali com suas armas a postos. O marechal deixou o campo apressado pelo pequeno portão central em frente ao palanque real, olhando cuidadosamente para trás.

Carrouges e Le Gris estavam presos no campo, com todas as saídas bloqueadas por um muro duplo e uma cerca de aço afiado erguida pelos guardas. Já do lado de dentro dos portões, pararam para analisar um ao outro através de seus visores baixados, os cavalos batendo o casco impacientemente. "Sentaram-se em seus cavalos com elegância, sendo ambos habilidosos com armas. E os senhores da França se deleitavam ao ver aquilo, pois tinham ido assistir aos dois homens lutando."

Enquanto a multidão observava com grande e reprimida excitação, os dois inimigos mortais se estudavam intensamente, com seus hálitos quentes por trás dos visores e a parte interna de suas armaduras já úmidas de suor. Cada um deles buscava a morte do outro como a água e o fogo buscam a aniquilação mútua.

O *champ clos*, antes uma prisão, transformou-se em um cadinho onde um homem poderia ser destruído e o outro, purgado em nome da justiça. Carrouges e Le Gris lutariam sem refúgio até que uma destas três coisas acontecessem: um homem matasse o outro, provando a verdade de suas acusações e a culpa de seu inimigo; um homem forçasse o outro a confessar que jurara em falso, resultando na sumária execução deste por enforcamento; ou um deles expulsasse o oponente do campo, o que provaria sua culpa e o condenaria.

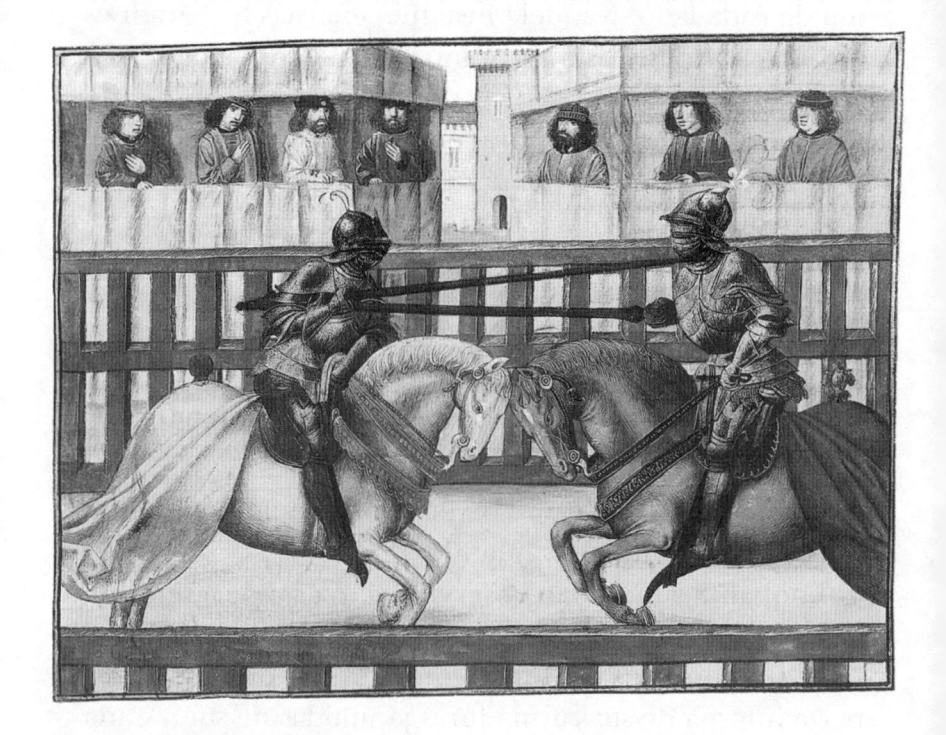

TORNEIO DE CAVALEIROS

Dois guerreiros montados com suas lanças abaixadas em um campo rodeado por pesada cerca de madeira. Jean de Wavrin, Chronique d'Angleterre. *MS. Royal 14 E. IV, fol. 81. Com permissão da British Library.*

Lutariam não apenas sem refúgio, mas também sem regras. Em um combate mortal, ao contrário de um torneio amigável, nada impediria um homem de atingir seu oponente pelas costas ou pelos orifícios dos olhos de seu elmo, ou mesmo de cegá-lo com areia, fazê-lo tropeçar, chutá-lo ou pular em cima dele caso escorregasse e caísse. Em um duelo em Flandres, em 1127, os dois combatentes, exaustos, largaram suas armas e lutaram no chão, batendo um no outro com suas luvas de ferro, até que um deles alcançou o interior da armadura do inimigo e arrancou-lhe os testículos, matando-o imediatamente. O cavalheirismo poderia estar vivo e saudável em duelos esportivos, e mesmo nas cerimônias anteriores ao duelo judiciário, mas, uma vez iniciado o combate, deixava de existir.

Jean de Carrouges, no papel de acusador, começou o combate, sendo o primeiro a atacar. O cavaleiro abaixou sua lança, agarrando-a firme sob o braço direito, e mirou o inimigo com precisão. Depois, cravou as esporas no cavalo e começou a avançar pelo campo. Jacques Le Gris, vendo o inimigo a caminho, na mesma hora abaixou sua lança e também fez com que seu cavalo se movesse para a frente, em direção ao oponente.

No momento em que começaram a disparada, estavam a uma distância de 64 metros. Mas um cavalo de guerra forte poderia sair da inércia ao galope em poucos segundos. Mesmo em um modesto trote de dezesseis a 24 quilômetros por hora, a velocidade combinada dos dois cavalos movendo-se um em direção ao outro faria com que se encontrassem em menos de cinco segundos.

Para Marguerite, que observava de sua plataforma ao lado do campo, tais segundos devem ter sido eternos. Viu o marido abaixar a lança e esporear o cavalo, flexionando seus músculos do flanco, enquanto deixava para trás uma nuvem branca de areia. Jacques Le Gris movimentou-se um instante depois, no lado oposto do campo, e de um momento para outro o ambiente estava tomado pelo estrondo dos cascos dos cavalos. Todos os olhos estavam postos nos dois guerreiros e em suas lanças.

Como não se tratava de um duelo esportivo, o campo não tinha uma cerca no meio para guiar os cavaleiros e impedir que seus cavalos colidissem, mas mesmo assim "avançaram em linha reta como se o caminho tivesse sido desenhado por uma corda". Os dois guerreiros avançaram um contra o outro, com as pontas afiadas de suas lanças à frente, voando pelo ar como projéteis mortais. O peso combinado de cavalo, cavaleiro, armadura e lança era de quase uma tonelada no momento do galope. Um golpe com a lança, naquelas circunstâncias, poderia penetrar o escudo, a armadura e a carne, atingindo o osso, ou obstruir uma placa de metal e deslocar um ombro, ou mesmo derrubar um cavaleiro, tombando-o ao chão com todo o peso de sua armadura, quebrando ou deslocando seus membros.

As bandeirolas tremulavam nas lanças dos guerreiros enquanto eles corriam, e os xairéis dos cavalos agitavam-se sobre a nuvem de areia. A luz do sol refletia em seus elmos polidos e nas placas de suas armaduras, lançando raios de luz em todo o campo enquanto os cavalos corriam um em direção ao outro. No centro do campo, a luva branca do marechal ainda estava caída no mesmo lugar.

Próximo a esse ponto, os dois se encontraram com um choque terrível, "batendo um no escudo do outro em cheio e com força, fazendo com que quase caíssem no chão". Todos os espectadores se contraíram com o impacto violento, e os dois homens "se dobraram quase completamente para trás na sela de seus cavalos". Mas os dois eram cavaleiros experientes, e "se agarraram nos cavalos com as pernas, permanecendo montados". Ao se atacarem simultaneamente com as lanças, eles equilibraram seus golpes. Nenhum deles ficou machucado ou caiu, nenhum perdeu a lança ou o escudo. Recuperando-se da pancada, "os dois voltaram aos respectivos lados do campo para descansar um pouco e retomar o fôlego".

Para o segundo embate, os dois apontaram suas lanças um pouco mais alto que antes, mirando a cabeça do adversário. Jean agarrou sua lança, "segurando com força o escudo e esporeando o cavalo. Quando o inimigo viu que ele se aproximava, não ficou parado, e sim cavalgou em sua direção, seguindo a linha mais reta possível". Avançando um contra o outro furiosamente, os dois cavaleiros se encontraram mais uma vez em um terrível choque, "atingindo um o elmo de aço do outro, com um golpe tão duro que saíram faíscas". Mas, quando as lâminas golpearam o alto de seus elmos, "as lanças escorregaram e os dois se cruzaram sem qualquer dano".

Os combatentes, "mais aquecidos", descansaram de novo antes de um terceiro desafio. "Após agarrarem seus escudos e examinarem um ao outro através dos visores dos elmos", eles mais uma vez cravaram as esporas em seus cavalos e se desafiaram com "as lanças baixadas e empunhadas". Dessa vez, queriam atingir o escudo um do outro. Atravessando o campo feito um raio, atingiram-se "com grande violência", cada um dirigindo a ponta de sua lança para o escudo do oponente, causando um estrondo tremendo que ecoou além das paredes de pedra que circundavam o campo. A força do impacto estilhaçou as lanças, e as peças "voaram muito mais alto do que poderiam ter sido lançadas". Os cabos das lanças se quebraram e as pontas ficaram presas nos escudos. O choque fez "os cavalos vacilarem", dobrando o corpo dos combatentes para trás e quase atirando-os ao chão, mas a quebra das lanças absorveu grande parte do impacto, e os dois conseguiram manter-se nas selas. "Caso as lanças não tivessem se quebrado, um deles, ou os dois, estaria no chão."

Quando Carrouges se recuperou, voltando para seu lado do campo, jogou fora a lança inútil e retirou a ponta cravada em seu escudo. Depois pegou o machado da argola que o prendia à sela. Le Gris, do outro lado do campo, fez o mesmo.

Com seus machados a postos, os dois homens seguiram um em direção ao outro, dessa vez mais lentamente, manobrando em busca de uma melhor posição. Quando se encontraram no centro do campo, fecharam um círculo bem menor, com os cavalos quase tocando um o rabo do outro, e assim puderam combater com suas armas no pequeno espaço entre eles.

Enquanto os cavalos andavam em círculos, lançando areia para todos os lados, os dois homens lutaram quase "corpo a corpo, peito a peito", com as lanças dos machados acima da cabeça de ambos. Durante essa cavalheiresca dança da morte, seus machados se encontraram várias vezes. Avançando e recuando em suas selas, os dois tentaram "fazer com que o adversário perdesse o equilíbrio e caísse, atingindo-o na parte curva de seu *haché*".

Várias vezes se afastaram e voltaram a se encontrar com os machados levantados, como se fossem partir o adversário em dois. Muitas das tentativas terminaram em golpes ferozes, com os cavalos agitados, tão próximos que os guerreiros chutavam um ao outro com os pés nos estribos, em seus calçados de metal, que tiniam quando manobravam seus animais.

Algumas vezes, lutavam com apenas uma das mãos, erguendo os respectivos escudos com a mão livre para se esquivarem dos golpes. Mas não seriam capazes de atingir o adversário em cheio assim, e por isso, outras vezes, deixavam o escudo solto e movimentavam o machado com as duas mãos, usando-o para ataque e defesa. As lâminas de aço tiniam uma contra a outra e os cabos de madeira chocavam-se.

A batalha com os machados seguiu sem que qualquer combatente levasse vantagem, até que os dois se cansaram de seus esforços. "Várias vezes se afastaram para descansar e recuperar o fôlego, depois retornaram em vão à batalha."

Em dado momento, Jacques Le Gris mais uma vez afastou seu cavalo, como se quisesse descansar, mas então repentinamente atacou o cavaleiro por trás. Carrouges levantou o escudo para proteger-se do ataque. Le Gris deu uma guinada, voltando à posição de ataque, agarrou o machado com as duas mãos e usou toda a força. A lâmina atingiu o canto do escudo do cavaleiro, resvalando e caindo sobre o pescoço do cavalo, logo abaixo das placas sobrepostas que cobriam o chanfro até sua crina.

A lâmina cortou a coluna vertebral do animal, que gritou e estremeceu sob Carrouges. Suas patas se dobraram e ele caiu na areia, com sangue saindo das narinas e do pescoço. Quando o cavalo caiu, o cavaleiro desceu imediatamente de sua montaria, tendo a presença de espírito de antes agarrar seu machado.

Sem parar, Le Gris girou e o desafiou outra vez, com o machado ameaçadoramente levantado para o oponente sem cavalo. Enquanto avançava sobre Carrouges, virou a lâmina ensanguentada para trás e mirou com o martelo pontiagudo da arma. A ponta afiada do metal poderia cravar um buraco no elmo e na cabeça de um homem, especialmente quando lançada do alto de uma sela contra um inimigo desmontado.

Carrouges, vendo Le Gris aproximar-se com o machado levantado, e ouvindo os murmúrios de morte de seu cavalo logo atrás, encarou o desafio com sua *hache* preparada. Quando Le Gris começou outro movimento com as duas mãos, Carrouges de repente saiu do caminho, fazendo com que o outro perdesse o equilíbrio ao girar na sela para acompanhar a esquiva de seu alvo.

Quando o cavalo de Le Gris passou por ele, Carrouges adiantou-se e enfiou a ponta em forma de lança de seu machado na barriga do animal, logo abaixo da correia que a circundava. A extremidade da arma penetrou completamente suas entranhas — lança, lâmina e trava —, cravando-o como um arpão, e ao passar a galope o cavalo arrancou o bastão das mãos do cavaleiro. O animal foi ao chão com um grunhido terrível, tombando em cima do de Carrouges. Surpreso, Le Gris foi lançado para a frente na sela, mas se manteve firme, segurando seu machado e precariamente empoleirado no topo dos dois cavalos mortos.

BATALHA DE ESPADAS A PÉ

Dois combatentes lutam com espadas, assistidos por oficiais e espectadores do lado de fora da cerca. MS. fr. 2258, fol. 22r. Bibliothèque Nationale de France.

Carrouges, já sem o machado, pegou a espada. Era a mais curta (*estoc*), para uma das mãos, cujo fio a mantinha presa à cintura. Sua espada maior, para duas mãos, estava sob o cavalo morto.

Le Gris livrou-se de sua sela, deixando o machado para trás, preso ao cavalo agonizante. Enquanto corria, pegou sua *estoc*, depois olhou para Carrouges por trás da pilha de carne morta.

Os dois homens estavam sem fôlego, por isso pararam por um minuto para tentar manter-se de pé, estáveis. Durante todo esse tempo, nenhum som foi ouvido na multidão, que observava tudo em silêncio, emudecida pelo medo e pela fascinação. Marguerite lançou o corpo para a frente, agarrando a barra de madeira de sua plataforma, rígida, o rosto sem cor.

Carrouges fez o primeiro movimento, avançando em volta dos cavalos para confrontar o inimigo com a espada. Le Gris hesitou, como se estivesse calculando suas chances de recuperar o martelo ou uma de suas duas espadas mais longas, ainda presas aos animais empilhados. Além das *estocs*, cada um deles levava atada à cintura uma adaga.

Quando Carrouges se aproximou, Le Gris deu alguns passos para trás em direção à plataforma real e depois ficou parado em uma extensão de areia lisa e plana, esperando Carrouges com a espada levantada.

Cansados da luta extenuante e da batalha com o machado, e já fora da sela e a pé, os dois homens sentiram o peso da armadura de 27 quilos. Com espada e escudo nas mãos, tinham de estar preparados para golpear, para esquivar-se do inimigo ou de um ataque hostil. Sentiam calor e suavam dentro da armadura, mesmo com o frio do inverno. E tinham poucas chances de parar para matar a sede com o vinho disponível ou limpar a transpiração do rosto coberto com o visor, já que usavam luvas de ferro.

Encarando-se em frente ao palanque real, os dois andavam em círculos, cautelosamente, com as espadas levantadas, buscando uma vantagem. De repente se aproximaram, "avançando um em direção ao outro e atacando com violência e bravura". Primeiro devagar, depois mais rápido, começaram a se mover, golpear e defender-se com as espadas, os dois lutando "de forma muito corajosa".

Suas afiadas lâminas de aço se chocaram no ar, ressoaram nas placas das armaduras se bateram violentamente contra os escudos de madeira, enchendo o ar com um som brutal que ecoava além dos muros do monastério. O pálido sol de inverno quase não fazia sombra, mas sua luz refletia nas espadas de aço e nas armaduras polidas, deixando mais complicada a tarefa de acompanhar a ágil batalha por entre os vãos da grossa cerca de madeira.

Logo, o povo mal podia ver a ação entre as nuvens de pó e areia que subiam com o movimento dos pesados sapatos de ferro dos combatentes. Todos estavam pasmados, alguns com interesses pessoais no resultado da batalha, e sem fôlego por não saber como terminaria a disputa.

Jean de Carrouges, lutando no chão e sentindo o peso da armadura, também se sentia enfraquecido pelo recente episódio de febre que tivera no mesmo dia. Talvez o mal-estar tenha diminuído seus reflexos, ou ele tenha ficado cego por um instante, por causa do sol refletido na espada do adversário. Ou talvez Jean tenha olhado rapidamente para Marguerite, e Le Gris pegou o cavaleiro de surpresa por um segundo fatídico.

Seja qual for a causa, enquanto os dois homens ofegantes lutavam em círculos, Le Gris de repente encontrou uma abertura e avançou na direção do cavaleiro, cravando sua espada na perna do adversário e ferindo-o na coxa. Quando a ponta da espada do escudeiro atravessou sua carne, Jean de Carrouges sentiu a dor lancinante. O sangue brotou rapidamente da ferida e começou a escorrer pela perna.

"A visão de sangue derramado fez os espectadores tremerem", e a multidão emitiu um murmúrio baixo. Feridas na perna em geral, e na coxa em particular, eram muito perigosas, pois poderiam causar uma rápida perda de sangue e imobilizar um combatente, impedindo-o de se defender, quanto mais de atacar.

Jean de Carrouges corria agora grande risco de perder a batalha, e "todos os que o amavam estavam com muito medo". Marguerite, vendo seu marido ferido e sangrando no campo, agarrou-se contra a mureta de madeira. Em poucos segundos, tudo poderia estar terminado. "Um sentimento de grande medo envolveu todos os que assistiam à batalha. Todas as bocas ficaram imóveis; as pessoas mal respiravam."

Le Gris cometeu um grave erro. Em vez de aproveitar-se de sua vantagem, tirou a espada da perna ferida do adversário e deu passos para trás. "A ferida poderia ser fatal para Carrouges caso o inimigo tivesse mantido a lâmina no local. Mas o escudeiro retirou imediatamente a espada."

Teria Le Gris pensado que ferira mortalmente o cavaleiro, que apenas sangraria até a morte em poucos minutos? Ou tinha medo de manter-se muito próximo de seu inimigo ferido, mas ainda assim temível, fugindo para um lugar mais seguro, atrás de sua espada, até que Carrouges estivesse demasiado enfraquecido pela ferida e pela perda de sangue para então acabar com ele?

No momento em que o escudeiro se afastou, Carrouges viu sua oportunidade. Mesmo com a terrível ferida, "o cavaleiro, longe de estar vencido, mostrou ainda maior ardor pela luta. Reuniu toda a sua força e a sua coragem e seguiu em direção ao inimigo".

Atacando um atônito Le Gris, Carrouges gritou para que todos pudessem ouvir: "Este dia decidirá nossa disputa!"

O que aconteceu em seguida surpreendeu e deixou a todos chocados. "Com a mão esquerda, Jean de Carrouges pegou Jacques Le Gris pelo topo do elmo, aproximou o inimigo do seu corpo e, dando alguns passos para trás, atirou-o ao chão, onde ele ficou deitado, impedido de voltar a levantar-se pelo peso da própria armadura."

Com seu movimento improvisado e repentino, Carrouges inverteu a história e ficou em vantagem. Chocado com a queda e imobilizado pela própria armadura, Le Gris não podia mover-se ou levantar a espada do chão. O cavaleiro estava parado bem em cima dele, brandindo a espada, com facilidade para evitar qualquer ataque que o inimigo pudesse tentar desferir enquanto estivesse deitado na areia.

Um homem forte — e o escudeiro era reconhecidamente muito forte — poderia levantar-se rápido mesmo vestindo uma armadura de qualidade. Mas para um guerreiro com armadura pesada se levantar após uma queda era outra coisa, especialmente com um inimigo sobre ele, preparado para atirá-lo de novo ao chão com sua espada ou com um chute bem dado usando seu sapato de ferro. Cavaleiros caídos ficavam presos, em geral, como lagostas na própria carapaça.

Entretanto, enquanto Carrouges esteve de pé acima de seu oponente caído, mantendo sua espada a postos e buscando a morte, esse dificilmente seria o fim de Jacques Le Gris. Mesmo com o inimigo deitado de costas, quase incapaz de defender-se, o cavaleiro ferido e sangrando percebeu, para sua consternação, que não poderia ultrapassar a armadura de Le Gris. "Por um bom tempo buscou uma fenda ou buraco na armadura do inimigo, mas o escudeiro estava coberto de aço dos pés à cabeça."[16]

Carrouges tinha derrubado o inimigo e praticamente o desarmara, mas estava exausto e seriamente ferido, sem tempo a perder. Sua vida e suas forças estavam se esvaindo com o sangue que vertia pela ferida na coxa. E, enquanto o escudeiro permanecesse em posição de defesa, o balanço da luta logo reverteria a seu favor. Se Le Gris fosse capaz de se manter a salvo por tempo suficiente, Carrouges poderia perder muito sangue e ficaria impossibilitado de seguir com a luta. Poderia sangrar até a morte.

Carrouges, desesperado por explorar sua vantagem fugaz conquistada a duras penas, enquanto Le Gris permane-

---

[16] O rico Le Gris deve ter comprado o que havia de mais moderno em vestimenta militar, um conjunto inteiro de armadura de placas, mesmo que fizesse dele um prisioneiro de sua própria arma de defesa.

cia deitado no chão, afastou a espada do inimigo com um golpe de espada hábil e caiu em cima do adversário.

Teve início uma luta mortal, quando Carrouges se sentou com as pernas abertas sobre Le Gris, com um joelho em cada lado do seu peito, e começou a penetrar seu elmo com a ponta da espada. Com Le Gris se debatendo e dando chutes, areia foi levantada por todos os lados. A espada do cavaleiro continuava apontada para a abertura do pesado visor do oponente, que se aferrava ao solo.

Finalmente, Carrouges parou e começou a mexer de forma desajeitada na trava que mantinha o visor fechado. Le Gris, percebendo o objetivo do cavaleiro, debateu-se com ainda mais força. Movia-se de um lado para outro e retorcia a cabeça para evitar os ataques contra sua trava, todo o tempo buscando inutilmente por sua espada na areia. Le Gris ainda tinha a adaga junto ao corpo, mas não conseguiria empunhá-la enquanto o cavaleiro estivesse em cima dele.

Os dois lutavam, a multidão observava o espetáculo horrorizada, fascinada, e Carrouges começou a gritar para Le Gris. Sua voz era abafada pelo visor, mas os espectadores mais próximos puderam escutar suas palavras:

— Confesse! Confesse seu crime!

Le Gris agitou a cabeça com ainda mais violência, como se estivesse se recusando a admitir a culpa ao mesmo tempo que resistia aos esforços do cavaleiro para abrir o visor.

Carrouges, mexendo desesperada e desastradamente na trava com sua luva de ferro, voltou a usar a espada, mas agora atingindo a trava com sua lâmina afiada. O barulho de metal contra metal podia ser ouvido em todos os cantos do campo, e dentro do elmo deveria ser terrível.

Enquanto Le Gris agitava a cabeça de um lado para outro, Carrouges agarrava o elmo com a mão livre para que ficasse em boa posição para seus ataques.

O cavaleiro seguia perdendo sangue, e sua força se esvaía. Diminuiu os esforços, com pausas longas após cada ataque para atingi-lo de forma mais certeira. Por fim, após nova tentativa com a espada, mais direta, conseguiu liberar o pino que prendia o visor, o qual se abriu e expôs o rosto de Le Gris da testa ao queixo.

Le Gris piscou ao encarar a luz e a face do inimigo, que estava a poucos centímetros de distância.

Carrouges levantou sua adaga, gritando mais uma vez:

— Confesse!

Le Gris, preso pelo cavaleiro implacável, gritou de volta, tentando fazer com que fosse ouvido em todo o campo:

— Em nome de Deus, e sob perigo da condenação de minha alma ao inferno, eu sou inocente do crime!

— Então será condenado! — gritou o cavaleiro.

Dito isso, colocou a ponta da adaga abaixo da mandíbula do escudeiro, enquanto agarrava o elmo com a mão livre, e com toda a força que lhe restava enterrou a lâmina fina e afiada na carne branca exposta, enfiando a arma até o punho na garganta do inimigo.

Um espasmo sacudiu o corpo do escudeiro, e sangue espirrou da ferida. Os olhos de Le Gris se abriram e se fecharam rapidamente, e sua garganta soltou um ruído com as respirações finais. Seu corpo tremeu mais uma vez sob o cavaleiro, depois seus membros relaxaram e ele ficou estirado.

Carrouges permaneceu junto ao inimigo por mais um minuto ou dois, até ter certeza de que estava morto. Depois se levantou lentamente, deixando a adaga presa ao corpo sem vida estendido na areia coberta de sangue.

Fraco após tanta exaustão e perda de sangue, Carrouges abriu o visor e olhou para sua esposa. Marguerite agarrou-se à barra de proteção, limpando as lágrimas. Enquanto a multidão silenciosa observava, o casal trocou um longo olhar, os dois parecendo ganhar forças.

Virando o rosto para a plataforma real, Carrouges fez uma reverência ao rei. Depois, acenando para os dois lados, saudou a multidão, que estava pasmada frente ao espetáculo de sangue. O cavaleiro, morto de cansaço e sede, jogou a cabeça para trás e gritou o mais alto que pôde:

"*Ai-je fait mon devoir?*" [Cumpri meu dever?]

Dez mil vozes — silenciadas desde o começo do duelo, sob pena de severas punições — gritaram em uníssono:

"*Oui! Oui!*" [Sim! Sim!]

O rugido da multidão confirmando a vitória do cavaleiro elevou-se sobre o campo de batalha e foi além dos muros do monastério, onde um grande silêncio reinava até então. Por todo o *bourg* de Saint-Martin e nas demais ruas de Paris, as pessoas ouviram o alto brado e pararam por um momento o que faziam, talvez imaginando que a batalha tivesse chegado ao fim, mas ainda sem saber quem ganhara o duelo.

Quando o enorme grito da multidão ecoou para fora dos muros de pedra do antigo convento, os guardas abriram o portão da direita, e Jean de Carrouges saiu do campo. No portão, encontrou-se com um criado, que rapidamente o livrou da proteção da armadura e amarrou um pedaço de pano limpo em volta de sua ferida. Depois, o cavaleiro seguiu para o palanque real. Antes que pudesse abraçar a esposa, celebrando seu triunfo, tinha de prestar seus respeitos ao rei, que ainda presidia o júri.

A multidão voltou a ficar em silêncio enquanto o vencedor lentamente fez seu caminho pelo campo até chegar diante do rei. O rei Carlos, seus tios e cortesãos olharam para baixo, para o cavaleiro com aspecto terrível, mas vencedor, que os encarava empoeirado e com a armadura banhada em sangue. Ele travara uma luta dura e conseguira uma vitória também complicada sobre um inimigo mais forte e saudável, vitória que parecia "um milagre" a qualquer testemunha.

Jean de Carrouges caiu de joelhos ante seu soberano, mas "o rei fez com que se levantasse, oferecendo-lhe mil francos e transformando-o também em membro de sua câmara real com uma pensão de 200 francos ao ano, por toda a vida". O rei Carlos ordenou, então, que um dos médicos de sua equipe pessoal acompanhasse o cavaleiro a seus aposentos e cuidasse dele.

Levantando-se com certa dificuldade, o cavaleiro agradeceu os presentes generosos e fez nova reverência. Depois se afastou, virou o corpo e, ainda cambaleante, porém com passo mais firme, caminhou em direção à esposa.

Os guardas já tinham liberado Marguerite, que o esperava aos pés da plataforma, onde "o cavaleiro se aproximou de sua esposa e a abraçou". O casal ficou parado, unido, ele em sua armadura, ela em seu vestido longo e preto, com os braços de um em volta do outro, diante da multidão que os observava. Antes do duelo, os dois se beijaram e se abraçaram, no que poderia ser sua última vez juntos. O reencontro após o duelo deve ter sido bem diferente. Deus respondera as suas preces. O longo suplício dos dois terminara, estavam livres.

Após o reencontro de Jean e Marguerite, junto a suas famílias e amigos contentes em uma ponta do campo, o casal vitorioso "foi à catedral de Notre-Dame para fazer seus agradecimentos antes de voltar à casa" que ocupavam na cidade. Assim como no caminho de ida naquela manhã, o casal deixou o campo em procissão, mas agora em triunfo, com seus parentes, amigos e criados felizes atrás deles.

A etiqueta pedia que o vencedor deixasse o campo "no lombo de um cavalo e vestindo sua armadura", mostrando as armas que usara para acabar com o inimigo. Portanto, enquanto Jean de Carrouges fazia sua marcha da vitória, saindo de Saint-Martin, montado no mesmo cavalo que o levara ao campo, ele empunhava, para que todos pudessem ver, a espada e a adaga ainda manchada de sangue que afundara na garganta de Le Gris.

Deixando o recinto religioso e voltando à rua de Saint-Martin, o casal percorreu mais de 1,5 quilômetro em direção ao rio e à Île de la Cité. Ao longo do caminho, enquanto seus cavalos seguiam pelas ruas, o casal e sua trupe atraíram olhares curiosos e admirados do povo da cidade e também dos que voltavam do campo de Saint-Martin. Pessoas que não tinham visto o duelo saíam de casa para observar a procissão que passava. A batalha chegara ao fim, mas o espetáculo, não.

Notre-Dame situava-se no outro extremo da ilha, no lado oposto ao Palácio de Justiça, onde o desafio e o inquérito tinham acontecido no último verão. A obra da catedral fora concluída um século antes, em 1285, e, quando Jean e Marguerite foram até lá para dar graças a Deus por sua justiça, as duas grandes torres já se elevavam sobre a praça onde os frades pregavam, comerciantes vendiam as mercadorias, mendigos pediam esmolas, prostitutas negociavam seu corpo, traidores eram esquartejados e hereges, queimados.

Naquele mesmo local, durante o reinado de Carlos V, o famoso duelo entre um homem e um cachorro supostamente aconteceu. E também lá, no fim da tarde do dia de festa em honra a São Tomás Becket, o cavaleiro e sua senhora, tendo sobrevivido a seu longo e duro calvário, seguiram caminho pela praça em direção às altas portas de bronze da catedral, onde entraram para rezar. Ante o altar principal, entre as luzes de velas do imenso santuário e as doces nuvens de incenso, os dois juntos fizeram rezas de agradecimento pela vitória naquele dia.

Dizem que em Notre-Dame o cavaleiro ofereceu, junto a suas rezas, algo do que ganharia com a vitória. O vencedor de um duelo judiciário costumava receber a armadura de seu oponente, e um relato diz que Jean de Carrouges deixou no altar a armadura ainda ensanguentada de seu inimigo morto. Com sua doação à igreja, ele pagou seu débito e mostrou gratidão a Deus.

E o escudeiro vencido? Quando Jean e Marguerite deixaram o campo de batalha de Saint-Martin para oferecer suas preces de agradecimento em Notre-Dame, um destino muito diferente esperava os restos de Jacques Le Gris. Enquanto a família e os amigos do casal triunfante se alegravam com eles pela vitória, os parentes e amigos do escudeiro não tinham nada a festejar, tudo o que podiam fazer era suportar a vergonha que recaíra sobre o corpo de seu senhor morto.

Após morrer na batalha, seu corpo foi "condenado a ser dependurado na forca, seguindo os costumes estabelecidos para os duelos". O corpo de Le Gris, já sem sua armadura, foi carregado para fora do campo pelos pés e depois "entregue ao executor de Paris". O executor pendurou o corpo ensanguentado na sela de um cavalo e arrastou-o pelas ruas na rota em direção à porta Saint--Denis e para além dos muros da cidade, seguindo para Montfaucon.

Caso o resultado do duelo tivesse sido outro, o executor de Paris, o temido *bourreau* da capa preta, teria se ocupado do corpo ainda vivo de Marguerite e deveria prendê-lo a uma estaca sobre um monte de madeira ao qual poria fogo após a reza dos padres. Mas, em vez disso, tinha nas mãos o cadáver de Le Gris para retirar do campo; o corpo de um criminoso, objeto de vergonha e asco.

Nos anos 1380, Montfaucon ainda distava quase um quilômetro do norte de Paris, uma verdadeira cidade da morte. Conhecido destino de assassinos, ladrões e outros condenados, era uma colina baixa encimada por grandes forcas de pedra com mais de doze metros de altura, com pesadas barras de madeira capazes de acomodar sessenta ou oitenta corpos de cada vez. Lá, criminosos vivos, já com a corda enrolada no pescoço, eram forçados a subir uma escada para então serem enforcados, enquanto os restos mortais dos que tinham sido afogados, esquartejados ou executados na cidade eram suspensos presos em correntes. Os corpos dos vencidos em combates judiciários, comprovadamente culpados, também eram dispostos no mesmo local, unindo-se à vasta "multidão de esqueletos balançando ao vento, compondo uma canção soturna com suas correntes a cada rajada de vento". A infame colina era ninho de ratos, corvos e outros animais do tipo, que encontravam muita comida entre os corpos em decomposição, sendo atraídos pelo odor da morte que mantinha os homens vivos longe dali — o cheiro de podridão podia ser sentido a quase um quilômetro de distância, na cidade, sempre que o vento soprava desde Montfaucon.

Os corpos dos homens executados deveriam ficar dependurados até que seus ossos fossem completamente limpos pelos animais e branqueados pelo sol e pelo vento. Um alto muro de pedra com um portão de ferro trancado evitava que amigos ou parentes fossem recuperar os cadáveres — ou que médicos fossem buscar material para dissecação. Mas a constante necessidade de espaço obrigava a remoção dos corpos antes do período previsto, fazendo com que fossem depositados em um terreno logo abaixo, onde os criminosos mortos não encontravam qualquer enterro cristão ou paz eterna, mas apenas o terrível anonimato da vala comum.

Jean Froissart, um dos cronistas que deixaram relato do duelo, perde pouco tempo descrevendo o terrível fim do escudeiro em Montfaucon, enxergando a forca e a vala comum como recompensas justas para seu notório crime. Froissart retrata Le Gris como "homem de nascimento humilde que ascendera no mundo favorecido pela fortuna, como muitos outros. Mas, quando estão no topo e pensam que estão com a vida assegurada, a fortuna os leva de volta à lama e eles terminam a vida em um nível mais baixo do que começaram".

Montfaucon

O corpo de quem perdia o duelo judiciário era arrastado para fora dos muros de Paris e dependurado nas forcas de pedra que, nesta imagem, podem ser vistas atrás dos hereges sendo queimados. MS. fr. 6465, fol. 236. Bibliothèque Nationale de France.

Na escala de valores de Froissart, a lama onde a Senhora Fortuna enterrou o escudeiro é o equivalente moral ao terreno onde o cavaleiro vingativo atirou e matou Le Gris durante o combate, e também ao chão no qual o próprio Le Gris atirou a senhora indefesa e a violou. A última queda do escudeiro envolve, então, uma justiça poética e real. O cronista chega mesmo a dizer que a Senhora Fortuna castigou o escudeiro por seu terrível crime contra outra senhora. Ainda que a Fortuna governe o mundo cegamente, e sua inexorável roda remova a vida dos bons tanto quanto a dos maus, algumas vezes o humilde que se transforma em orgulhoso volta a ser humilde, existindo para tudo uma dura justiça.

10

CONVENTO E CRUZADA

A pensão real oferecida a Jean de Carrouges após vencer e matar Jacques Le Gris no campo de batalha e o alto título real que recebeu não foram os únicos frutos de sua vitória. Dois meses após o duelo, o Parlamento de Paris ofereceu ao cavaleiro uma soma adicional de 6 mil *livres* em ouro. De acordo com um *arrêt* de 9 de fevereiro de 1387, essa soma indenizou Carrouges pelas "despesas e danos" causados por Le Gris durante o desenrolar do caso legal. As 6 mil *livres*, confiscadas dos bens do escudeiro morto, aumentaram os espólios de batalha do cavaleiro. Mas após derrotar seu inimigo, vingar sua causa, salvar sua mulher da pena de morte e receber presentes reais e aclamação pública, junto a uma boa soma como recompensa, o cavaleiro ainda não estava satisfeito.

Após a morte de Le Gris, grande parte de suas propriedades foi revertida ao conde Pierre de Alençon, incluindo Aunou-le-Faucon. Exatamente o feudo que o pai de Marguerite vendera ao conde Pierre em 1377 e que o conde, por sua vez, oferecera a Le Gris em 1378. Quando Jean de Carrouges casou-se com Marguerite, dois anos depois de então, e percebeu que a valiosa propriedade de Aunou-le-Faucon escapara de suas mãos, deu início a uma batalha judicial para reavê-la, mas o conde Pierre conseguiu a aprovação real para seu presente ao escudeiro, pondo um fim ao protesto de seu vassalo. Após matar o escudeiro no duelo, Jean de Carrouges tentou mais uma vez recuperar esse pedaço de terra, como se a vingança não estivesse completa até que o possuísse. Carrouges chegou a tentar usar parte de suas 6 mil *livres* vindas do espólio do escudeiro para comprar Aunou-le--Faucon. A nova disputa pelo feudo seguiu por quase dois anos. No fim, o cavaleiro outra vez falhou em alcançar seu objetivo, e pelo mesmo motivo anterior — ou seja, a petição do conde Pierre por meio da qual ele reivindicava as terras. No dia 14 de janeiro de 1389, o Parlamento de Paris decretou que Aunou-le-Faucon pertencia legalmente ao conde Pierre, deixando-a para sempre longe das mãos do cavaleiro. Anos mais tarde, as terras terminariam nas mãos do filho bastardo do conde.

Jean de Carrouges havia brigado com Jacques Le Gris por conta dessas terras. Será que o cavaleiro não se sentia completamente vingado por não conseguir recuperá-las? Quanto a Marguerite, o que Aunou-le-Faucon significava para ela? Fora a principal vítima de Le Gris, sofrendo bem mais que o marido com o crime e suas consequências. Após o terrível ataque, o angustioso julgamento e a provação do duelo, quanto ela realmente se preocupava com a recuperação de um pedaço de seu patrimônio cujo próprio nome — indubitavelmente associado a todos aqueles acontecimentos — seria uma eterna lembrança de fatos dos quais passaria o resto da vida tentando se esquecer?

Nos meses que se seguiram ao duelo, cuidando do filho nascido pouco antes do embate, Marguerite deve ter experimentado uma bem-vinda distração de suas traumáticas experiências e das preocupações do marido com terras e dinheiro. O menino, Robert, batizado com o nome do pai de Marguerite, Robert de Thibouville, foi o primeiro filho dela, ou pelo menos o único do qual há registro. Mas é possível que o menino tenha tido dois irmãos. Enquanto crescia, provavelmente Robert soube que pertencia a uma das famílias mais famosas — ou infames — da Normandia. Seu avô traíra o rei duas vezes e quase perdera a cabeça por causa disso. Seu pai lutou um célebre duelo em Paris contra um homem acusado de estuprar sua mãe. E, mesmo com as crenças da época sobre a impossibilidade de concepção após um estupro, deve ter corrido certo rumor de que Robert, nascido após tantos anos de seus pais vivendo juntos e sem filhos, poderia ser filho bastardo de Jacques Le Gris. Mesmo assim, como primogênito de Jean e Marguerite e seu principal herdeiro, Robert estava na linha de frente para herdar grande parte das terras e riquezas da família.

Ainda que Jean de Carrouges tenha perdido Aunou-le-Faucon mais uma vez, sua vitória no campo de batalha o fez ganhar reconhecimento e recompensas que o favoreceram por vários anos na corte do conde Pierre, em Argentan, onde alcançou uma nova e mais alta esfera para suas ambições na corte real, em Paris. Poucos anos após o duelo, Jean foi nomeado um dos cavaleiros do rei. No dia 23 de novembro de 1390, o rei Carlos ofereceu 400 francos de ouro a Carrouges, nomeando-o *chevalier d'honneur.* Era um posto ainda mais importante que o alcançado por Jacques Le Gris como escudeiro real. Após retirar seu rival de cena matando-o em um duelo, Carrouges pareceu conseguir arrebatar a posição de Le Gris na corte real.

Ao aproximar-se do privilegiado círculo ao redor do rei, Jean começou a receber importantes incumbências. Em 1391, acompanhou destacados nobres franceses à Europa oriental para conseguir informações sobre incursões otomanas naquela área. O sultão invadira recentemente a Hungria com um grande exército, fazendo levantar novos medos de uma ameaça de exércitos muçulmanos contra o cristianismo. A inteligência militar da Turquia e da Grécia "foi comandada pelo idoso senhor Boucicaut, marechal da França, e pelo senhor Jean de Carrouges". O fato de Carrouges ter sido nomeado junto com o marechal Boucicaut demonstra o prestígio do cavaleiro na corte francesa.

Antes de retornar à Europa oriental, cinco anos depois, em uma cruzada montada para checar a ameaça otomana, o cavaleiro ajudou a lidar com outro perigo mais próximo de casa. Em 1392, a França entrou em crise quando Pierre de Craon, nobre desgraçado que fora banido da corte no ano anterior, tentou assassinar Olivier de Clisson, condestável da França, a quem culpava por seu exílio. Certa noite, Craon surpreendeu Clisson com uma tropa de homens a cavalo nas ruas escuras de Paris. Esses homens o derrubaram do cavalo com um forte golpe de espada e o deixaram para morrer. Mas Clisson sobreviveu ao ataque e nomeou seu agressor. Quando Craon se refugiou sob a proteção do duque da Bretanha, que se recusou a entregá-lo ao rei, o rei Carlos levantou um exército para subjugar o duque rebelde e levar Craon à justiça.

Por esse motivo, Jean de Carrouges, recentemente elevado a *chevalier d'honneur*, estava entre os membros da delegação enviada pelo rei à Bretanha no verão de 1392, junto a dez escudeiros. O rei Carlos, então com 23 anos, logo se livrou da sombra dos tios, declarando-se único governante da França. Mas a campanha liderada pelo jovem rei teria uma conclusão surpreendente.

No dia 8 de agosto, o exército do rei passava por um grande bosque próximo a Le Mans. Fazia muito calor, o clima estava bem seco. De repente, um homem surgiu e agarrou o cavalo do rei pela rédea, gritando: "Rei, não siga adiante! Volte, pois o senhor foi traído!" Imaginando tratar-se de um louco, os ajudantes do rei começaram a bater no homem, e, quando ele soltou as rédeas, o séquito real seguiu seu caminho.

Por volta do meio-dia, deixaram o bosque e começaram a cruzar uma extensa planície arenosa, sob um sol forte e quente. Os senhores cavalgavam distantes uns dos outros, e o rei também se afastou de seu exército para evitar a poeira. Seus tios, os duques de Berry e da Borgonha, estavam noventa metros à esquerda. Como relata um cronista: "A areia estava quente embaixo dos cascos, e os cavalos suavam." O rei fora malvestido para a ocasião, com "uma jaqueta preta de veludo, que o aquecia muito, e um chapéu escarlate". Atrás do rei, seguia um pajem vestindo um elmo de aço polido e após esse primeiro pajem estava outro, carregando uma lança com larga cabeça de aço.

Em certo momento, o segundo pajem acidentalmente deixou cair a lança, que tocou o elmo do homem a sua frente. "Ouviu-se um barulho alto de aço, e o rei, tão perto porque os homens cavalgavam nos calcanhares de seu cavalo, parou imediatamente. Sua mente deu um estalo, pois seus pensamentos ainda processavam as palavras que o louco — ou sábio homem — lhe dissera no bosque, e imaginou que uma grande horda de inimigos estaria a caminho para matá-lo. Sob tal ilusão, sua mente debilitada fez com que ficasse possesso. Apressou o cavalo, depois levantou a espada e andou em círculos em volta de seus pajens. Já não os reconhecia, não reconhecia ninguém mais. Imaginou estar em uma batalha, cercado de inimigos. Erguendo mais uma vez a espada com o intuito de golpear qualquer pessoa que estivesse em seu caminho, gritou: 'Ataque! Ataque aos traidores!'"

Os pajens, apavorados, desviaram seus cavalos para escapar à lâmina do rei, e na confusão que se seguiu ele conseguiu atingir e matar vários homens de seu *entourage*. Depois procurou o irmão, Luís de Valois, e foi em sua direção. Luís esporeou seu cavalo e galopou muito assustado. Os duques da Borgonha e de Berry, ouvindo o tumulto, deram uma olhada e viram o rei caçando o irmão com a espada em riste. O duque da Borgonha gritou: "Oh! O desastre tomou conta de nós. O rei perdeu a cabeça! Vamos detê-lo, em nome de Deus! Agarrem-no!"

Após o grito de alarme do duque, muitos cavaleiros e escudeiros se lançaram para agarrar o rei. Jean de Carrouges, que fazia parte do *entourage* do rei, deve ter se unido à busca. Em pouco tempo, uma grande linhagem de homens a cavalo, com o irmão horrorizado do rei à frente e o próprio rei muito perto dele, galopavam pela areia sob o sol abrasador, levantando uma nuvem de poeira.

Até que Luís conseguiu deixar para trás o rei, e os homens o cercaram. O rei continuou a brandir sua espada para os supostos inimigos, que deixaram que se cansasse enquanto se esquivavam de suas investidas, tomando muito cuidado para não feri-lo. Por fim, o rei, exausto, desmaiou na sela do seu cavalo.

Um cavaleiro, silenciosamente, aproximou-se de Carlos e o segurou. Outros retiraram sua espada e desmontaram-no, deitando-o gentilmente no chão. "Seus olhos giravam de forma muito estranha", e ele não falava, incapaz de reconhecer mesmo seus tios ou seu irmão. O rei foi levado de volta a Le Mans em uma liteira, e a expedição militar foi imediatamente desarticulada.

Essa foi a primeira demonstração pública da loucura que afligiria o rei pelo resto de seu longo reinado. Nos trinta anos seguintes, até sua morte, em 1422, Carlos alternou entre períodos de lucidez, quando parecia completamente bem, e acessos de insanidade debilitante. Incrivelmente sensível à luz forte e a sons altos, algumas vezes reclamava por ser tão frágil que poderia quebrar-se como vidro. Carlos, que apenas pouco tempo antes se livrara do controle dos tios e se declarara único governante da França, ficou então incapacitado de governar a si mesmo, quanto mais sua nação, e seus poderes foram transferidos aos tios e ao irmão, Luís de Valois, que por pouco não foi atingido pela espada do rei.

Em um ano, Carlos de novo escapou por pouco, quando ele e cinco jovens nobres entraram em um salão de baile lotado acorrentados e fantasiados de selvagens em roupas de linho. Os nobres, amigos de Carlos, imaginaram que tal loucura distrairia o rei de sua melancolia e melhoraria seu ânimo. Um convidado entusiasmado, tentando identificar os selvagens, levantou uma vela bem próximo a eles, incendiando suas roupas, que queimaram como tochas. Os nobres morreram queimados — menos um deles, que conseguiu mergulhar em um barril cheio de água próximo, e o próprio Carlos, que havia se afastado para mostrar-se a umas mulheres e foi salvo quando a duquesa de Berry, pensando rapidamente, envolveu-o com sua saia para protegê-lo enquanto os outros homens em chamas se reviravam pelo chão, em agonia. A noite infernal, que ficou conhecida como Baile dos Ardentes, destruiu o que restava dos nervos do rei e pareceu piorar sua demência.

Durante todo esse tempo, a França e a Inglaterra estiveram sob tratados de paz, selados por um embaixador atípico — Robert, o Ermitão, escudeiro normando que teve uma visão durante uma tempestade marítima na sua volta da Palestina e visitara as duas cortes reais para dizer aos dois reis que Deus gostaria que encerrassem sua longa guerra e remediassem o cisma na Igreja. França e Inglaterra também estavam unidas pela crescente ameaça otomana, e, em 1396, as duas nações cimentaram uma paz de 28 anos com o casamento real entre Ricardo II e a filha de Carlos, Isabel. O mal combinado casal — Ricardo tinha 29 anos e Isabel, apenas seis — nunca consumaria seu casamento, e Ricardo seria destituído três anos mais tarde, mas, na época do noivado, em março de 1396, as duas nações já tinham inclusive se aliado em uma grande cruzada para salvar o cristianismo dos turcos.

NICÓPOLIS

Os cruzados europeus, entre eles muitos cavaleiros normandos, lutaram contra as tropas turco-otamanas e seus aliados em sua fortaleza no Danúbio, em 1396. Froissart, Chroniques. *MS. fr. 2646, fol. 220. Bibliothèque Nationale de France.*

Jean de Carrouges, aparentemente ansioso por uma nova aventura militar, entrou na cruzada, que atraiu nobres e cavaleiros de toda a Europa. Os homens da Borgonha tomaram a dianteira, sob as ordens de Jean de Nevers, filho do duque Filipe. Entre os comandantes franceses estavam o marechal Boucicaut, com quem Carrouges visitara a Turquia e a Grécia; Filipe de Artois, o conde d'Eu, que servira como um dos substitutos de Jacques Le Gris; e o almirante Jean de Vienne. Carrouges lutara com Vienne na Normandia contra os ingleses quase vinte anos antes, e, em 1385, se unira a ele na malfadada expedição à Escócia. Essa era a terceira campanha do cavaleiro com o famoso almirante.

Alguns líderes falaram em rumar até Jerusalém, mas a fraca coalizão de exércitos nunca entrou em acordo para seguir um plano claro. Os franceses e os da Borgonha se uniram em Dijon no fim de abril de 1396, onde receberam salários de quatro meses adiantados. De lá, marcharam na direção leste por Suíça, Baviera, Áustria e Hungria, reunindo-se em Budapeste com outros cruzados, entre os quais o rei Sigismundo da Alemanha e Hungria. De Budapeste, alguns cruzados continuaram na direção sul, entrando nos Bálcãs, seguindo o Danúbio, com uma frota de navios de suprimento acompanhando-os no rio; outros tomaram um caminho mais direto, por terra, em direção ao norte, passando por Belgrado e Orsova.

Os cruzados voltaram a se encontrar no início de setembro em Vidin, que cercaram e capturaram, aniquilando toda a tropa local. Ao continuarem na direção leste, seguindo o Danúbio, já com poucos suprimentos, atacaram e saquearam várias outras cidades. No dia 12 de setembro chegaram a Nicópolis, atual Bulgária. A cidade, muito bem fortificada, estava sobre uma alta ribanceira voltada para o rio e era fortemente defendida pelos otomanos. Um ataque inicial, com minas e escadas para escalar, falhou por falta de mecanismos de cerco.

O sultão Bayezid, líder otomano, havia sido cercado no ano anterior em Constantinopla, 480 quilômetros adiante. Sabendo do ataque de exércitos cristãos a Nicópolis, abandonou o cerco e ordenou uma rápida marcha para o norte. O exército do sultão uniu-se a seus aliados sérvios em Kanzalak por volta do dia 20 de setembro e, já reforçados, seguiram em direção a Nicópolis. Chegando lá no dia 24 de setembro, acamparam em uma área próxima, enviando mensagens noturnas para encorajar a cidade a aguentar, pois a ajuda chegara.

Em vez de atacar, o sultão escolheu o campo de batalha e armou suas defesas em um cume atrás de um estreito desfiladeiro cheio de árvores, poucos quilômetros ao sul da cidade, onde ordenou que suas tropas fincassem grossas fileiras de estacas de madeira pontiagudas. Os cruzados notaram estar presos entre a cidade e o exército do sultão. Tendo feito milhares de prisioneiros nas cidades vizinhas e naquele momento temendo uma tentativa de resgate de Nicópolis, os cruzados massacraram todos eles, deixando os corpos intactos — ou seja, não queimados — por conta da pressa.

Na manhã da segunda-feira, 25 de setembro, os cruzados foram de encontro ao exército do sultão. Os franceses e os borgonheses se recusaram a marchar atrás das forças do rei Sigismundo, que consideravam camponeses, e insistiram em tomar a liderança. Sigismundo cedeu, avisando a seus aliados que não se adiantassem muito ou não teriam uma boa posição de defesa em sua pressa de atacar.

Enquanto as linhas de cruzados se formavam, o obstinado conde d'Eu pegou uma bandeira e gritou: "Adiante em nome de Deus e de São Jorge!" Jean de Vienne e outros comandantes franceses estavam horrorizados, mas quando imploraram ao conde que esperasse até que as tropas estivessem prontas, ele os acusou de covardia, e o ataque prematuro começou.

A pesada cavalaria francesa se adiantou, mas logo teve de descer a colina em direção à ravina arborizada, pois os arqueiros otomanos montados atiraram uma saraivada de flechas do cume acima. Após alcançarem o riacho seco logo abaixo, os cruzados tiveram de subir a ladeira oposta. Alguns subiram a pé, pois tinham perdido seus cavalos em razão das flechas inimigas; outros desmontaram porque a ladeira era muito íngreme em alguns pontos.

Muitos cruzados chegaram ao topo, pois suas armaduras os protegiam da maioria das flechas. Mas, à medida que os arqueiros inimigos recuavam, eles descobriram uma floresta de estacas afiadas que protegiam a forte infantaria otomana. Os cruzados começaram a usar as estacas para atingir o inimigo e, enquanto saíam pelas defesas abertas, os cavaleiros conseguiram matar ou ferir grande parte da infantaria pouco armada.

Os cruzados estavam a ponto de dominar a batalha, mas de repente a cavalaria otomana entrou em cena. Durante o *mêlée* seguinte, os cavaleiros franceses lutaram a pé, atacando os cavalos inimigos com suas adagas. Muitos caíram dos dois lados, mas a cavalaria turca finalmente bateu em retirada. Os cruzados, imaginando que tinham ganhado o dia, descansaram, exaustos por terem subido a colina sob o sol inclemente e fogo inimigo, rompido um emaranhado de estacas de madeira e combatido ondas de infantaria e cavalaria.

Mas, para surpresa deles, uma força de cavalaria escondida mantida como reserva pelo sultão surgiu por detrás de algumas árvores e os atacou. Alguns cruzados foram mortos na primeira ofensiva, enquanto outros desceram pela ladeira que tinham acabado de subir e voltaram à cidade, uns atravessando o Danúbio em busca de salvação. O restante ficou por lá, lutando e vendo seus camaradas mortos empilhados ao redor. Jean de Vienne foi um dos muitos que morreram naquele dia, com a bandeira da Virgem ainda nas mãos. As forças de Sigismundo, que seguiram a ofensiva franco-borgonhesa, foram destruídas.

Defrontando uma desvantagem esmagadora, muitos cruzados finalmente se renderam, incluindo Boucicaut e o conde d'Eu, que liderou a precipitada ofensiva francesa. Os turcos chegaram a capturar mais de 3 mil homens. Alguns, ricos e de alto escalão, foram feitos reféns e soltos mediante pagamento de resgate, como Boucicaut e Jean de Nevers, filho do duque Filipe. Muitos, porém, pagaram com a vida pela matança cristã do dia anterior, por isso essa vingança do sultão. No dia seguinte à batalha, os turcos cortaram a cabeça de várias centenas de cruzados, até que o sultão, incomodado com a carnificina, ordenou que parassem.

O que o destino reservou para Jean de Carrouges em Nicópolis, não sabemos. Tudo indica que tenha morrido lutando contra os turcos não muito longe de onde Jean de Vienne, seu antigo comandante, caíra, e deve ter sido enterrado com ele em uma vala comum. Ou, talvez, tenha sido um dos prisioneiros executados pelos otomanos no dia seguinte, como vingança pelo massacre dos cativos nas mãos dos cristãos. Em vista de sua bravura e ferocidade, e de sua lealdade aos camaradas, é improvável que Carrouges tenha sido um dos que fugiram da batalha. Nicópolis, uma das maiores debacles militares de todos os tempos, encerrou três séculos de aventuras militares europeias no Oriente. Jean de Carrouges morreu no que ficou conhecido depois como a Última Cruzada.

Se a partida de Jean na cruzada deixou Marguerite sem seu defensor, a notícia de sua morte em Nicópolis deixou-a permanentemente sozinha. Seu filho, Robert de Carrouges, era apenas um menino de dez anos na época da morte do pai e levaria uma década para alcançar a maioridade; no devido tempo, pegaria em armas para defender a França quando Henrique V desembarcasse na Normandia com seu exército, em 1415. Talvez Marguerite pudesse contar com seu primo, Thomin du Bois, que desafiara Adam Louvel para um duelo em nome dela; ou com seu outro primo, Robert de Thibouville, que fora um dos substitutos de seu marido no campo de Saint-Martin. Mas após dizer adeus a Jean pela última vez, na primavera de 1396, quando ele fracassou em voltar para casa, ela deve ter se sentido muito abandonada e sozinha.

O duelo entre Jean de Carrouges e Jacques Le Gris, dez anos antes, terminou oficialmente uma longa disputa, mas não cessou os rumores e as fofocas. Dois cronistas reportaram que, alguns anos após o combate, outro homem — em certa versão da história, um condenado a ponto de ser executado por outro crime; em outra, um homem doente em seu leito de morte — confessou o estupro. Nenhuma fonte fornece qualquer outro detalhe sobre essa suposta confissão e nenhuma versão da história jamais foi comprovada, mas muitos cronistas e historiadores desde então repetiram tais lendas como fato.

Alguns alegaram que essa "verdadeira" confissão foi o que levou Jean de Carrouges a lançar-se na cruzada, seja para escapar do escândalo resultante, seja para penalizar-se por seus pecados. Alguns disseram que a notícia de tal confissão levou Marguerite ao convento, consumida pela culpa e pelo remorso por ter injustamente acusado e causado a morte de um inocente. Um relato diz que Marguerite passou a usar véu e fez voto de permanente castidade; outro, que se tornou religiosa reclusa e terminou seus dias em exercícios de devoção, fechada em uma cela. Mas nenhuma evidência foi oferecida a tais histórias implausíveis.[17] Ricas viúvas de nobres algumas vezes se retiravam para conventos como membros "pagantes", e algumas chegavam a virar freiras. Marguerite, no entanto, claramente manteve suas posses mundanas, pois nos últimos dias ofereceu-as ao filho Robert. Por isso, a hipótese de que tenha terminado seus dias em reclusão, por culpa, é improvável.

Ironicamente, restam menos registros escritos sobre Marguerite do que sobre o homem acusado de estuprá-la e que morreu por esse crime no famoso duelo. Um contrato datado de 15 de março de 1396, mais ou menos à época em que Jean partiu na cruzada, registra que os monges na abadia de Saint-Martin, em Sées, próximo a Argentan, receberam 200 francos de ouro do filho do escudeiro, Guillaume, para cantar missas perpetuamente pela alma de Jacques Le Gris. Ao morrer no campo sem confessar seu crime, o escudeiro, se realmente culpado,

---

[17] Outra lenda falsa sobre Marguerite diz que, como vítima de estupro, ela teria cometido suicídio.

danara a si próprio com seus juramentos. Mas muitas pessoas, inclusive sua família, acreditavam em sua inocência, e as missas que pagaram devem ter sido parte do contínuo protesto contra o que enxergavam como uma morte injusta e vergonhosa não merecida. O contrato da família com Saint-Martin desafiadoramente nomeia o escudeiro morto pelo infame crime uma década antes como "homem de nobre memória". Cinco séculos depois, os descendentes do escudeiro ainda protestavam contra o resultado do duelo, dizendo ser uma falha da justiça.

Nunca saberemos ao certo o que aconteceu com a senhora naquele castelo. Mesmo que o próprio advogado do escudeiro pareça ter suspeitado da culpa de seu cliente, alguns cronistas duvidaram das palavras de Marguerite, e muitos historiadores ao longo dos séculos concordaram com eles, levantando uma nuvem de questões sobre o famoso crime, o julgamento e o duelo. Muitos outros, no passado e hoje, acreditaram na senhora e em sua história, a qual ela reafirmou diversas vezes, mesmo sob grande risco para si mesma na mais alta corte francesa.

Quanto à famosa luta de morte entre Jean de Carrouges e Jacques Le Gris, foi o último duelo judiciário sancionado pelo Parlamento de Paris. O resultado controverso do duelo chegou a ser creditado como acelerador do declínio de uma instituição que algumas pessoas na época, e muitas em séculos seguintes, enxergavam como uma das práticas judiciais mais bárbaras da Idade Média. Vários pedidos de combate judiciário chegaram ao Parlamento de Paris nos anos posteriores, mas nenhum deles resultou em um *arrêt* autorizando o duelo.

No século seguinte, no entanto, os duelos judiciários continuaram acontecendo em regiões da França que não estavam sob jurisdição do Parlamento, tal como a Bretanha e partes de Flandres sob controle da Borgonha. Dois nobres travaram um duelo em 1430 em Arras; em 1455, dois burgueses lutaram com porretes ante uma grande multidão em Valenciennes; e, em 1482, um duelo aconteceu em Nancy. Tais duelos judiciários também se mantiveram vivos em outras partes da Europa, especialmente na Grã-Bretanha, onde nobres e plebeus se serviram de tal privilégio até que eventualmente caiu em desuso. Em 1583, um duelo de morte foi lutado na Irlanda com a aprovação da rainha Elizabeth. E tais práticas só em 1819 foram completamente extintas na Inglaterra, após um caso de assassinato ter provocado um desafio de duelo, levando o Parlamento inglês a abolir o costume para sempre.

Na mesma época, em grande parte dos países europeus, bem como nos recém-independentes Estados Unidos, o duelo tinha se transformado em uma prática estritamente privada e ilegal, realizada em segredo, em geral com pistolas, mais sobre assuntos de honra de cavalheiros do que sobre queixas criminais. O vitorioso que matasse seu oponente em um duelo privado se arriscava a ser acusado de assassino, o que demonstra que o duelo já não era parte do sistema legal, mas o vestígio de uma era passada.

Ritual antigo, criado para resolver problemas antes que eles se transformassem em disputas sangrentas, o duelo foi refinado durante a Idade Média, chegando a se tornar um procedimento legal de elaborada cerimônia religiosa e exibição de cavalheiros, montado em cidades grandes e pequenas, perante nobres cortes e grandes multidões. Mas, nos tempos modernos — quando as pistolas suplantaram as espadas e as partes deixaram de lado o combate corpo a corpo —, o duelo transformou-se em um costume furtivo e fora da lei confinado a clareiras em bosques ou a campos abertos, sempre à margem da civilização.

Em sua forma privada e ilegal, o duelo pouco refletia a grandeza solene de sua época de ouro medieval, quando raivosos nobres se desafiavam e deixavam cair a luva no chão, depois vestiam uma armadura, faziam juramentos perante padres e esporeavam seus cavalos de guerra em direção a um campo cercado para lutar diante de milhares de testemunhas usando lanças, espadas e adagas, pondo em risco sua palavra e sua honra, sua fortuna e sua vida, e mesmo a salvação de suas almas imortais. O mundo nunca mais veria tais espetáculos.

EPÍLOGO

Capomesnil, a cena do alegado crime, é hoje um vilarejo calmo e pacífico no interior da Normandia. O rio Vie ainda é a força vital no fértil e pequeno vale onde a família Carrouges um dia teve um feudo, e em grande parte do ano suas águas, conhecidas pelos pescadores locais de truta, correm placidamente por entre os campos e pomares, passando ao largo do antigo moinho medieval e junto à pequena ribanceira onde antes ficava o castelo. Após as terras terem saído das mãos da família Carrouges, o castelo foi ocupado por outras pessoas, até ficar em ruínas e ser destruído na época da Revolução Francesa. Dele, hoje, não resta nenhuma pedra, exceto pedaços de marcenaria recuperados mais tarde para serem utilizados em casas e edifícios agrícolas que hoje pontilham a área junto ao rio.

Um pouco mais de 1,5 quilômetro ao norte, do outro lado do vale do rio e em terreno mais alto, está o vilarejo de Saint-Crespin, com a torre de sua igreja ainda apontando para o céu, algo que Jean e Marguerite devem ter visto muitas vezes ao visitarem Capomesnil. Na direção leste avista-se uma linha de pequenas colinas e, mais ou menos dezesseis quilômetros além delas, a cidade de Lisieux, ao longo da estrada que vem de Fontaine-le-Sorel, mesmo caminho que Jean e Marguerite utilizaram para chegar a Capomesnil no inverno de 1385-1386, quando o mais turbulento capítulo da vida de ambos estava a ponto de ser escrito.

Outra estrada chega a Capomesnil vinda do sul e segue em direção a Saint-Pierre-sur-Dives, cidade à qual foi chamada Nicole de Carrouges, deixando Marguerite sozinha na manhã fatal do crime. O visitante moderno pode chegar a Capomesnil seguindo a autoestrada D16 ao norte de Saint-Pierre e desviando na pequena estrada que segue para leste, junto ao rio Vie, em direção a esse vilarejo desinteressante, um agrupamento de uma dúzia de edificações que hoje ocupa o local.

Em uma manhã no início de março, os campos ainda estavam pesados como consequência das últimas chuvas de inverno, e o rio estava alto atrás da represa próxima ao local do antigo moinho. O dique aberto por um oficial do Bureau des Eaux submergiu a estrada que seguia para o norte acompanhando o vale do rio e isolou Capomesnil de Saint-Crespin com um fosso temporário, da mesma forma que os camponeses em outras épocas inundavam valas para proteger seus grãos e víveres durante a Guerra dos Cem Anos. Mas as águas já estavam recuando, o sol recaía sobre o solo fértil carregando uma promessa de primavera e os corvos que pousavam ruidosamente nas macieiras ao longo da margem do rio eram os únicos em briga naquele momento.

Próximo à placa que identificava o local com seu nome moderno, "Caparmesnil", vi um homem com botas de plás-

EPÍLOGO

tico trabalhando com uma pá em seu jardim lamacento, não muito longe de onde ficava o antigo castelo. Parei ao lado da estrada e desci do meu Citroën alugado. Após vários dias conversando com nativos normandos, inclusive um historiador da região que generosamente me ofereceu o telefone de novos líderes locais, estava louco para saber o que o homem com a pá sabia sobre o castelo que antes ficava ali perto e sobre a história de seus famosos habitantes medievais. Talvez tivesse herdado algumas relíquias do passado em suas terras.

Aproximando-me da cerca de arame farpado além da qual ele trabalhava, e saudando-o com meu melhor francês, apresentei-me e perguntei se por acaso sabia algo sobre o velho castelo da família Carrouges. Fazendo uma pausa em sua escavação, o homem me estudou, claramente assustado com aquela visita não anunciada a seu calmo feudo e suspeitando de meu repentino interesse por suas terras.

Talvez tenha sido culpa de meu francês com muito sotaque ou da falta de uma boa apresentação, ou talvez mesmo minha óbvia "americanidade", ou simplesmente a velha desconfiança normanda — nutrida após centenas de anos de guerras, pilhagem, traição e cobradores de impostos — diante de um estranho que aparece de repente perguntando coisas impertinentes. Seja qual for a razão, o homem me disse sucintamente que eu deveria levar minhas questões à *mairie*, ou seja, à prefeitura. Levantou sua pá enlameada no ar para apontar em direção a Mesnil-Mauger, alguns quilômetros atrás, na direção de onde eu tinha vindo. Um cão grande e aparentemente feroz começou a ladrar atrás do homem, pulando e alcançando o topo da cerca com suas enormes patas.

Eu permaneci do outro lado da cerca que havia entre nós. Obviamente, o homem não me convidaria para entrar em sua antiga propriedade para que eu pudesse buscar pedras de fundações nem para tomar um gole de Calvados, o *brandy* nativo feito de maçã, enquanto eu saborearia suas interessantes histórias sobre lendas medievais locais. Lá, no mesmo local onde ficara o antigo castelo, e onde coisas terríveis foram feitas a uma mulher sem sorte, mora hoje aquele homem, talvez com sua própria mulher e filhos, guardando os segredos enterrados naquela terra, sem vontade de falar o que sabe ou muito ocupado para desencavar fantasmas do passado. Mas não posso culpá-lo por me dispensar com sua pá. A Normandia tem uma história longa, cruel e sangrenta, e ainda hoje estranhos são inimigos potenciais até que se provem amigos. O cão continuou a ladrar com ferocidade e o homem ainda brandia sua pá lamacenta quando eu lhe agradeci pelo tempo gasto comigo e por sua útil sugestão, voltei para o carro e retomei a estrada.

APÊNDICE: AS CONSEQUÊNCIAS DA BRIGA

O notório crime contra Marguerite, o inquérito por parte do Parlamento de Paris e o sensacional combate entre Jean de Carrouges e Jacques Le Gris no campo de Saint-Martin ficaram famosos na época e desfrutaram longa vida em histórias e lendas. O caso célebre continuou a levantar controvérsia por séculos, com posteriores comentaristas completamente divididos sobre a disputa, da mesma forma que as pessoas se dividiram na época dos acontecimentos. O cronista Jean Froissart, escrevendo poucos anos após o duelo (por volta de 1390), disse que o rei, sua corte e a multidão de espectadores se alegraram com o resultado da batalha. Mas Jean Le Coq, advogado do escudeiro, reportou que as reações foram mistas no momento do duelo, algumas pessoas apoiando a vingança de Carrouges, enquanto outras julgavam que Le Gris fora injustamente condenado. E o *Saint-Denis Chronicle*, relato em latim compilado dez ou quinze anos após os eventos, disse que Marguerite cometera um erro — ainda que agindo de boa-fé — ao acusar Le Gris, e que um homem condenado mais tarde confessou o crime. Nos anos 1430, Jean Juvénal des Ursins repetiu tal história em sua crônica francesa mais popular, substituindo o condenado por um homem doente em seu leito de morte, mas demonstrando que o enredo básico da história ficara marcado. A lenda da falsa acusação, da punição injusta e da revelação tardia ainda hoje está viva entre historiadores.

A questão do que realmente aconteceu à senhora Carrouges em Capomesnil no dia 18 de janeiro de 1386 talvez nunca chegue a uma conclusão que satisfaça a todos. É como Jean Le Coq disse em suas notas sobre o caso legal, mesmo tendo suspeitado da culpa do próprio cliente: "Ninguém realmente sabia a verdade sobre o assunto." Ainda assim, parece muito pouco provável que Marguerite tenha acusado Le Gris e seu cúmplice Louvel erroneamente, *mas de boa-fé*. Ela jurou na corte ter visto os dois homens sob a clara luz do dia, disse também que Louvel mencionou o nome de Le Gris pouco antes de este ter aparecido, alguns minutos depois, e que falou com os dois pouco antes de ser atacada. Tudo isso faz com que o caso de confusão de identidade seja muito pouco provável, mesmo que, até então, Marguerite tenha visto Le Gris apenas uma vez em toda a sua vida. Além do mais, Marguerite acusou *dois* homens pelo crime, e a história sobre o "verdadeiro culpado" que mais tarde se confessou envolve apenas *um* homem, o que parece estranho.

A outra teoria principal sobre o caso que começou a circular já na época da contenda — de que Marguerite mentiu ao acusar Le Gris — é também pouco confiável. De acordo com essa versão, ou Marguerite inventou a história do estupro sozinha, talvez para encobrir um adultério, ou foi forçada a fazer isso pelo próprio marido para que ele se vingasse do rival — explicação dada por Le Gris em de-

APÊNDICE: AS CONSEQUÊNCIAS DA BRIGA

fesa própria. O problema está na inclusão de Adam Louvel nas acusações. Dada a ausência de testemunhas em seu favor, as acusações de Marguerite contra Louvel seriam um risco gratuito a seu testemunho *caso* a história do ataque e estupro fosse realmente uma mentira deliberada. Quanto mais complicada sua história, mais vulnerável ela seria. A inclusão de Adam Louvel nas acusações simplesmente aumenta sua carga de provas. Apenas o testemunho do álibi de Le Gris sobrevive nos registros da corte, mas, se Louvel tivesse testemunhas que pudessem dizer que ele estava em outro lugar no momento do crime, seu testemunho poderia inocentar Le Gris também, assim como o álibi de Le Gris poderia ter ajudado a exonerar Louvel. É mais difícil desmentir dois álibis do que um. E é mais difícil condenar dois homens do que um — a menos que possam ser postos um contra o outro. Mas Adam Louvel, ao que se sabe, não confessou nada, nem mesmo sob tortura.

Então, a ideia de que Marguerite tenha acusado o homem errado "de boa-fé" para mais tarde perceber seu terrível engano ao saber que outro homem confessara o crime parece ser um mito criado em uma era de cavalheirismo para salvar a honra da senhora e, ao mesmo tempo, explicar o que muitas pessoas na época enxergaram como um grave equívoco judicial. A outra e ainda mais problemática teoria, de que Marguerite teria fabricado as acusações contra Le Gris, seja por iniciativa própria, seja sofrendo coerção do marido — ou que apenas teria "sonhado" com o estupro, segundo o veredito do conde Pierre —, também parece muito duvidosa. No entanto, a lenda de que Jacques Le Gris fora erradamente acusado pelo crime e injustamente culpado no combate, e de que o verdadeiro criminoso teria sido descoberto, mas apenas muito tempo depois, logo criou raízes e floresceu com o passar dos anos.

A lenda da falsa acusação e confissão tardia foi tomada no século XVIII por líderes iluministas que a usaram para indicar o caráter bárbaro e supersticioso da Idade Média. Os *philosophes* denunciaram o duelo judiciário em geral e apontaram o caso Carrouges-Le Gris como principal exemplo dessa insensatez. O evento ganhou breve menção na *Enciclopédia* de Diderot e d'Alembert (1767), que repetiu a história de que o escudeiro fora falsamente acusado e o verdadeiro culpado fora revelado mais tarde. E Voltaire citou o caso para demonstrar como o próprio combate judiciário era um "crime irrevogável" que inexplicavelmente fora sancionado pela lei.

A lenda da acusação injusta e da consequente morte de Le Gris também ganhou nova vida por historiadores populares como Louis Du Bois, que devotou várias páginas ao caso em uma revista de histórias da Normandia (1824) muito conhecida. No relato de Du Bois, adaptado da *Saint-Denis Chronicle*, a senhora Carrouges teria acusado Le Gris erradamente e só perceberia seu erro muito tempo depois, quando "o verdadeiro autor do crime" teria sido revelado — "um escudeiro que sem dúvida [*sans dute*] tinha certa [*quelque*] semelhança com o desafortunado Le Gris". Du Bois conclui com uma maquiada versão do hoje conhecido desfecho: "Golpeada pelo desespero e determinada a penalizar-se pela audácia de sua acusação, a senhora virou freira. Morreu arrependida e triste, inconsolável pela cruel injustiça que causou e pela qual pagaria com a própria vida caso Carrouges tivesse sido vencido."

APÊNDICE: AS CONSEQUÊNCIAS DA BRIGA

Controvérsias sobre o famoso caso renasceram com historiadores regionais e genealogistas de famílias, algumas vezes com interesses pessoais na disputa, pendendo para um lado ou para outro. Em 1848, August Le Prevost publicou uma história sobre Saint-Martin-du-Tilleul, terra um dia pertencente ao pai de Marguerite. Le Prevost, prolífico historiador da Normandia e também nativo de Tilleul, devotou várias páginas ao caso, assegurando que Marguerite fora de fato atacada por Jacques Le Gris e o escudeiro, justamente culpado pelo crime. Le Prevost admite que, da época em que aconteceu o caso até o momento em que lhe tocou viver, muitas dúvidas tinham sido levantadas sobre a real culpa de Le Gris. Mas afirma que os políticos da corte do rei Carlos, favoráveis ao escudeiro e altamente preconceituosos em relação a Marguerite, moldaram a forma como historiadores da época e posteriores contaram a história, em geral pendendo ao descrédito da senhora.

Le Prevost censura tais responsáveis pela transmissão da história, dizendo que Le Gris, como favorito do conde Pierre e seu protegido, fora acolhido em Paris pelo rei e seus tios "com uma benevolência compartilhada por grande parte dos historiadores da época, o que se seguiu com seus sucessores, que nunca se preocuparam em examinar nada, assim como muitos outros que receberam verdades sobre a história". Ele também diz que, na decadente corte do rei Carlos VI, poucos "teriam sido mobilizados pelo grito de indignação levantado por uma mulher provinciana que só era conhecida por ser filha do velho traidor Robert de Thibouville". Le Prevost conclui culpando os historiadores por, sem qualquer cuidado, reproduzirem as opiniões do cronista de Saint-Denis de que Marguerite teria agido erroneamente. E disse também que urge uma nova leitura das fontes primárias (apresentando excertos), incluídas as notas de Jean Le Coq, o advogado do escudeiro, "que, após ter listado com grande solidez os argumentos dos dois lados do caso, pende a balança contra o próprio cliente".

Uma visão oposta foi oferecida na década de 1880 por F. Le Grix White, que clamou ser descendente de Jacques Le Gris e de forma indignada protestou contra o vergonhoso fracasso de seu ancestral — uma total injustiça, segundo seu ponto de vista. Le Grix defende o escudeiro simplesmente apontando detalhes equivocados no relato de Froissart, mas, ao que parece, sem consultar os registros da corte ou as anotações feitas pelo advogado (os dois documentos impressos havia muito tempo). Le Grix duvida que o escudeiro poderia ter feito a viagem de ida e volta ao local do crime no tempo necessário para cometê-lo (ainda que seus cálculos, retirados de Froissart, sejam falhos). E ao mesmo tempo que diz, de forma razoável, que "nenhum julgamento por batalha poderia lançar qualquer nova luz sobre um caso que, por natureza própria, era sombrio e incerto", Le Grix retoma a velha lenda de que outro homem mais tarde teria confessado o crime, deixando "evidência incontestável" sobre a inocência de Le Gris. Le Grix, um cavalheiro vitoriano, enxergava Marguerite como uma mulher equivocada, mas também como alguém que erroneamente acusara um homem por abominável crime. Nada disso leva a uma conclusão plausível sobre a inocência do escudeiro. Na verdade, demonstra o enorme poder do caso em levantar debates tão polarizados e mesmo sentimentos passionais de ordem pessoal cinco séculos após o duelo.

APÊNDICE: AS CONSEQUÊNCIAS DA BRIGA

Apesar da insistência de Le Prevost de que as fontes primárias fossem lidas mais uma vez, as autoridades do século XX continuaram a retratar os mitos e erros que começaram a ser coletados sobre o famoso caso quase desde o início. A muito consultada 11ª edição da *Encyclopaedia Britannica* (1910) oferece umas poucas linhas sobre o caso Carrouges-Le Gris em seu artigo sobre "Duelo", dando muitos detalhes errados e transformando o alegado estupro em uma fraude:

> Em 1385, foi travado um duelo, e o resultado foi tão absurdo que mesmo o mais supersticioso dos homens começou a perder a fé na eficácia de tal julgamento de Deus. Um certo Jacques Legris fora acusado pela esposa de Jean Carrouge de ter entrado à noite em sua casa disfarçado de seu marido, que ela esperava voltar das cruzadas. Um duelo foi ordenado pelo Parlamento de Paris e travado em presença de Carlos VI. Legris foi vencido e dependurado no local. Não muito tempo depois, um criminoso preso por outra ofensa confessou ter sido o autor do ultraje. Nenhuma instituição poderia sobreviver a tal escândalo, e por isso o duelo foi anulado pelo Parlamento.

De acordo com essa história, Marguerite teria sido enganada por um falso marido enquanto seu verdadeiro esposo estava fora, nas cruzadas, um conto truncado remanescente de *O retorno de Martin Guerre*. Somente nos anos 1970, a *Britannica* fez nova impressão de uma variante dessa lenda, na qual a senhora Carrouges acusa Le Gris de tê-la "seduzido" enquanto seu marido estava fora, e, após a morte de Le Gris no duelo, descobriu que outro homem confessara ter sido "o sedutor". O caso Carrouges-Le Gris finalmente desapareceu da *Britannica* em sua 15ª edição, sem qualquer correção. Poucos comentaristas modernos, entre eles um jurista francês que ofereceu novo relato público do caso em Caen, em 1973, afirmaram a culpa de Le Gris e a verdade das acusações de Marguerite. A maior parte repetiu o velho conto da acusação injusta e da confissão tardia. Uma das mais influentes autoridades, R. C. Famiglietti, escreveu em *Tales of the Marriage Bed from Medieval France* (1992) que a disputa Carrouges-Le Gris foi "um dos mais sinistros casos de abuso de que se tem registro". Famiglietti diz que Carrouges, após saber que Marguerite fora estuprada, "resolveu aproveitar o estupro para vantagem própria" e "forçou sua mulher a concordar em acusar Le Gris de ter sido o estuprador". Citando os registros da corte, mas aceitando a versão de Le Gris dos acontecimentos, Famiglietti reduz as acusações de Marguerite a nada mais que um "roteiro" do marido para destruir seu odiado rival. Então, a senhora acusa o homem errado, mas não de maneira honesta, e sim em cumplicidade com o marido. Famiglietti também repete a velha lenda de que outro homem mais tarde teria confessado o crime, e que Marguerite, "seu perjúrio exposto", se retirara para um convento por remorso. De novo, nenhuma evidência é citada para a tantas vezes repetida lenda da confissão de última hora feita pelo "verdadeiro" culpado.

A história duvidosa, nascida logo após o célebre caso e renovada por cronistas e historiadores ao longo dos séculos, sem dúvida sobreviverá enquanto a famosa história do cavaleiro, do escudeiro e da senhora continuar a ser contada, debatida e disputada nas páginas de história.

AGRADECIMENTOS

Este livro demorou dez anos para ser escrito — desde o primeiro momento em que deparei com a história de Carrouges-Le Gris nas *Chronicles* de Froissart até as várias horas de pesquisa e escrita, as muitas viagens à Europa e as incontáveis trocas com pessoas que me ajudaram a transformar em realidade o sonho de escrevê-lo.

Acima de tudo, sou grato a minha maravilhosa esposa, Peg, que explorou os arquivos comigo, tirou fotos documentando a pesquisa e leu cuidadosamente todo o manuscrito várias vezes, dando sugestões cruciais e apoiando com amor este projeto em todos os passos do caminho. Nunca poderia ter conseguido sem sua ajuda, e por isso este livro é reconhecidamente dedicado a ela.

Devo outro grande agradecimento a meu magnífico editor, Charles Conrad, vice-presidente e editor-executivo da Broadway Books, na Random House. Charlie guiou este livro dos primeiros rascunhos ao produto final, oferecendo brilhante conselho estratégico, muitas páginas de notas editoriais e apoio entusiasta todo o tempo. Sou muito sortudo por ter trabalhado — e aprendido — com ele.

Também gostaria de agradecer a meus incríveis agentes literários, Glen Hartley, Lynn Chu e Katy Sprinkel, da Writers' Representatives, que perceberam as grandes possibilidades desta obra, apoiaram-na entusiasticamente e com grande habilidade guiaram este autor comercial de primeira viagem no mercado literário.

Na Broadway, um grande time transformou o manuscrito em livro. Alison Presley inspecionou o complicado fluxo de texto, fotos, mapas e permissões. Luisa Francavilla, sem percalços, levou adiante o processo de produção. Janet Biehl habilmente copidescou o manuscrito e Sean Mills foi o editor de produção. Deborah Kerner fez o projeto gráfico do miolo do livro. Jean Traina criou a linda capa. E John Burgoyne desenhou os incríveis mapas. Também sou grato a Gerry Howard, Jackie Everly-Warren e Oliver Johnson pelo entusiasmo desde o início.

Muito antes da gênese deste livro, meus pais me levaram para ver castelos na Europa quando eu era menino, e mais tarde se recusaram a deixar que saísse das aulas de francês, permitindo que minha professora da escola, madame Morden, me oferecesse uma boa base linguística. Minha mãe, Marilyn, que morreu há 25 anos, teria ficado — eu sei — orgulhosa deste livro. E foi uma alegria dividir o manuscrito terminado com meu pai, Marvin, entusiasta de história.

Também devo agradecimentos a muitos colegas e amigos. Ao professor Henry A. Kelly, da Universidade da Califórnia, que generosamente leu e anotou todo o manuscrito, dividindo comigo sua vasta erudição em leis medievais, religião, latim e outras especialidades, evitando meus vários deslizes. Todos os erros que restam, claro, são meus.

AGRADECIMENTOS

Andrea Grossman, fundadora e diretora do Writers Bloc, em Los Angeles, apresentou-me ao pessoal envolvido no negócio dos livros, leu meu manuscrito com animação, dando sábios conselhos editoriais, e foi uma amiga generosa para mim e para Peg.

Catherine Rigaud, em cuja *gîte* normanda ficamos alojados durante um mês de março frio e chuvoso, mostrou-nos castelos, antigas fazendas fortificadas e outros locais medievais. Jack Maneuvrier, historiador local que escreveu sobre o caso Carrouges-Le Gris, gentilmente nos acolheu em sua casa com sua esposa, Danie, respondendo a muitas questões sobre a história da região, oferecendo dicas valiosas e mesmo enviando por correio novas descobertas quando eu já estava de volta à Califórnia.

Tom Wortham, chefe do Departamento de Inglês da Universidade da Califórnia, e Lynn Batten, vice-chefe, me ofereceram um generoso tempo afastado do trabalho e ótimos horários de aulas. Carolyn See gentilmente me aconselhou sobre a publicação logo no início do processo. O professor Richard Rouse me deu ótimo conselho sobre o uso dos arquivos de Paris. Outros colegas da universidade dividiram seus variados conhecimentos, entre eles, Chris Baswell, Al Braunmuller, Jonathan Grossman, Gordon Kipling, Del Kolve, Robert Maniquis, Claire McEarthen, David Rodes, Debora Shuger e Stephen Yenser. Jeanette Gilkison, Doris Wang, Nora Elias e Rick Fagin ajudaram com muitos detalhes logísticos. Christina Fitzgerald e Andrea Fitzgerald Jones rastrearam volumes literários de difícil compreensão e checaram pistas promissoras sobre o assunto.

Também sou grato ao falecido Howard Schless, da Universidade de Colúmbia, que foi o primeiro a me orientar a ler Froissart; a Jim Shapiro e Andy Delbanco, também de Colúmbia, por compartilharem sua experiência editorial; e a Margaret Rosenthal (USC), Howard Bloch (Yale), Michael Davis (Mount Holyoke), John Langdon (Alberta), Kelly DeVries (Loyola-Baltimore), Martin Bridge (University College London) e Stuart W. Phyrr e Donald LaRocca, do Departamento de Armas e Armaduras do Metropolitan Museum of Art. A Stella Paul, também do Metropolitan, e James Bednarz, da Universidade de Long Island — dois amigos de longa data —, que ofereceram valiosas dicas de pesquisa e contatos profissionais. Mark Vessey e seus colegas da Universidade da Colúmbia Britânica ofereceram um amigável fórum de leitura para o livro em progresso, além de ótima hospitalidade.

Muitos arquivistas em Paris e na Normandia gentilmente permitiram que eu examinasse documentos essenciais. Sou grato, em especial, a Françoise Hildesheimer e Martine Sin Blima-Barru, dos Arquivos Nacionais (Caran); aos profissionais da Biblioteca Nacional; aos Arquivos Departamentais de Calvados (Caen), Eure (Évreux) e Orne (Alençon); a Monique Lacroix, Françoise Guindollet e Marie-Françoise Bellamy, da Association Paris Historique (Marais); a Laurent Boissou, do Castelo de Vincennes; e a Thierry Devynck, da Bibliothèque Forney. Fotos e permissões foram fornecidas por Pierre Sozanski d'Alancaisez, da Biblioteca Bodleian; Dominik Hunger, da Biblioteca da Universidade da Basileia; Isabelle Le Mée e Isabelle Pantanacce, do Centre des Monuments Nationaux; Rebecca Akan, do Metropolitan Museum; e Christine Campbell, da Biblioteca Britânica.

Muitos bibliotecários da Universidade da Califórnia também ajudaram de forma crucial: Victoria Steele, chefe

AGRADECIMENTOS

das Coleções Especiais da Young Research Library (YRL); Barbara Schader, da Biomedical Library; Christopher Coleman, do Departamento de Referência da YRL; Jonnie Hargis e David Deckelbaum, da Coleção de Mapas Henry J. Bruman; e Octavio Olvera, das Coleções Especiais. O eficiente Interlibrary Loan Office, da Universidade da Califórnia, fez com que muitas fontes raras se tornassem disponíveis.

O doutor Terence Bertele ofereceu valiosa informação médica. Boris Kushnir, do Beverly Hills Fencers Club, me ajudou a ter uma ideia — com máscara e lâmina — do que é lutar com espadas com um habilidoso oponente no ataque. O coronel George Newberry (USAF) forneceu informação sobre mapas militares. Muitas pessoas da área editorial, jurídica e do cinema ajudaram com conselhos profissionais: Nadia Awad, Philippe Benoit, Therese Droste, Randy Fried, Rick Grossman, Lisa Hamilton, Dave Johnson, Joe Johnson, Sarah Kelly, Kerrin Kuhn e Kathleen McDermott.

Finalmente, sou grato a meus alunos da Universidade da Califórnia. Inspiração contínua, eles me ensinaram algumas coisas sobre como transmitir a fascinação, a emoção e o risco de vida na Idade Média.

Eric Jager
Los Angeles, abril de 2004

NOTAS

◈

As notas estão organizadas por capítulo e tópico (ou citação), com citações ligadas à lista de fontes que aparecem após cada uma delas. Fontes impressas são citadas por autor e página (ou artigo), com títulos abreviados oferecidos quando a lista de fontes contém mais de um trabalho com o mesmo nome. Fontes manuscritas são citadas por arquivos, séries, catalogação e fólios. Por exemplo, "AN X 2A10, fol. 232r" refere-se aos Arquivos Nacionais (Paris), série X, manuscrito 2A10, fólio 232 reto [frente] (v = verso). Citações do PP, o sumário do testemunho ante o Parlamento de Paris, incluem a página do manuscrito seguida da correspondente página da transcrição na edição da Buchon das *Chroniques*, de Froissart, volume 10 (= *Collection des chroniques nationales françaises*, vol. 20). Por exemplo, "PP 208r/512" refere-se ao AN X 2A11, fol. 208r / Froissart-Buchon, 10:512. Uma nota entre parênteses sobre a fonte do testemunho (C = Carrouges, L = Le Gris) foi incluída quando relevante e não tão clara. As seguintes abreviações são usadas nas notas:

AD	Archives Départmentales
AN	Archives Nationales
BN	Bibliothèque Nationale de France
CG	*Cérémonies des gages de bataille*
Fr-Br	Froissart, *Chronicles* (trad. Brereton)
Fr-Bu	Froissart, *Chroniques* (ed. Buchon)
Fr-J	Froissart, *Chronicles* (trad. Johnes)
Fr-L	Froissart, *Chroniques* (ed. Lettenhove)
Fr-M	Froissart, *Chroniques* (ed. Mirot)

JJU   Jean Juvénal des Ursins, *Histoire de Charles VI*
MS   Manuscrito
n.e.   novo estilo (ano começando em 1º de janeiro)
P.O.   Pièce Originale
PP   Parlamento de Paris, testemunho por escrito
RSD   Religieux de Saint-Denis, *Chronique du religieux de Saint--Denys*

CAPÍTULO 1: CARROUGES

Rota para a China: John de Monte Corvino, frade franciscano que fundou uma igreja em Cambalec (hoje, Beijing) nos anos 1290, escreveu que a rota por terra vinda da Europa poderia durar "cinco ou seis meses" (Yule, 37), uma estimativa otimista. *Muçulmanos, Espanha, Sicília, Cruzadas:* Cantor, 136-137, 289-303. *Duração das viagens (na França):* Gilles le Bouvier, citado em Boyer, 597.

Guerra dos Cem Anos: Fr-Br, 55-62, 68-110, 120-145, 151-160; Contamine, 5-13, 27-43; Sumption, 1:489-586 (Crécy, Calais), 2:195-249 (Poitiers), 2:294-350 (revoltas populares), 2:447 (resgate do rei); Seward, 41-102. *Safra, clima, praga, população:* Braudel, 157-161; Fagan, 79-84; Ziegler, 63-83. *Cisma:* Keen, *Europa medieval*, 284-288. *"Cruzada" inglesa na França:* Autrand, *Charles VI*, 145-146. *Routiers, França fortificada:* Sumption, 2:28-30, 38-44, 351-484. *Freiras bretãs:* Seward, 125.

Carlos VI (era, datas): Van Kerrebrouck, 114-129. *Família real, França em 1380:* Contamine, 46-72; Autrand, *Charles VI*, 9-19, 39-53. *Os três estados:* Adalbero de Laon (c. 1025), citado em Duby, *Orders*, 4-5. *Feudalismo:* Bloch, *Sociedade feudal*, 1:145-254; Bishop, 109-141 ("Nenhum senhor sem terras", 110). *Normandia:* Mabire e Ragache, 15-199.

História da família Carrouges: BN, P.O. 605, Carrouges, n. 1-21; Fr-M, 13:xxxi-xxxiii (excertos); *Cartulaire de Marmoutier*, 74-77 (n. 57); *Dictionnaire de la noblesse*, 4:738-739, 481; Odolant-Desnos, 1: 439-47; Diguères, 161-63; Rousseau, 3-9; Le Prevost, *Eure*, 3:479, 481; Le Prevost, *Tilleul*, 64, 124; Tournoüer, 355-359; Terrier e Renaudeau, 6. *Conde Ralph:* Vanuxem, *Veillerys*, 40-43. *Brasões da família:* BN, Dossier bleu 155, Carrouges, n. 1; Le Prevost; *Tilleul*, 64 (ilustrado).

Retrato perdido de Jean IV: Malherbe, 3:537-538 (carta n. 203), *Carreira e caráter:* Fr-Br, 309; PP 206r/503-4 (C), 208r/512-13 (L); BN P.O.

NOTAS

605, Carrouges, n. 4-10, 17-18; Canel, 642; Desmadeleines, 36; Dewannieux, 34; Vanuxem, "Le Duel", 198. *Analfabetismo de Jean:* Fr-L, 20:507. *Ordem de cavalaria (em geral):* Wise, 21; França, 58-59. *Ganhos estimados baseados em números de 1424:* Tournouër, 357. *Irmãos de Jean IV:* Rousseau, 7; Nortier, 110-111, n. 463; Diguères, 163. *Carrouges (casa):* Lagrange e Taralon; Terrier e Renaudeau, 6-8, 41, 57; Rousseau, 4; Tournouër, 356; La Noë, 4-5. *Bellême:* Mériel, 46-47; Pernoud, 131-133.

Esposa e filho de Jean IV: PP 206r/503; Le Prevost, *Eure*, 3:479 (três crianças sobreviventes, todas da segunda esposa de Jean). *Chambois:* Deschamps, 293-300.

Família de Alençon: Van Kerrebrouck, 412-419; Autrand, *Charles V*, 648-654; Fr-L, 20:22-23; Vanuxem, "Le Duel", 197-199. *Pierre como refém:* BN MS fr. 23592, fols. 62r-65r. *Argentan:* Odolant-Desnos, 1:418-439; Prieur; Barbay, 48-49, 51. *Jean como* chamberlain*:* Canel, 642; Dewannieux, 34.

Le Gris, chamberlain*:* BN n.a. 7617, fol. 265v. *Amizade com Carrouges:* PP 206r/503 (C); Dewannieux, 35. *Le Gris na corte do conde Robert:* PP 208r/512. *História familiar, caráter:* Fr-Br, 309; Fr-L, 25:85; Caix, 367, 370; Canel, 642; Vérel, 167-168 (com brasões); Dewannieux, 34-35; Guenée, 331-332.

Físico de Le Gris: Fr-Bu, 10:278; Fr-L, 12:32. *Capitão de Exmes, 1370:* Nortier, 136-137 (n. 569). *Educação:* Le Coq, 110; Desmadeleines, 36. *Filhos:* Le Coq, 112; Contades e Macé, 87 ("Guillaume Legris fils"). *Seduções alegadas:* PP 206v/504 (C); Canel, 645; Ducoudray, 404; Dewannieux, 35. *Le Gris, padrinho:* PP 206r/503 (C); PP 208r/512 (L). *Laço familiar:* PP 206r/503 (C); Canel, 642; Desmadeleines, 36; Dewannieux, 35. *Juramentos de batismo:* Bishop, 118.

Aunou-le-Faucon: BN n.a. 7617, fols. 265v-266v; Odolant-Desnos, 1:439. *Robert de Thibouville:* Le Prevost, *Tilleul*, 56-57. *Jean com ciúmes de Le Gris:* Canel, 642.

Morte de Jeanne: PP 206r/503 (C); PP 208r/512 (L), implicando que a criança nasceu *depois* que os dois escudeiros entraram no serviço da corte do conde Pierre, em 1377, e que Jeanne morreu entre 1377-1380. *Morte prematura da criança:* La Noë, 5; Rousseau, 7. *Nascimento, morte:* Gottlieb, "Birth", 232-233; Verdon, 43-47.

A campanha de 1379-1380: De Loray, 133-148. *Serviço militar de Jean:* BN P.O. 605, Carrouges, n. 4-10; excerto de Fr-M, 13:xxxi. *Casamento feudal:* Duby, *Marriage*, 1-22; Verdon, 22-33.

CAPÍTULO 2: O FEUDO

Casamento de Jean e Marguerite, por volta de 1380: Le Prevost, *Tilleul,* 63; La Noë, 5. *Nascimento de Marguerite, idade:* Le Prevost, *Tilleul,* 56. *Beleza, caráter:* Fr-Bu, 10:277; JJU, 371; PP 206v/504 (C), 209v/518 (L). *Retrato perdido:* Malherbe, 3:537-38 (carta n. 203). *Beleza feminina, vestimentas: Romance of the Rose,* 37-38 (linhas 523-572); Verdon, 13-21; Horne, 39-40. *Casa, maneiras, moral:* La Tour Landry; Bishop, 116-118; Ariès e Duby, 348-356. *Castidade:* Duby, *Marriage,* 7. *Juventude e idade:* Chaucer, 158. *Idades de casamento:* Verdon, 28-29.

Propriedades dos Thibouville: Le Prevost, *Eure,* 2:115-118, 3:248-249; Keats-Rohan, 732-33 (com ref.). *História familiar:* BN P.O. 2825, Thibouville, n. 1-13; AD Eure, Série E. 2703, Seigneurie de Carsix (cópia do testamento, 11 de janeiro de 1451); Le Prevost, *Tilleul,* 47-65 (brasões, 54), 121-123, e *Eure,* 3:424-434, 472-480; Charpillon, 2:201-202. *Traição de Robert V:* Le Prevost, *Tilleul,* 52-56 (e nota E); Mauboussin, cap. 2; La Roque, 4:1899-1906. *Carlos, o Mau:* Sumption, 2:365-373, 418-419. *Perdão de Robert V em 1360:* La Roque, 4:1426. *Robert V em 1370:* Charpillon, 2:973 (s.v. "Vernon"). *Guillaume de Thibouville:* Le Prevost, *Eure,* 3:478. *Thibouville refém:* BN MS fr. 23592, fol. 66v.

Sainte-Marguerite-de-Carrouges: Tournouër, 388-390; Rousseau, 4. *Santa Margarida:* Ferguson, 131. *Ritos de casamento e dote:* Stevenson, 68-76; Leonard, 188-194; Verdon, 31-33; Le Prevost, *Tilleul,* 95-97; Ducoudray, 791-796.

Disputa por Aunou-le-Faucon: La Noë, 5; Odolant-Desnos, 1:439. *Carta de 29 de maio de 1380:* BN n.a. 7617, fols. 265r-269r. Le Gris claramente não está presente no casamento de Jean e Marguerite (1380), pois, mesmo se mentiu sobre a visita a Capomesnil no dia 18 de janeiro de 1386, não teria arriscado sua credibilidade na corte clamando ter visto Marguerite pela primeira vez em 1384 se, na verdade — e de forma muito pública —, tivesse ido ao casamento quatro anos antes.

Le Gris em Paris, agosto de 1381: Le Fèvre, 8-9. *Como escudeiro real:* PP 208r/512. *Disputa por Bellême:* PP 208r/512 (L); Odolant-Desnos, 1:439; Dewannieux, 35; *Cuigny e Plainville:* PP 208r/513 (L); Odolant-Desnos, 1:442-443; La Noë, 5-6; Dewannieux, 35. *Jean "bon soldat, mais mauvais courtisan":* Vanuxem, "Le duel", 198. *Carrou-*

NOTAS

ges culpa Le Gris: PP 208r/512 (L); Caix, 369; La Noë, 6; Dewannieux, 35; *Carrouges por pouco tempo em Flandres (1383):* La Noë, 6 (citando 23 de agosto de 1383, *quittance*); Autrand, *Charles VI,* 146-147 (*montre* de 15 de agosto). *Festa na casa de Crespin:* PP 206v/504 (C), 208v/513 (L); Canel, 645; Dewannieux, 35. *Crespin como silvicultor:* Le Prevost, *Tilleul,* 105n. *A reconciliação:* a ocasião, a companhia, o cumprimento e o beijo estão em todas as fontes; alguns detalhes do cenário e gestos foram inseridos. La Noë, 6, afirma que Carrouges simplesmente fingiu a paz. *Interesse de Le Gris por Marguerite:* Canel, 645.

CAPÍTULO 3: BATALHA E CERCO

A expedição escocesa de 1385: Fr-J, 2:35-37, 47-50, 52-57; RSD, 1:361-370, 384-392; JJU, 364-366; *Westminster Chronicle,* 120-133; *Book of Pluscarden,* 1:246-247; De Loray, 179-205; Palmer, 59-60. *Jean de Vienne:* De Loray, 79-85. *Carrouges na Escócia:* PP 206r/503-4; De Loray, cviii. *Carrouges e aventura:* Fr-L, 12:30. *Guerra, saque, resgate:* ensaios em Keen, *Medieval Warfare,* esp. Rogers, 136-160 e Jones, 163-185. *Marguerite em Fontaine-le-Sorel, boas relações com Jean:* PP 206r/503-4 (C); Dewannieux, 35. *Robert de Thibouville:* De Loray, cviii. *Sluys:* Fr-Br, 305. *Armadura, dinheiro, canhões:* De Loray, 185-187, cxxxviii. *Pagamento de Carrouges:* De Loray, cviii. *Reclamações dos escoceses, pedidos do rei Robert:* Fr-J, 2:35-36.
Northumberland: Fr-J, 2:47-50. *Wark:* Long, 166-167; Fr-J, 2:49; RSD, 1:366-369 ("Dovart"): JJU, 365 ("Drouart"). *Escalada (em geral):* Wise, 174-176. *"prontamente atravessando cada cabeça (...)":* Warner, 39 (adaptado de cerco similar). *"morte, pilhagem e incêndios":* RSD, 1:366, 370. *Contra-ataque inglês:* Westminster Chronicle, 120-133; Fr-J, 2:52-54. *Escoceses permitem o livre acesso, franceses fogem, ingleses em Edimburgo:* RSD, 1:388-391. *Cumberland:* Fr-J, 2:53-54; White, 47-48. *Carlisle:* Summerson, 1:313-315. *Cerco de Carlisle, ataque de Percy:* Westminster Chronicle, 132-135. *Recontagem de 28 de outubro:* De Loray, cviii. *Novos ultrajes na Escócia:* Fr-J, 2:55-56. *Caso do almirante:* RSD, 1:390-392; JJU, 366. *Franceses empobrecidos:* Fr-J, 2:56-57; JJU, 366. *Expedição desastrosa:* Autrand, *Charles VI,* 148.
Le Gris teria dito a Marguerite que sabia que seu marido retornara com pouco ou nenhum dinheiro; ver PP 207r/506 (C); Dewan-

nieux, 36. *Doença de Jean:* Le Coq, 111; Fr-L, 12:367; JJU, 371. *Título de cavaleiro de Jean:* De Loray, cviii. *Viagem a Capomesnil:* PP 206r-v/504; Dewannieux, 35. *Tempo no inverno, 1385-1386:* JJU, 363.

CAPÍTULO 4: O CRIME DOS CRIMES

Indícios de estranhamento: domicílio separado de Nicole; Jean imagina que sua esposa e sua mãe brigaram em sua ausência (PP 207v/509). *Estradas romanas:* Talbert, imagens 7, 11; Loth, 22-23. *Rotas medievais:* Cassini de Thury, *Carte,* n. 61-62; Mariette de La Pagerie. *Terreno:* mapas ING, Série Top 100, n. 18 (Caen/Alençon); Série Bleue France 17130 (Livarot). *Capomesnil:* Hippeau, 58. *Habitações:* PP209v/519 (L). *Local remoto:* PP 206v/504 (C). *Quartos:* PP 207r/507. *Donjon:* Asse, 132. *Nas margens do rio:* Le Fort, 98. *Demolição:* Le Prevost, *Tilleul,* 105n2.

Carrouges parou em Argentan enquanto seguia para Paris a fim de tratar de assuntos legais ou de negócios (negotiis): PP 206v/505 (C). *Suas instruções à criada:* PP 208v/514 (L). *Argentan:* Barbay, 48-60. *Encontro de Jean com Le Gris e outros:* PP 206v/505 (C).

Caráter de Adam Louvel: PP 206v/504-5 (C); Odolant-Desnos, 1:440; Desmadeleines, 37; Caix, 367. *Um "Adam Louvet" serviu sob as ordens de Carrouges em 1379-1380:* BN P.O. 605, Carrouges, n. 18 (cf. Louvel como "Louvet", AN X 2A10, fol. 233r). *Os motivos luxuriantes de Le Gris:* PP 207v/504 (C); Fr-Br, 309-10; Ducoudray, 404. *Le Gris viúvo (em 1386):* Le Coq, 110.

Nicole chamada: PP 206v/505 (C); 208v/514 (L). *Le Gris notificado por Louvel:* PP 206v/505 (C); Canel, 645. *Marguerite deixada "quase sozinha"* (quasi solam): PP 206v/505 (C). *Relato de uma criada remanescente:* Le Coq, 112.

Meu relato sobre o que alegadamente aconteceu em Capomesnil no dia 18 de janeiro de 1386 segue de perto o relato feito por Carrouges na corte, baseado no testemunho jurado de sua esposa: PP 206v-207v / 505-509. Discursos indiretos são algumas vezes postos como diálogos e alguns detalhes são inseridos para garantir continuidade (ex.: desculpas de Louvel sobre o frio).

"Haro": Wolfthal, 42-43. *"Contra a vontade da dama":* Fr-Br, 310; Fr-Bu, 10:278; PP 207r/508 (C). *Choro, traje desgrenhado:* Wolfthal, 43. *Ameaças de Le Gris, juramentos de Marguerite, saco de moedas:* PP

NOTAS

207v/509; Fr-Br, 310. A breve conversa entre Le Gris e Louvel é de minha autoria.
Lei medieval de estupros e atitudes: Gravdal, 1-20, 122-144; Wolfthal, 1-6, 99-107, 127-129; Saunders, 48-75, 141-42, 173-77. Beaumanoir, n. 824. *Caen, 1346:* Fr-Br, 76-77. *"O crime dos crimes":* Rougement, 222. *Eduardo III:* Saunders, 173-175. *"Pesares":* Pisan, 161. *Clérigos:* Gravdal, 124-127; Wolfthal, 54.
Dor de Marguerite: Fr-Br, 311; Wolfthal, 45-46. *Honra feminina:* La Tour Landry, 3-4. *Prerrogativa do marido:* Bloch, *Lei*, 55. *"Ela fixou bem em sua memória":* Fr-Br, 311. *Volta de Jean de Paris:* PP 208v/514 (L). *Depressão de Marguerite:* PP 207v/509 (C). *Cena da cama:* Fr--Br, 311. *Costumes de dormir:* Bishop, 127. *Marguerite conta a Jean toda a história:* PP 207v/509 (C). *Conselho familiar:* PP 207v/510 (C); Fr-Br, 311-312; RSD, 1:464. *Gravidez:* Le Coq, 111 (*puerperium*), La Noë, 6.

CAPÍTULO 5: O DESAFIO

Conde Pierre fica sabendo das novidades e começa a investigar: PP 208v/515 (L). *Dilema de Pierre:* Vanuxem, "Le duel", 197-199. *Tribunal, nenhum demandante, captura de Louvel:* PP 209r/515-16 (L); Dewannieux, 36. *Caso deferido:* PP 209r/516 (L). *"Ela deve ter sonhado":* Fr-Br, 312.
Procedimento do apelo: Decoudray, 528-538, 664-668; Bloch, *Lei*, 136-139; Shennan, 71. *Conde escreve ao rei:* PP 209r/516 (L). *Fúria de Carrouges:* Fr-Br, 313. *Amigos de Jean em Paris:* La Noë, 6. *Le Gris favorecido, preconceito contra Marguerite:* Le Prevost, *Tilleul*, 103.
História dos duelos judiciários, tentativas de suprimi-los: Bongert, 228-251; Ducoudray, 375-406; Neilson; Lea, 101-247, 255-259; Monestier, 7-97; Bloch, *Lei*, 18-28, 119-121; Bartlett, 103-126; Cohen, 55-61. *Desafiando Deus:* Lea, 207; Guenée, 333. *Decreto de Filipe IV em 1306:* CG, 1-35. *Ordenâncias:* 1:434-441
Paris medieval: Favier, Couperie, 19-26; Sumption, 1:1-9; Horne, 42-64; Autrand, *Charles VI*, 233 (mapa). *Turbulências estudantis:* Haskins, 25-26 (citação de Jacques de Vitry).
Advogados de Carrouges: AN X 2A10, fol. 243v ("Jean de Bethisy"); Le Coq, 99 (oficial de justiça).
Castelo de Vincennes: Chapelot; De Pradel de Lamase. *Bureau de La Rivière:* Autrand, *Charles VI*, 156-158. *Tentativa de assassinato (1385):*

JJU, 364; De Loray, 183-184. *Palavreado do apelo* adaptado de *Abrégé du livre des assises de la Cour des Bourgeois*, como citado em Cohen, 62. *O rei escreve ao Parlamento:* PP 210v/522. *Papel do Parlamento nos apelos:* Shennan, 78. *Conselheiro legal de Le Gris:* Le Coq, 110. *Detalhes biográficos:* Boulet (ed.) em Le Coq, vi-xvii; Ducoudray, 223-225; Delachenal, 345-346. *Benefício dos clérigos:* Ducoudray, 593-600. *Conselho do advogado, recusa de Le Gris:* Le Coq, 110. *Despesas legais, atrasos:* Ducoudray, 959-971. *Pouso de Le Gris e Carrouges:* AN X 2A10, fol. 239r. *Localizações:* Hillairet, *Rues*, s.v. "Saint-Antoine (*rue*)"; "Baudoyer (*place*)"; "Louvre (*rue du*)". *Palácio de Justiça:* Ducoudray, 11-21; Shennan, 98-109; Sumption, 2:196. *Eventos de 1356-1358:* Sumption, 2:254-255, 312-313. *Grand' Chambre:* Shennan, 106-107. *Arnold de Corbie:* Delachenal, 170n. *Sessão de 9 de julho de 1386:* AN X 1A1473, fol. 145v; Le Coq, 95n. *Declarações adaptadas do* formulaire *de 1306:* CG, 7-9; *Ordenâncias*, 1:435-436. Rapporteur: Shennan, 64-65. Arrêt *de 9 de julho de 1386 (listando substitutos):* AN X 2A10, fol. 232r-v; Fr-L, 12:368-369. *Waleran de Saint-Pol:* Fr-L, 23:77-78. *Conde d'Eu (Filipe de Artois): Dictionnaire de biographie française,* 13:231-232.

CAPÍTULO 6: O INQUÉRITO

Testemunho de Marguerite: PP 210v/523. *Marguerite na corte:* PP 208v/513. *Testemunho de Jean baseado no de Marguerite:* Le Prevost, *Tilleul,* 103 ("*sous sa dictée*"). *Escribas:* Ducoudray, 257-261; Shennan, 45-46.
Resumo do caso: AN X 2A11, fol. 206r-210v. Examinei este manuscrito nos Arquivos Nacionais (Paris), checando a acuidade da transcrição de Fr-Bu, 10:503-526. Parcialmente transcrito (apenas a parte de Carrouges) em Le Prevost, *Tilleul,* 104-109.
Carrouges diz (PP 206v/505) que Nicole se reuniu em Saint-Pierre *a pedido* do visconde de Falaise (Regnaut Bigaut). Le Gris, oferecendo distinta, mas não inconsistente informação, diz (PP 208v/514) que ela apareceu *ante* o oficial de justiça de Caen (Guillaume de Mauvinet) a pedido de um Robert Seurel. Le Gris nomeia apenas Seurel; para Bigaut e Mauvinet, ver Dupont-Ferrier, 1:496 (art. 4541), 1:450 (art. 4232).

"*a apenas duas léguas*": PP 208v/514. *A légua (4,43 a 4,83 quilômetros)*: Chardon, 133. De Capomesnil a Saint-Pierre são 8,5 quilômetros em linha reta e algo mais longe pela estrada que Nicole provavelmente usou em seu caminho margeando o Vie em direção oeste, e depois em direção sudoeste para Saint-Pierre (Mariette de La Pagerie). Uma légua de 4,83 quilômetros dá à viagem um total de aproximadamente dez quilômetros por trajeto, o que parece correto. Capomesnil (49° 5' N, 0° 5' L) viu o nascer e o pôr do sol do dia 18 de janeiro às 7h23 e às 16h36 (informação das tabelas da U.S. Navy, ajustada ao calendário gregoriano). O crepúsculo (luz útil) começa cerca de trinta minutos antes do nascer do sol e termina trinta minutos após o pôr do sol.
"*na hora da refeição da manhã*": PP 208v/514. A principal refeição do dia era feita entre as nove horas da manhã e o meio-dia, sendo típico comer às dez da manhã (Bishop, 134). Nicole então poderia ter retornado no máximo ao meio-dia, ou mesmo mais tarde, segundo o relato de Le Gris. "*Primeira hora*": originalmente seis da manhã (ou no nascer do sol), mas normalmente por volta das nove horas da manhã no século XIV (*Oxford English Dictionary*, s.v.). "*E outras duas mulheres*": PP 208v/514. *Bater [...] com os punhos:* PP 208v/515. *Atitude frente a maus-tratos com a mulher:* Verdon, 38-39. De Argentan a Capomesnil são aproximadamente 37 quilômetros em linha reta, mas a distância fica bem maior pela estrada. Se considerarmos que uma légua equivale a 4,83 quilômetros, então as nove léguas deram cerca de 43 quilômetros, uma estimativa razoável. Mariette de La Pagerie mostra uma rota provável pelo norte desde Argentan até Trun, passando por Montpinçon perto de Livarot e depois a oeste, passando por Saint-Julien-le--Faucon até Capomesnil. Em um dia de viagem típico (c. 1400), percorria-se de 32 a 48 quilômetros, com jornadas de oitenta quilômetros possíveis apenas para homens que possuíam cavalos; ver Boyer, 606.
Machucados como evidência de estupro: Saunders, 63 (quarenta dias de limite para notificação na Inglaterra medieval); Gravdal, 129-130 (citando exames medievais na França do século XIV). "*Dez ou doze casas*": PP 209v/519 (L). *Morte de Nicole:* PP 209v/519.
Resposta de Carrouges: PP 210r-v/521-22. *Risco de desonra para mulheres que apresentavam acusações de estupro:* La Marche, 51. *Filho de Mar-*

guerite: Le Coq, 111, que data seu nascimento entre 9 de julho e 29 de dezembro. *Estupro e concepção:* Gottlieb, "Pregnancy", 157; Saunders, 73-75. *Recibos de gastos de Berengier:* BN MS fr. 26021, n. 899, 900; Moricet, 207 (excertos). *Adam Louvel convocado (20 de julho):* AN X 2A10, fol. 233r. Jour d'avis *(explicação):* Bloch, *Lei,* 126-127. *Thomin du Bois desafia Adam Louvel (22 de julho):* AN X 2A10, fol. 233r-v; Le Coq, 97n. *Novas prisões (20 de agosto):* AN X 2A10, fol. 235r; Le Coq, 97n (excertos). *Adam Louvel e criado questionados sob tortura:* Le Coq 112. *Tortura judicial e métodos:* Decoudray, 506-519; Peters, 67-69. *Jeanne de Fontenay:* AN X 2A10, fol. 239v. *Beloteau preso:* AN X 2A10, fol. 236r-v; Le Coq, 99. *Planos de invasão francesa:* Fr-Br, 303-308; Fr-L, 11:456-457 (influência de Burgundy); Fr-J, 2:174-177, 195-200 (voto do rei, 196); Palmer, 67-87. *"Ninguém realmente sabia":* Le Coq, 111-112. *Suspeitas de Le Coq:* Odolant-Desnos, 1:445n; Le Prevost, *Tilleul,* 104. *Registro de 15 de setembro de 1386,* arrêt: AN X 2A10, fol. 238v-239r; Fr-L, 12:369-370. *Textos em latim:* AN X 2A11, fol. 206r-210v; Fr-Bu, 10:503-523. *Assinatura de Arnold de Corbie:* fol. 210v. *Saque,* rapporteur: Shennan, 64-65. *Duelos não autorizados (1330-1383):* Ducoudray, 396-406. *Duelo autorizado por estupro em 1354:* Diderot e d'Alembert, s.v. "Duelo". *Data original do duelo (27 de novembro):* AN X 2A10, fol. 239v. *Lógica do Parlamento, controvérsia, doença de Le Gris:* Le Coq, 96-97, 110-111. *"O escudeiro caiu doente":* AN X 2A10, fol. 239v. *Marguerite seria queimada caso fosse provado o perjúrio:* Fr-Br, 314; Fr-M, 13:107. *Mulheres queimadas por perjurar:* Ibelin, 175, citado por Reinhard, 187; La Marche, 16, 51; Lea, 172-173.

CAPÍTULO 7: O JULGAMENTO DE DEUS

Saint-Martin-des-Champs: Biver and Biver, 27-29; Hillairet, *Rues,* s.v. "Bailly *(rue)",* "Montgolfier *(rue)",* "Saint-Martin *(rue)". Saint-Martin:* Ferguson, 133. *Nova muralha da cidade (1356-1383):* Couperie, 19; Autrand, *Charles VI,* 233. *Aqueduto:* Lacordaire, 219-221. *Tribunal, prisão:* Hillairet, Gibets, 233-239. *Registros da corte: Registre criminel,* 220-222, 227-228.

NOTAS

Localização do campo de batalha: Chronographia, 85; Le Coq, 110; Hillairet, *Gibets*, 236, e *Rues*, s.v. "Montgolfier (*rue*)", "Saint-Martin (*rue*)", n. 292. *Tamanho do campo:* CG, 20-21 (quarenta por oitenta passos); Pisan, *Traité du droit d'armes*, como citado em Fr-L, 20:508-509 (24 por 96 passos, corrigido de "94"). Um passo (oitenta centímetros). *Oxford English Dictionary*, s.v. "*pace*", 3. "*a arena feita*": Pisan (como acima); Le Coq, 110; Desmadeleines, 41. *Muros, acessórios:* Jaille, 142-144; CG, 31. "*foram levantados postos de observação...*": Fr-Br, 313. *Areia:* Jaille, 142; Fr-J, 2:229.
Homero, *Ilíada* 3.310-80 (Lattimore, 108-10). *Duelos nas ilhas:* Lea, 111-112. *Desafios reais:* Huizinga, 107-108; Autrand, *Charles VI*, 146-147. *Duelo entre homem e cachorro:* Bullet, 70-71; Monestier, 82; Cohen, 60-61.
Itinerário de Carlos VI: Petit, 28-32; Lehoux, 2:194. *Tormentas, presságios, invasão cancelada:* Fr-J, 2:201-203; RSD, 1:457-462; Palmer, 77-81.
Carlos ansioso por combates consulta tios: Fr-J, 2:28, 205, 440. *Parlamento, 24 de novembro:* AN X 2A10, fol. 243v (e *não* 24 de setembro, como dito em Fr-Bu, 10:289). *Rei em Paris:* Petit, 31-32.
Casamento real: Fr-Br, 252-259; RSD, 1:357-361; Autrand, *Charles VI*, 152-158. *Isabel (encontros):* Van Kerrebrouck, 115. "*Toute nue*": Fr-L, 10:345. *Nascimento e morte do infante:* RSD 1: 456; Van Kerrebrouck, 115; Autrand, *Charles VI*, 171. *Duelo como destaque no Natal da corte:* Lehoux, 2:196-97. *Marguerite dando à luz:* Le Coq, 111.

CAPÍTULO 8: JURAMENTOS E ÚLTIMAS PALAVRAS

Rezas, jejum, missas: Le Coq, 111; Dewannieux, 32; Bloch, *Lei*, 24; Monestier, 71, 74 (citando uma especial missa *pro duello*).
Armadura, armas, equipamentos para os cavalos: Lobieneau, 2:672-677 (Duelo britânico, 19 de dezembro de 1386); CG, 10 (lança, espada, adaga, escudo); Fr-M, 13:107 (*lances, espées*); Brantôme, 51-52 ("*masses qu'on nomme becs de corbin* [provavelmente machados, *haches*], *et une forte courte espée* [espada curta] *en façon de grande dague*"); Malherbe, 3:537-538 (os dois homens "*à cheval* [...] [*avec*] *lances*"). Dewannieux, 41-42, citando Brantôme, oferece a cada um deles um machado (*hache*).
Informação adicional: Wise, 66-87 (lança, espada, adaga); Hewitt, 2:261-265 (machados); Davis, 11-29, 55-58, 67 (cavalos de guerra, lanças);

Monestier, 57-58 (espadas); Ayton, ensaio sobre Keen, *Medieval Warfare*, 186-208; Viollet-le-Duc, s.v. "*armure*", "*bacinet*", "*chanfrein*", "*chausses*", "*cotte*", "*dague*", "*écu*", "*épée*", "*gantelet*", "*hache*", "*harnois*", "*lance*" etc. *Pão, vinho, dinheiro:* CG, 19-20; Jaille, 155; Lobineau, 2:676. Hillairet, *Rues*, s.v. "Montgolfier (*rue*)", fala sobre o nobre que perdeu um duelo e teve de pagar 60 *livres*. *Notoriedade do duelo, grande multidão:* Fr-Br, 309, 313; RSD, 1:464; Dewannieux, 31. O nascer do sol em Paris (48° 48' N, 2° 30' L) no dia 29 de dezembro de 1386 (ajustado ao calendário gregoriano) aconteceu por volta das 7h45, com a luz útil surgindo pouco depois das sete da manhã. *Inverno de 1386-1387:* Lebreton, 72. *Procissão real:* Jaille, 149-150. *Regras para a chegada dos combatentes ao campo:* CG, 10-11, 15; Jaille, 153-154. Um *formulaire*, talvez desenhado para o combate entre Carrouges e Le Gris (Guenée, 335), especifica que ambos os combatentes devem chegar por volta do meio-dia (*midi*), mas que todas as cerimônias devem esperar pelo rei; BN MS fr. 2699, fol. 189r. *Substitutos:* Fr-Br, 313. *Lista de substitutos:* AN X 2A10, fol. 243v-244r; Fr-L, 12:371.

Roupas e carruagem de Marguerite: Fr-Br, 313; Le Coq, 111; Brantôme, 51; La Marche, 16. *Sir Robert de Thibouville (em 1386):* Le Prevost, *Tilleul*, 57; *Eure*, 3:478. *Du Bois-Louvel, duelo não permitido:* AN X 1A 1473, fol. 224r; Le Coq, 97n.

Cerimônias pré-duelo: CG, 12-29; Jaille, 153-165; Lobineau, 2:670-671 (duelo britânico); Villiers, 31-41; Ibelin, 165-175; Du Breil, 101-123; *Summa*, 167-174; Beaumanoir, n. 1828-1850; Fr-Br, 313-14; BN MS fr. 2699, fol. 188v-193r; BN MS fr. 21726, fol. 189v (terceiro juramento). *Outras informações:* Cohen, 56-59; Monestier, 74-75; Bartlett, 121.

Marguerite desce da carruagem: Le Coq, 111; Le Prevost, *Tilleul*, 111n. *Marguerite no duelo:* Fr-L, 12: 37 ("[*la*] *femme* [...] *là estoit*"); cf. La Marche, 16. *Scaffold:* Brantôme, 51.

"*Sem deixar nada para o acaso*": Monestier, 70. *Le Gris feito cavaleiro:* Le Coq, 111. Bloch, Feudal Society, 2:312-316; Keen, Chivalry, 64-82. *Saúde dos combatentes:* Le Coq, 111; Fr-L, 12:367 (emendando Le Coq); JJU, 371.

Altar: CG, 23; Jaille, 148. *Terceiro juramento:* Cohen, 57-58. *Palavras de Marguerite:* Fr-Br, 313-314; Fr-Bu, 10:383-384; Le Coq, 111 (*dicendo* [...] *in die duelli*). *Rezas de Marguerite, morta queimada (Betisac):* Fr-Br, 314, 369.

CAPÍTULO 9: COMBATE MORTAL

Altar removido, comandos, luva: CG, 30-31; Villiers, 39; Jaille, 164-165; Monestier, 75. *Resultados possíveis:* CG, 32-33; Jaille, 165-166. *Sem cortesia:* Beaumanoir, n. 1843; Monestier, 71; Lea, 178; Bartlett, 111. *O duelo de 1127:* Galbert de Bruges, 212-213 (muito citado).
Luta com lanças: Fr-Bu, 10: 284; Fr-L, 12: 38; Fr-M, 13:107. RSD, 1:464, disse aos dois homens que desmontassem após entrar no campo e lutassem a pé, com espadas. Le Coq, 111, diz que Le Gris atacou a pé seu inimigo montado. JJU, 371, descreve apenas uma luta de espadas. *Chronographia,* 84-85, não oferece detalhes do duelo. Malherbe, 3:537-538, cita um mural (existente em 1621) mostrando os dois homens montados e armados com lanças. Detalhes da luta são adaptados do torneio de Saint-Inglevert (1390), também presenciado por Carlos VI, Fr-J, 2:434-446. Cf. "lanças apontadas" sem qualquer dano, Fr-J, 2:229-230.
Velocidades: uma corrida de cavalos moderna pode chegar a 64 quilômetros por hora em uma pista de quatrocentos metros, quase doze vezes a distância de uma ponta ao centro do campo de Saint--Martin. O mais lento e pesado cavalo de batalha medieval carregava mais de 136 quilos, mas a uma velocidade de 24 quilômetros por hora, alcançando um máximo de 48 quilômetros por hora, ou quase treze metros por segundo. Carrouges e Le Gris teriam se encontrado no meio do campo em cerca de sete segundos.
Lutas de machado: Lutas de machado a cavalo e a pé eram comuns em embates esportivos (Fr-J, 2:230), e *formulaires* para combates judiciários mencionam machados (Jaille, 165). Brantôme, 52, menciona *becs de corbin,* sugerindo um tipo de machado (*hache*), e machados aparecem na única imagem sobrevivente do duelo, British Library MS. Royal 14 E, iv, fol. 267v. Dewannieux, 41-42, tem Carrouges e Le Gris lutando montados a cavalo com machados (*haches*), uma passagem que citei, levando à morte dos dois cavalos, que incluí. *Táticas de lutas com machados:* Hewitt, 2:261-265.
Detalhes de lutas de espadas: Fr-Bu, 10:284-285; Fr-L, 12:38; Fr-M, 13:107; RSD, 1:464-466; JJU, 371. Tanto Froissart quanto RSD falam da ferida na coxa de Carrouges. Froissart diz que Carrouges derrubou Le Gris; RSD, que Carrouges agarrou o elmo de Le

Gris e o atirou longe; JJU, que Le Gris caiu e Carrouges pulou em cima dele. *A pesada armadura de Le Gris, a dificuldade de Carrouges em penetrá-la:* RSD, 1:466. O relato de JJU de que Carrouges subiu em Le Gris faz provavelmente um *coup de grâce* com a adaga. *Elmo, visor:* Viollet-le-Duc, s.v. "*bacinet*". *Confissão pedida, negada:* Fr-M, 13:107; JJU, 371; RSD, 1:466-467. *O cavaleiro grita, a multidão responde:* Fr-Bu, 10:285; Desmadeleines, 42. *Cuidados com as feridas do cavaleiro vitorioso:* Jaille, 169. *Carrouges e o rei, recompensas, reencontro com esposa, Notre-Dame:* Fr-Br, 314. *Pedido de ajuda médica (adaptado de Clisson):* Fr-J, 2:525. *Vitória do cavaleiro "como um milagre":* Le Coq, 111; Fr-L, 12:367 (emendando Le Coq). *Partida do vencedor:* CG, 33-34; Jaille, 168-169. *Direito do vencedor à armadura do perdedor:* Jaille, 169. *Doação da armadura:* Desmadeleines, 35. *Corpo de Le Gris:* Fr-Br, 314; Jaille, 188-189. *Montfaucon:* Hillairet, *Gibets*, 31-39. *"multidão de esqueletos...":* White, 51. *Fortuna pune Le Gris:* Fr-Br, 309; Fr-M, 13:107.

CAPÍTULO 10: CONVENTO E CRUZADA

Prêmio de 6 mil livres: PP 211v-212r/523-526; Le Coq, 112-113. *Terras de Le Gris vendidas:* Caix, 370. *Aunou-le-Faucon:* Odolant-Desnos, 1:439n; Van Kerrebrouck, 417. *Robert de Carrouges e irmãos:* Le Prevost, *Eure*, 3:479.

Jean IV como chevalier d'honneur: BN P.O. 605, Carrouges, n. 11 (23 de novembro de 1390). *Viagem de Carrouges em 1391 para o leste:* Fr-L, 12:39, 14:386. *Craon e Clisson, campanha britânica, loucura do rei:* Fr-J, 2:521-535; RSD, 2:2-23 (quatro homens mortos); Autrand, *Charles VI*, 289-295. *Carrouges na Bretanha:* Fr-L, 20:509. *Bal des Ardents:* Fr-J, 2:550-552; Autrand, *Charles VI*, 290-303.

Conversas de paz, Robert, o Ermitão, Ricardo e Isabel: Fr-J, 2:584-88, 599-600. *Nicópolis:* Fr-J, 2:622-627; Nicolle, 33-71; Atiya. As três companhias de Carrouges (Fr-Br, 314-15) morreram em Nicópolis, junto a seu velho comandante, Jean de Vienne, por isso provavelmente ele também tenha morrido por lá, como diz Le Prevost, *Tilleul*, 112n; Dewannieux, 43.

Confissão registrada de outro homem: RSD, 1:466; JJU, 371. *Alegado suicídio de Marguerite:* Minois, 20. *Sua morte (1419?), herança de Robert:* La Noë, 7. *Bens de Marguerite:* AD Eure, E.2703, Seigneurie de Car-

NOTAS

six (cópia, 11 de janeiro de 1451); Le Prevost, *Tilleul*, 63-65, e *Eure*, 3:481. *Contrato com a abadia de Saint-Martin (15 de março de 1396, n.e.):* Contades e Macé, 83-92. *Descendentes de Le Gris:* White, 42-56. *Duelo entre Carrouges e Le Gris como último autorizado pelo Parlamento, outros combates:* Morel, 613; Gaudemet, 131; Cohen, 56-90; Bartlett, 120-122; Neilson, 17, 204-205, 304-307, 328-331; Ducoudray, 405 (em 1388, impedida pelo rei). *O duelo de 1455 em Valenciennes:* La Marche, 17-19; Monestier, 79. O duelo de 1547 entre Jarnac e La Châtaigneraie, travado em Paris ante o rei Henri II, não foi um duelo judiciário *per se* (ainda que precedido de juramentos), mas um duelo de honra que nasceu de um insulto na corte real: Monestier, 105-106. *O desafio de 1818 (Inglaterra):* Fr-Bu, 10:290n; Neilson, 328-331.

APÊNDICE: AS CONSEQUÊNCIAS DA BRIGA

Regozijo: Fr-M, 13:107. *Respostas mescladas:* Le Coq, 110. *Dita confissão de homem condenado:* RSD, 1:466. *Confissão de homem doente:* JJU, 371. Um comentarista, La Marche, 14-17, acredita que Le Gris era culpado, e um duelo, a única maneira de alcançar uma "prova". *Relatos tardios:* Diderot e d'Alembert, s.v. "Duelo"; Voltaire, 119-120 (cap. 20); Du Bois, 1:257-261; Le Prevost, *Tilleul*, 102-104. *Descendente de Le Gris, defensor:* White, 42-56. *Relatos modernos: Encyclopaedia Britannica*, 8:639a; Dewannieux (Caen, 1973); Famiglietti, 137-141.

LISTA DE FONTES

Esta lista é limitada às fontes citadas nas notas e não inclui muitas histórias gerais e trabalhos de referência especializados consultados no curso da pesquisa. Fontes manuscritas são listadas por cidade, arquivo, numerações de biblioteca e de fólio quando relevante. Fontes impressas são listadas por autor, título, cidade e ano de publicação; subtítulos foram muitas vezes omitidos.

MANUSCRITOS

Caen: Archives Départamentales de Calvados (AD Calvados)
Série F. 6279: Charter, Mesnil Mauger, 1394
Évreux: Archives Départamentales de l'Eure (AD Eure)
Série E. 2703: Carrouges-Thibouville, 1451
Paris: Archives Nationales (AN)
    Série X — Parlamento de Paris
        1 A 1473, fol. 145v, 224r-v, sessões de 9 de julho e 15 de setembro (microfilmes)
        2 A 10, fol. 232r-244r, Criminal register, 9 de julho de 1386 — 1º de dezembro de 1386 (microfilme)
        2 A 11, fol. 53r-v, 54v, 206r-210v, 211v-212r, *arrêts* e testemunhos, 13 de setembro de 1386 — 9 de fevereiro de 1387
Paris: Bibliothèque Nationale (BN)
    Dossier bleu 155, Carrouges: notas sobre história familiar
    Manuscritos franceses:
        2258: cópia do decreto de 1306 e *formulaire* do duelo (microfilme)
        2699, fol. 188v-193r: *formulaire* do duelo
        21726, fol. 188r-190v: *formulaire* do duelo

23592: Alençon e Thibouville reféns para o tratado de 1360
26021, n. 899, 900: recibos para Guillaume Berengier, julho de 1386
n.a. 7617, fol. 265r-269r: alvará real relacionado a Aunou-le--Faucon
Manuscritos latinos:
4645: Questiones Johannis Galli (anotações de Jean Le Coq, cópia de Paris)
Peças originais (P.O.):
605, Carrouges, n. 1-20: registros militares etc.
2825, Thibouville, n. 1-16: documentos de família

FONTES PRIMÁRIAS IMPRESSAS

Beaumanoir, Phillippe de. *Coutumes de Beauvaisis.* Editado por Amédée Salmon. 2 vols. Paris, 1899-1900; reimpresso em 1970.
The Book of Pluscarden. Editado por Felix J. H. Skene. 2 vols. Edimburgo, 1877, 1880.
Brantôme, Pierre de Bourdeilles, Abbé e Seigneur de. *Discours sur les duels.* Editado por J. A. C. Buchon. Paris, 1838; reimpresso em Arles, 1997.
Cartulaire de Marmoutier pour le Perche. Editado por L'abbé Barret. Mortagne, 1894.
Cérémonies des gages de bataille selon les constitutions du Bon Roi Phillipe de France. Editado por G. A. Crapulet. Paris, 1930.
Chaucer, Geoffrey. *The Canterbury Tales.* Editado por Larry D. Benson. Boston, 1987.
Chronographia regum francorum. Editado por H. Moranville. vol. 3 (1380-1405). Paris, 1897.
Du Breuil, Guillaume. *Stilus Curie parlamenti.* Editado por Félix Aubert. Paris, 1909.
Froissart, Jean. *Chroniques.* Editado por J. A. Bouchon. 15 vols. (= *Collection des chroniques nationales françaises*, vols. 11-25). Paris, 1824-1826.
_____. *Chroniques.* Editado por Kervyn de Lettenhove. 25 vols. Bruxelas, 1867-1876.
_____. *Chroniques.* Editado por Léon e Albert Mirot et al., 15 vols. (até hoje). Paris, 1869-.
_____. *Chronicles.* Traduzido por Thomas Johnes. 2 vols. Londres, 1839.

LISTA DE FONTES

_____. *Chronicles* (seleções). Traduzido por Geoffrey Brereton. Londres, 1968.
Galbert de Bruges. *The Murder of Charles the Good, Count of Flandres*. Editado e traduzido por James Bruce Ross. Nova York, 1960.
Homero. *Iliad*. Traduzido por Richmond Lattimore. Chicago, 1951; reimpresso em 1961.
Ibelin, Jean d'. *Assises de la haute cour*. Editado por Auguste-Arthur Beugnot. In: *Assises de Jerusalém*, 1:7-432. Paris, 1841.
Jaille, Hardouin de la. *Formulaire des gaiges de bataille*. In: Prost, 135-191.
Juvénal des Ursins, Jean. *Histoire de Charles VI*. Editado por J. A. C. Buchon. *Choix de chroniques et mémoirs sur l'histoire de France*, 333-569. Paris, 1838.
La Marche, Olivier de. *Livre de l'advis de gaige de bataille*. In: Prost, 1-28, 41-54.
La Tour Landry, Geoffroy de. *Le livre du chevalier*. Editado por Anatole de Montaiglon. Paris, 1854.
Le Coq, Jean. *Questiones Johannis Galli*. Editado por Marguerite Boulet. Paris, 1944.
Le Fèvre, Jean. *Journal*. Editado por H. Moranville. vol. 1. Paris, 1887.
Lobineau, Gui Alexis. *Histoire de Bretagne*. 2 vols. Paris, 1707; reimpresso em 1973.
Ordennances des roys de France de la troisième race. Editado por Eusèbe Jacob de Laurière. vol. 1. Paris, 1723.
Pisan, Christine de. *The Book of the City of Ladies*. Traduzido por Earl Jeffrey Richards. Nova York, 1982.
Prost, Bernard, ed. *Traités du duel judiciaire, relations des pas d'armes et tournois*. Paris, 1872.
Registre criminel de la justice de Saint-Martin-des-Champs à Paris au XIVe siècle. Editado por Louis Tanon. Paris, 1877.
Réligieux de Saint-Denis. *Chronique de réligieux de Saint-Denys (1380-1422)*. Editado por L. Bellaguet. 6 vols. Paris, 1839-1852.
The Romance of the Rose. Guillaume de Lorris e Jean de Meun. Traduzido por Charles Dahlberg. Princeton, 1971; reimpresso em 1986.
Summa de legibus normannie in curia laicali. Editado por Ernest-Joseph Tardif. *Coutumiers de Normandie*, vol. 2. Paris, 1896.
Villiers, Jean de. *Le livre du seigneur de l'Isle Adam pour gaige de bataille*. In: Prost, 28-41.
The Westminster Chronicle, 1381-1394. Editado e traduzido por L. C. Hector e Barbara F. Harvey. Oxford, 1982.

FONTES SECUNDÁRIAS

Anglo, Sidney. *The Martial Arts of Renaissance Europe*. New Haven, 2000.
Ariès, Philippe e Georges Duby, eds. *A History of Private Life*. vol. 2. *Revelations of the Medieval World*. Traduzido por Arthur Goldhammer. Cambridge, Mass., 1988.
Asse, Camille. *En pays d'Auge: St. Julien-le-Faucon et ses environs*. 2ª ed. Saint-Pierre-sur-Dives, 1981.
Atiya, Aziz Suryal. *The Crusade of Nicopolis*. Londres, 1934.
Autrand, Françoise. *Charles V: le sage*. Paris, 1994.
_____. *Chales VI: la folie du roi*. Paris, 1986.
Barbay, Louis. *Histoire d'Argentan*, 1922; reimpresso em Paris, 1993.
Bartlett, Robert. *Trial by Fire and Water: The Medieval Judicial Ordeal*. Oxford, 1986.
Bishop, Morris e Marie-Louise Biver. *Abbayes, monastères et couvents de Paris*. Paris, 1970.
Bloch, Marc. *Feudal Society*. 2 vols. Traduzido por L. A. Manyon. Chicago, 1961.
Bloch, R. Howard. *Medieval French Literature and Law*. Berkeley, 1977.
Bongert, Yvonne. *Recherches sur les cours laïques du Xe au XIIIe siècle*. Paris, 1949.
Boyer, Marjorie Nice. "A Day's Journey in Medieval France". *Speculum* 26 (1951): 597-608.
Braudel, Fernand. *The Identity of France*. vol. 2, *People and Production*. Traduzido por Siân Reynolds. Nova York, 1990.
Bullet, Jean-Baptiste. *Dissertations sur la mythologie francoise*. Paris, 1771.
Caix, Alfred de. "Notice sur la chambrerie de l'abbaye de Troarn". *Mémoires de la société des antiquaires de Normandie* (ser. 3) 2 (1856): 311-387.
Canel, A. "Le Combat judiciaire en Normandie". *Mémoires de la société des antiquaires de Normandie* (ser. 3) 2 (1856): 575-655.
Cantor, Norman F. *The Civilization of the Middle Ages*. Nova York, 1994.
Cassini de Thury, César-François. *Carte de France*. Paris, c. 1759.
Chapelot, Jean. *Le Château de Vincennes*. Paris, 2003.
Chardon, Roland. "The Linear League in North America". *Annals of the Association of American Geographers* 70 (1980): 129-153.
Charpillon, M. *Dictionnaire historique de toutes les communes du département de l'Eure*. 2 vols. Les Andelys, 1868-1879.
Cohen, Esther. *The Crossroads of Justice*. Leiden, 1993.

LISTA DE FONTES

Contades, Gérard e Abbé Mace. *Canton de Carrouges: essai de bibliographie cantonale.* Paris, 1891.

Contamine, Philippe. *La guerre de cent ans.* Paris, 1968.

Couperie, Pierre. *Paris au fils du temps.* Paris, 1968.

Davis, R. H. C. *The Medieval Warhouse.* Londres, 1989.

Delachenal, Roland. *Histoire des avocats au parlement de Paris, 1300-1600.* Paris, 1885.

De Loray, Terrier. *Jean de Vienne, Amiral de France, 1341-1396.* Paris, 1877.

De Pradel de Lamase, Martial. *Le Château de Vincennes.* Paris, 1932.

Deschamps, Paul. "Donjon de Chambois". *Congrès Archéologique de France, bulletin monumental* 111 (1953): 293-308.

Desmadeleines, A. Desgenettes. "Duel de Jean de Carrouges et de Jacques Legris". *Bulletin de la Société Bibliophile Historique* 3 (1837-1838), n. 2: 32-42.

Dewannieux, André. *Le duel judiciaire entre Jean de Carrouges et Jacques Le Gris: le 29 décembre 1386.* Melun, 1976.

Dictionnaire de biographie française. Editado por J. Balteau et al. 20 vols. Paris, 1933-2003.

Dictionnaire de la noblesse. Editado por François-Alexandre Aubert de La Chesnaye Des Bois e Jacques Badier. 3ª ed. 19 vols. Paris, 1863-1876.

Diderot, Denis e Jean Le Rond d'Alembert, eds. *Encyclopédie.* 28 vols. Paris, 1751-1772.

Diguères, Victor des. *Sévigni, ou une paroisse rurale en Normandie.* Paris, 1863.

Du Bois, Louis-François. *Archives annuelles de la Normandie.* 2 vols. Caen, 1824-1826.

Duby, Georges. *Medieval Marriage.* Traduzido por Elborg Forster. Baltimore, Md., 1978.

———. *The Three Orders.* Traduzido por Arthur Goldhammer. Chicago, 1980.

Ducoudray, Gustave. *Les origines du Parlement de Paris et la justice aux XIIIe et XIVe siècles.* 2 vols. Paris, 1902; reimpresso em 1970.

Dupont-Ferrier, Gustave. *Gallia regia.* 7 vols. Paris, 1942-1966.

The Encyclopaedia Britannica. 11ª ed. 29 vols. Nova York, 1910-1911.

Fagan, Brian. *The Little Ice Age.* Nova York, 2000.

Famiglietti, R. C. *Tales of the Marriage Bed from Medieval France.* Providence, R.I., 1992.

Favier, Jean. *Paris: Deux mille ans d'histoire.* Paris, 1997.

Ferguson, George. *Signs and Symbols in Christian Art.* Nova York, 1954; reimpresso em 1975.

France, John. *Western Warfare in the Age of the Crusades.* Ithaka, N.Y., 1999.

Gaudemet, Jean. "Les ordalies au moyen âge: doctrine, legislation et pratique canoniques". In: *La preuve.* vol. 2. *Moyen âge et temps modernes,* 99-135. Bruxelas, 1965.

Gottlieb, Beatrice. "Birth and Infancy"; "Pregnancy". *Encyclopedia of the Renaissance,* 1:232-235, 5:155-157. Nova York, 1999.

Gravdal, Kathryn. *Ravishing Maidens.* Filadélfia, 1991.

Guenée, Bernard. "Comment le Réligieux de Saint-Denis a-t-il écrit l'histoire?". *Pratiques de la culture écrite en France au XVe siècle,* 331-343. Editado por Monique Ornato e Nicole Pons. Louvain-la-Neuve, 1995.

Haskins, Charles H. *The Rise of Universities.* Nova York, 1923.

Hewitt, John. *Ancient Armour and Weapons in Europe.* 3 vols. 1860; reimpresso em Graz, 1967.

Hillairet, Jacques. *Dictionnaire historique des rues de Paris.* 9ª ed. 2 vols. Paris, 1985.

_____. *Gibets, piloris et cachots du vieux Paris.* Paris, 1956.

Hippeau, Célestin. *Dictionnaire topographique du département du Calvados.* Paris, 1883.

Horne, Alistair. *The Seven Ages of Paris.* Nova York, 2002.

Huizinga, Johan. *The Autumn of the Middle Ages.* Traduzido por Rodney J. Payton e Ulrich Mammitzsch. Chicago, 1996.

Keats-Rohan, K. S. B. *Domesday Descendants.* vol. 2. *Pipe Rolls to Cartae Baronum.* Londres, 2002.

Keen, Maurice. *Chivalry.* New Haven, Conn., 1984.

_____, ed. *Medieval Warfare: A History.* Oxford, 1999.

_____. *The Penguin History of Medieval Europe.* Londres, 1991.

La Noë, René de [= Louis Duval]. *Robert de Carrouges.* Alençon, 1896.

La Roque de La Lontière, Gilles-André de. *Histoire généalogique de la maison de Harcourt.* 4 vols. Paris, 1662.

Lacordaire, Simon. *Les inconnus de la Seine.* Paris, 1985.

Lagrange, Louis-Jean e Jean Taralon. "Le Château de Carrouges". *Congrès Archéologique de France, bulletin monumental* 111 (1953): 317-349.

Le Fort, V. "L'Affaire de Carrouges". *La revue illustrée du Calvados* 7.7 (julho de 1913), 98-99.

Le Prevost, Auguste. *Histoire de Saint-Martin de Tilleul.* Paris, 1848.

_____. *Mémoires et notes pour servir à l'histoire de département de l'Eure.* Editado por Léopold Delisle e Louis Passy. 3 vols. Évreux, 1862-1869.

LISTA DE FONTES

Lea, Charles Henry. *The Duel and the Oath*. (Original em *Superstition and Force*, 1866.) Editado por Edward Peters. Filadélfia, 1974.

Lebreton, Charles. "L'Avranchin pendant la guerre de cent ans, 1346 à 1450". *Mémoires de la société des antiquaires de Normandie* (ser. 3) 10 (1880): 12-172.

Lehoux, Françoise. *Jean de France, duc de Berri*. 4 vols. Paris, 1966-1968.

Leonard, John K. "Rites of Marriage in the Western Middle Ages". In: *Medieval Liturgy*, editado por Lizette Larson-Miller, 165-202. Nova York, 1997.

Long, Brian. *Castles of Northumberland*. Newcastle upon Tyne, 1967.

Loth, Yan. *Tracés d'itinéraires en Gaule romaine*. Dammarie-les-Lys, 1986.

Mabire, Jean e Jean-Robert Ragache. *Histoire de la Normandie*. Paris, 1976.

Malherbe, François de. *Oeuvres*. Editado por M. L. LaLanne. 5 vols. Paris, 1862-1869.

Maneuvrier, Jack. "L'affaire de Carrouges au Mesnil-Mauger". *Histoire et traditions populaires* 56 (dezembro 1996): 29-35.

Mariette de La Pagerie, G. *Carte topographique de la Normandie*. Paris, c. 1720.

Mauboussin, Christophe. *La première révolte de Godefroy d'Harcourt*. Dissertação de mestrado. Caen, 1993.

Mériel, Amédée. *Bellême: notes historiques*, 1887; reimpresso em Paris, 1992. Minois, Georges. *Histoire du suicide*. Paris, 1995.

Monestier, Martin. *Duels: les combats singuliers des origines à nos jours*. Paris, 1991.

Morel, Henri. "La fin du duel judiciaire en France et la naissance du point d'honneur". *Revue historique de droit français et étranger* (ser. 4) 42 (1964): 574-639.

Moricet, Marthe. "Duel de Legris et de Carrouges". *Cahier des annales de Normandie* 2 (1963): 203-207.

Neilson, George. *Trail by Combat*. Glasgow, 1890; reimpresso em 2000.

Nicolle, David. *Nicopolis, 1396*. Oxford, 1999.

Nortier, Michel. *Documents normands du règne de Charles V*. Paris, 2000.

Odolant-Desnos, Pierre Joseph. *Mémoires historiques sur la ville d'Alençon*. 2 vols. Alençon, 1787; reimpresso em 1976.

The Oxford English Dictionary. Editado por J. A. Simpson e E. S. C. Wiener. 2ª ed. 20 vols. Oxford, 1989.

Palmer, J. N. N. *England, France and Christendom, 1377-99*. Londres, 1972.

Pernoud, Régine. *Blanche of Castile*. Traduzido por Henry Noel. Nova York, 1975.

Peters, Edward. *Torture*. 2ª ed. Filadélfia, 1996.
Petit, Ernest. *Séjours de Charles VI: 1380-1400*. Paris, 1894.
Prieur, Lucien. "Château d'Argentan". *Congrès Archéologique de France, bulletin monumental* 111 (1953): 84-90.
Reinhard, J. R. "Burning at the Stake in Mediaeval Law and Literature", *Speculum* 16 (1941): 186-209.
Rougemont, Denis de. *Love in the Western World*. Traduzido por Montgomery Belgion. Nova York, 1956.
Rousseau, Xavier. *Le Château de Carrouges*. 4ª ed. La Ferté-Macé, 1955.
Saunders, Corinne. *Rape and Ravishment in the Literature of Medieval England*. Cambridge, Inglaterra, 2001.
Seward, Desmond. *The Hundred Years' War*. Londres, 1978.
Shennan, J. H. *The Parlement of Paris*. Edição revisada. Stroud, 1998.
Stevenson, Kenneth. *Nuptial Blessing*. Nova York, 1983.
Summerson, Henry. *Medieval Carlisle*. 2 vols. Kendal, 1993.
Sumption, Jonathan. *The Hundred Years' War*. 2 vols. Filadélfia, 1990, 1999.
Talbert, Richard J. A. et al., eds. *Barrington Atlas of the Greek and Roman World*. Princeton, N.J., 2000.
Terrier, Claude Catherine e Olivier Renaudeau. *Le Château de Carrouges*. Paris, 2000.
Tournouër, H. "Excursion archéologique dans le Houlme". *Bulletin de la Société Historique et Archéologique de l'Orne* 22 (1903): 349-395.
Van Kerrebrouck, Patrick et al. *Les Valois*. Villeneuve d'Ascq, 1990.
Vanuxem, P.-F. "Le duel de Le Grix-Carrouges". *Le pays d'Argentan* 6 (1934): 197-205, 236-243.
———. *Veillerys: légends de Basse-Normandie*. Argentan, 1933; reimpresso em 1967.
Verdon, Jean. *La femme au Moyen Age*. Paris, 1999.
Vérel, Charles. "Nonant-le-Pin". *Bulletin de la Société Historique et Archéologique de l'Orne* 22 (1903): 157-205.
Viollet-le-Duc, Eugène-Emmanuel. *Dictionnaire raisonné du mobilier français*. 6 vols. Paris, 1854-1875; reimpresso em 1926.
Voltaire. *Histoire du Parlement de Paris*. Amsterdã, 1769.
Warner, Philip. *Sieges of the Middle Ages*. Londres, 1968.
White, F. Le Grix. *Forgotten Seigneurs of the Alençonnais*. Penrith, c. 1880.
Wise, Terence. *Medieval Warfare*. Nova York, 1976.
Wolfthal, Diane. *Images of Rape*. Cambridge, Inglaterra, 1999.
Yule, Henry, ed. e trad. *Cathay and the Way Thither*. 2ª ed. Londres, 1914.
Ziegler, Philip. *The Black Death*. Nova York, 1969; reimpresso em 1971.

ÍNDICE

A

adaga 13, 21, 25, 92, 198, 199, 200, 205, 211, 224, 234, 239, 240, 243, 260, 266
 descrição 201
adultério 103, 148, 161, 272
advogados 122, 131, 136, 138, 143, 149. *Ver também* Bethisy, Jean de; Le Coq, Jean
 nas cerimônias do duelo 122, 128, 134, 170
Alençon 25, 33
Alençon, conde Pierre de 32, 36, 37, 38, 47, 50, 52, 53, 54, 55, 57, 64, 80, 83, 102, 106, 107, 110, 131, 145, 154, 163, 207, 249, 273
 tribunal 109
Alençon, Robert de (conde de Perche) 25, 32, 36, 150
alfabetização 26, 38, 129, 160. *Ver também* documentos
Anjou, duque Luís de 21, 52
apelo (lei) 113, 116, 122, 127
aposta de batalha. *Ver* duelo judiciário
appelant (apelante) 122, 140, 184, 204, 208, 217
arautos 69, 204, 211, 214, 223
arcebispos 33, 85, 192. *Ver também* bispos
arco. *Ver* arqueiros
areia
 como arma 70
 no campo de batalha 185, 223
Argentan 77, 83, 103, 107, 110, 129, 154, 160, 251, 263
armadura 13, 26, 67, 195, 201, 205, 228, 234, 237, 242, 260
 para duelo 224, 225, 244
armas. *Ver* machado; canhão; besta; adaga; lança; escudo; espadas, trabuco
arqueiros 260
arrêt 142, 249
Artois, Filipe de (conde d'Eu) 258, 259, 261
Aunou-le-Faucon 37, 47, 50, 54, 86, 89, 113, 155, 249

B

bacinet. Ver também elmo

Baile dos Ardentes 256
Bastilha 123
batismo 59, 218
Bayezid I, sultão (1389-1403) 258
Beaumanoir, Filipe de 100
bec de corbin. Ver também machado
Becket, Tomás (santo) 14, 85, 202, 244
beijos. *Ver também* crucifixo
amizade 62, 148
casamento 48
juramento de fidelidade 22, 32
pré-duelo 221
Bellefons, Tomás de 164
Bellême 25, 30, 33, 35, 54, 57, 80, 148, 150
Beloteau, Jean 154
Beloteau, Pierre 154
benefício dos clérigos 101, 132
Berengier, Guillaume 163
Berry, duque Jean de 140, 189, 203, 253, 254
besta 65, 68, 70, 71
Bethisy, Jean de 122, 149
bispo de Paris 122, 184
bispos 53, 134, 177, 192. *Ver também* arcebispos
Borgonha, duque Filipe (o Corajoso) da 21, 127, 131, 140, 166, 189, 203, 253, 254. *Ver também* Nevers, Jean de (filho de Filipe)
Boucicaut, Jean de (marechal da França) 257, 261
Bourbon, duque Luís de 144
brasão de família. *Ver* heráldica
Bretanha 20, 199, 201, 265
Bretanha, duque Jean da 252
Buchard, Nicole. *Ver* Carrouges, Nicole de

C

Caen 26, 43, 90, 100, 163, 278, 282
Calais 19, 21
campanhas. *Ver* Carrouges, Jean de, IV
campeões 100
campo fechado (*champ clos*) 141, 142, 181, 185, 225
campo murado 207. *Ver* campo fechado
canhões 67, 68, 70
Capomesnil 46, 77, 79, 81, 90, 104, 111, 129, 141, 151, 154, 157, 160, 267, 272
Carlisle 73
Carlos, o Mau, rei de Navarra 46, 64, 124
Carlos VI, rei da França (1380-1422) 20, 124, 127, 186
casado 191
e apelo 127
loucura de 253
no desafio 138
no duelo 203, 242
Carlos V, rei da França (1364-80) 124, 127, 134, 137, 221, 244
Carrouges (casa) 19, 25, 29, 47, 58, 65, 77, 114
Carrouges (família) 41
Carrouges, Jean de, III 19, 26, 32
morte de 53, 150
Carrouges, Jean de, IV. *Ver também* caso Carrouges-Le Gris
campanhas
(1379-80) 39
(1383) 58
(1385) 64
(1392) 253
(1396) 257

ÍNDICE

caráter 28, 55, 150, 153, 159, 262
casamentos 30, 47
  morte de 262
  ordem de cavaleiro 76
  propriedades e finanças 28, 77, 81, 242, 249
  saúde 76, 82, 85, 214
  viúvo 38
Carrouges, Jeanne de (irmã de Jean IV) 28
Carrouges, Marguerite de. *Ver* Thibouville
Carrouges, Nicole de 77, 90, 94, 104, 106, 155, 156
  testemunho registrado 157
Carrouges, Robert de (filho de Jean IV) 262, 263
Carrouges, Robert de (irmão de Jean IV) 28, 32
cartas 113, 114, 133, 163, 189, 190
caso Carrouges-Le Gris
  apelo 129
  castelo de Wark 68
  combate adiado 274
  desafio 144
  duelo 277
  inquérito 167
  interrogatório inicial 129
castelos. *Ver* fortificação; fortes
castidade 41, 43, 44, 47, 102, 263
cavalheirismo, nobreza 141, 227, 265, 273, 276
cavalo de guerra 26, 207, 227, 231
  em batalha 184, 207, 227
  em torneios 228, 229
  e o crime 180
cercos 29, 34, 70, 71, 74, 126, 258

cerimônias (pré-duelo) 123
Chambois 30
champ clos. *Ver* campo fechado
Cherbourg 39, 40
cisma 19, 256
claustro 178
clérigos 20, 34, 37, 101, 110, 128. *Ver também* arcebispos; bispos; padres; escribas
clima 59, 157, 166, 253
  e o crime 166
Clisson, Olivier de 252
combate 13
  como esporte 180, 213
  no duelo judiciário 26, 115
concepção, teorias da 160, 251
confissão
  legal 141, 164, 165, 263, 274, 278
  religiosa 168
Constantinopla 258
convento 20, 263, 278
Corbie, Arnold de 138, 170
corte real
  e casamento de Carlos VI 190
  no duelo 184, 204, 242
  políticas da 52, 113, 251, 275
  Ver também apelo; desafio; Carlos V; Carlos VI; Parlamento de Paris
cortes. *Ver* benefício dos clérigos; caso Carrouges-Le Gris; procedimentos legais; corte real
cortes da Igreja 102, 132
costumes de casamento 191, 203, 218
cota de malha 196. *Ver também* armadura
Cotentin 39, 42, 88

Craon, Pierre de 252
Crécy, batalha de (1346) 19
Crespin, Jean 59, 61, 84, 109
Crèvecoeur-en-Auge 46
criadas 78, 84, 89
crime e punição 20, 99, 180, 187, 222, 245. *Ver também* apelo; duelo judiciário; estupro; tortura
crônicas 272. *Ver também* Froissart, Jean; Juvénal des Ursins, Jean; *Saint-Denis Chronicle*
crucifixo 13, 205, 217, 223
beijado antes do duelo 217
cruzadas 17, 53, 136, 198, 252, 256, 263, 277
Cuigny 55, 56, 150

D

défendeur (acusado) 122, 129, 140, 141, 184
desafio 122, 129, 140, 143, 210
dinheiro
como indenização por danos 158, 249
como suborno 93, 98
empréstimo de 37, 93, 133
para missas 263
Ver também Carrouges, Jean de, IV, propriedades e finanças; terra, compra de; resgate; impostos
documentos 26, 51, 136, 147, 171, 276, 282. *Ver também* crônicas; cartas; pergaminhos
doenças 39, 75, 77, 85. *Ver também* praga
donjon (fortaleza) 29, 81, 125
dote 28, 41, 50, 89

Du Bois, Thomin (primo de Marguerite) 106, 164, 205, 262
duelo de honra 115, 266
duelo judiciário
história do 115, 171, 185, 227, 265
regras do 211, 214, 227
Ver também apelo; armaduras; cerimônias; desafio; campo fechado; inquérito; substitutos; armas 227

E

Edimburgo 64, 68, 72
Eduardo III, rei da Inglaterra (1327-77) 100
elmo 196, 200, 228, 229, 239, 253
Encyclopaedia Britannica 277
Enciclopédia (1767) 274
enquête. Ver inquérito
escalada 70, 258
escândalo 103, 168, 263. *Ver também* honra
Escócia 64, 67, 72, 75, 85, 89, 166, 213, 258
escoutes (testemunhas) 204, 211, 224
escribas 136, 147. *Ver também* clérigos
escudeiro (título de nobreza) 26, 35, 57, 87
escudo 199, 201, 205, 228, 230, 231, 234.
descrito 199
Ver também heráldica
espada 177, 199
descrição 198, 199, 205
em apelos 128
em duelo 243

Espada da Justiça 204
espadas 78
espectadores (no duelo) 212, 229, 236, 239, 271
estoc 200. *Ver também* espadas estradas 77, 78, 80, 114, 155, 156, 157, 160
   em casos legais 156
estradas romanas 79, 85, 114, 156
estupro
   acusação de 104, 109, 128, 140, 149, 163, 166, 180
   atitudes em relação ao 100, 103, 111
   de Marguerite 117
   e concepção 161, 251
   e duelo judiciário 117, 171
   em tempos de guerra 20, 100
   status legal do 99, 100, 117, 161, 166
Eu, conde d'. *Ver* Artois, Filipe de Exmes 33, 36, 38, 54, 57, 213

F

feitiçaria 214. *Ver também* magia
feitiços. *Ver* magia
Filipe IV, rei da França (1285-1314) 116
feridas 236, 238, 240
feudalismo 18, 22, 32, 50, 105, 107, 110, 250
Filipe de Artois (conde d'Eu). *Ver* Artois, Filipe de
Filipe III, rei da França (1270-1285) 178
Filipe II, o Corajoso. *Ver* Borgonha, duque Filipe da
Filipe II, rei da França (1180-1223) 26
Filipe VI, rei da França (1328-1350) 45
Fontaine-le-Sorel 66, 77, 79, 268
Fontenay, Jeanne de 165
fortes. *Ver* Bastilha; Bellême; Carlisle; Carrouges; Chambois; Crèvecoeur-en-Auge; Exmes; Louvre; Vernon; Vincennes; Wark
fortificação 20, 29, 33, 74, 125, 178, 258, 281
fortuna 33, 93, 219, 246, 266
França
   nos anos 1380 20. *Ver também* Paris
freiras 20, 99, 263, 274
Froissart, Jean 246, 271, 276, 279, 282

G

galanteio 41
Galeno 160
garantia de batalha 141
Gasconha 144
gladiadores 185
Gosselin, Estienne 164
Grande Cisma 19
Grande Praga 19
gravidez
   da rainha Isabel 192
   de Marguerite 108, 114, 140, 147, 160, 161, 167
   teorias medievais sobre 160
greffier 147
Guerra dos Cem Anos
   França na Inglaterra 78, 186, 268
   Inglaterra na França 19, 24, 186

Ver também armaduras; Carrouges, Jean de; campanhas; fortificação; fortes; reféns; resgate; trégua; armas
Guilherme, o Conquistador 24, 45

H

hache 200, 231, 232. *Ver também* machado
Haro 94
Henrique II, rei da França (1547-1559) 189
Henrique II, rei da Inglaterra (1154-1189) 33, 85
Henrique V, rei da Inglaterra (1413-1422) 262
heráldica.
  brasão dos Carrouges 36
  brasão dos Le Gris 36
  brasão dos Thibouville 45
herança 28, 30, 46, 48, 50, 161
  e linhagem de sangue 161
heresia 221
hereges 244
homenagem 14, 22
Homero 185
honra 102, 108, 115, 118, 141, 149. *Ver também* duelo de honra Hôtel d'Alençon
  feminina 97, 100, 102
Hôtel Saint-Pol 123, 134, 178
Hotspur (Percy) 74

I

Igreja. *Ver* arcebispos; benefício dos clérigos; bispos; clérigos; Grande Cisma; missa; papa; padres

Île de la Cité 119, 123, 133, 134, 243
ilegitimidade 40, 161, 162
Ilíada 185
impostos 18, 51, 127, 269
infante, morte do (1386) 193. *Ver* Guerra dos Cem Anos
inquérito (pré-duelo) 116, 142, 146, 160, 167, 170, 193
Isabel da Baviera 127, 190

J

Jean de Carrouges. *Ver* Carrouges, Jean de
Jean de Nevers. *Ver* Nevers, Jean de
Jean II, rei da França (1350-1364) 19, 25, 33, 45, 114, 136, 178
judeus 18
judicium Dei 115, 217. *Ver também* "julgamento de Deus"
juiz 111, 136
  Deus como 204
  rei como 127, 129, 204
"julgamento de Deus" 115, 177, 188
julgamento por combate. *Ver* duelo judiciário
juramento. *Ver também* juramento de fidelidade
  em duelos 118, 184, 217
  na corte 143
juramento de fidelidade 22
Juvénal des Ursins, Jean 271

L

lança 26, 198, 205, 224, 228, 230, 232

descrição 198
  no duelo 224
La Rivière, Bureau de 126
latim 119, 131, 147, 271, 280
La Tour, Bernard de 106, 109
Le Coq, Jean 272, 276
  diário 131, 165, 167, 172
Le Fèvre, Jean (bispo de Chartres) 53
Le Gris (família) 36
Le Gris, Guillaume (filho de Jacques) 160
Le Gris, Guillaume (pai de Jacques) 36
Le Gris, Jacques
  acusado 106, 109
  álibi 154, 166
  caráter 36, 148
  casamento 36
  constituição física 114, 238
  educação 36, 102
  escudeiro real 52
  favorito da corte 39, 52, 102, 114
  missas para 263
  morte de 213, 242
  propriedades e finanças 36, 52, 132, 238
  saúde 114, 172
  viúvo 89
  Ver também caso Carrouges- -Le Gris
légua (unidade de medida) 151, 154, 155
lei. *Ver* caso Carrouges-Le Gris; confissão; duelo judiciário; processo; advogados; procedimentos legais; Parlamento de Paris; estupro, status legal da; testemunho

linhagem de sangue. *Ver* herança
Louvel, Adam 163, 205, 262, 273
Louvre 121, 123, 134, 178
Luís de Valois. *Ver* Valois, Luís de
Luís IX (São Luís), rei da França 116
luva 141, 142, 164. *Ver também* garantia da batalha

M

machado 198, 211, 224
  descrito 200
  no duelo 230
magia 214, 215. *Ver também* feitiçaria
Marcel, Étienne 137
marechal (no duelo) 203, 207, 209, 213, 224
Marguerite. *Ver* Thibouville, Marguerite de
Mauvinet, Guillaume de 90, 163
missa 37, 48, 127, 136, 154, 167, 188, 192, 195, 263
monges 178, 263
monte Saint-Michel 29, 40
Montfaucon 119, 173, 187, 245, 246
montre (convocação de soldados) 39. *Ver também revue* (revista)
muçulmanos 17
mulheres
  como combatentes 115
  deveres 44, 62
  educação 44, 103
  status legal 103, 146
  Ver também castidade; parto; dote; honra, feminina; costumes de casamento; mulheres nobres; gravi-

dez; estupro; sexo e sexualidade
mulheres nobres
    aparência e roupas 43, 62, 191, 205
    deveres das 41, 43
    Ver também honra feminina; costumes de casamento; mulheres 205

N

nascimento 37, 44, 192, 193. *Ver também* concepção; gravidez
Navarra, rei de (Carlos, o Mau) 46, 64, 124
Nevers, Jean de 257, 261
Nicole de Carrouges. *Ver* Carrouges, Nicole de
Normandia 21, 24, 26, 29, 36, 76, 80, 100
    clima 58
Notre-Dame (Paris) 119, 167, 177, 187, 243

O

Orgement, Pierre d' (bispo de Paris) 122, 184
otomanos 258, 260

P

padres 13
    e juramentos pré-duelo 123
    e sacramentos 192
padrinhos 37, 52, 115, 147, 148, 150
Palácio de Justiça (Paris) 119, 123, 129, 133, 146, 165, 167, 170, 243
Palestina 256
papa 19, 53, 116. *Ver também* Grande Cisma
Paris (nos anos 1380) 51, 57. *Ver também* Montfaucon; Notre-Dame; Palácio de Justiça; Saint-Martin-des-Champs; Vincennes
Parlamento de Paris
    ordena inquéritos 166
Parlamento de Paris
    adia duelo 158
    determina consequência legal 170
    jurisdição 123, 129, 132
    localização 131, 134
    ordena duelo 142
    ordena inquérito 142, 143
    ordena interrogatórios 163, 165
    Ver também desafio; inquérito
Perche, condes de 25, 30, 32, 36, 150
pergaminhos (no duelo) 171, 210
perjúrio 148, 173, 278
Pisan, Christine de 100
Plainville 55
Poitiers, batalha de (1356) 19, 136, 178
praga 19, 39
prata 76, 202, 205. *Ver também* armadura
procedimentos legais
    Argentan 110
    Beauté-sur-Marne 51
    Parlamento de Paris 146, 170, 190, 249
    Saint-Martin-des-Champs 177

ÍNDICE

Saint-Pierre-sur-Dives 90, 163
Vincennes 127, 163
Ver também caso Carrouges-
-Le Gris; processo; testemunho
processos 50, 51, 250
duelo judiciário e 158, 159
propriedade. *Ver* terra
punição. *Ver* crime e punição; tortura

Q

Queimando na estaca 221, 245

R

raptus 166
reféns 19, 47, 261
refúgio (na batalha) 173, 226
registros. *Ver* crônicas; documentos; cartas; pergaminhos
regras (do duelo). *Ver* duelo judiciário, regras do
resgate 19, 25, 28, 33, 51, 114, 137, 259, 261
revue (revista) 67, 74. *Ver também montre*
Ricardo II, rei da Inglaterra (1377-1400) 166, 186, 256
Robert II, rei da Escócia (1371-1390) 68
Robert, o Ermitão 256
roi d'armes 204, 211
romanos 24, 177, 185
Rouen 45, 46, 66, 192
roupa 78, 96, 124, 191, 195, 196, 204, 205, 255. *Ver também* armadura
routiers 20, 78

S

Saint-Crespin 81, 267, 268
Saint-Denis Chronicle 271, 274
Sainte-Chapelle 119, 134
Sainte-Marguerite-de-Carrouges 47
Saint-Germain-des-Prés 121, 180
Saint-Martin-des-Champs. *Ver também* espectadores
campo de batalha 121, 177
corte legal 121
Saint-Pierre-sur-Dives 80, 90, 94, 104, 151, 156, 163, 268
Salisbury, condessa de 100
santos. *Ver também* Becket; Luís IX (São Luís); Virgem Maria
Jorge 208, 217
Martin 177
Nicolau 136
Sainte-Marguerite 48
São Luís. *Ver* Luís IX
sedução 88, 90, 148, 277
Sées 263
sela de montaria 189, 197, 198, 199
Sena (rio) 34, 45, 46, 119, 126, 129, 170, 177
sexo e sexualidade. *Ver* concepção, teorias da; galanteio; ilegitimidade; costumes de casamento; gravidez; estupro; sedução
Sigismundo, rei da Alemanha e Hungria (1387-1437) 258, 261
Sluys (porto) 67, 167, 188, 190
Sorbonne. *Ver* Universidade de Paris
substitutos (nos duelos) 122, 123, 134, 143, 144, 170, 205, 210, 258
sultão. *Ver* Bayezid I 252

T

Taillepie, Pierre 154
tendas 210, 223, 224
terra. *Ver também* Argentan; Aunou-le-Faucon; Capomesnil; Carrouges; Cuigny; Fontaine-le-Sorel; herança; Plainville
   como doação 37, 50
   como dote 28, 41, 48
   compra de 32, 36, 46, 55, 250
   em lutas 48, 250
   na lei feudal 24, 32, 34, 55, 65
Terra Santa 17, 119
tesoureiro 35, 37, 82
testemunho
   Adam Louvel 111, 163
   Bernard de La Tour 109
   Jacques Le Gris 148
   Jean Crespin 110
   Jean de Carrouges 148, 158
   Marguerite de Thibouville 148, 159, 272
   Nicole de Carrouges 151, 157
Thibouville (família) 45, 46, 102, 107
Thibouville, Guillaume de 46
Thibouville, Marguerite de
   beleza 42
   acusa Le Gris de estupro 104
   caráter 42, 148, 157, 273, 277
   casamento de 47
   educação 43, 46
   estupro de 93
   gravidez 160
   morte da mãe 46
   no fim da vida 264
   no parto 108, 193, 251
   propriedades 46, 47, 264
   Ver também testemunho; mulheres
Thibouville, Robert de, II 45
Thibouville, Robert de (primo de Marguerite) 66, 106, 205
   companheiro de Carrouges 66, 74, 79
Thibouville, Robert de, V (pai de Marguerite) 45, 47, 155, 249, 251, 275
   traição de 45, 155, 249
Tilly, Jeanne de (primeira mulher de Jean IV)
   casamento 30
   morte de 150
tortura 165, 222, 273
Tours 17, 177
trabuco 70
traição 44, 45, 72, 100, 102, 115, 117, 146, 148, 269
trégua 256

U

Última Cruzada 262. *Ver também* cruzadas
último duelo 264
Universidade de Paris 119

V

Valois, Carlos de 32
Valois, Luís de (irmão de Carlos VI) 138, 254, 255
vassalagem 112
   deveres 22, 34, 83
   e lei 51, 54, 56, 112
   rituais 22, 218
Vauloger, Jean de 55

Vernon 45, 46
Vienne, almirante Jean de 39, 64, 67, 68, 69, 72, 75, 166, 258, 259, 261
Vie (rio) 80, 84, 267, 268
vikings 24, 185
Vincennes 123, 127, 129, 163, 282
Virgem Maria 136, 217, 221
virgindade. *Ver também* castidade

W

Waleran de Saint-Pol (substituto de Jean IV) 144

1ª edição	OUTUBRO DE 2021
impressão	CROMOSETE
papel de miolo	PÓLEN SOFT 70G/M²
papel de capa	CARTÃO SUPREMO ALTA ALVURA 250G/M²
tipografia	ITC NEW BASKERVILLE